汽车先进技术译丛
日本汽车技术协会·汽车技术经典书系

汽车运动性能技术

[日] 安部正人　大沢　洋　编著

马　宁　译

机 械 工 业 出 版 社

《汽车运动性能技术》主要围绕车辆的前后方向与侧向运动，特别是侧向运动，重点讲述用于提升其性能的技术成果。第 1 章主要讲述轮胎对于车辆运动性能的影响与提升。第 2 章主要讲述提升车辆运动性能的理论性解析手法。第 3 章主要基于实际观点，讲述一般的车辆运动性能及其提升技术。第 4 章主要讲述转向系统与车辆运动性能。第 5 章主要讲述悬架与车辆运动性能。第 6 章主要讲述最近的 4WS 系统对车辆运动性能所带来的提升。第 7 章主要讲述最新的利用驱动力及制动力的车辆运动控制。第 8 章主要讲述人车之间的运动。本书适合对汽车动力学感兴趣的技术人员及相关专业师生阅读使用。

图书在版编目（CIP）数据

汽车运动性能技术/（日）安部正人，（日）大沢洋编著；马宁译. —北京：机械工业出版社，2018. 6

（汽车先进技术译丛. 汽车技术经典书系）

ISBN 978-7-111-59710-0

Ⅰ. ①汽… Ⅱ. ①安…②大…③马… Ⅲ. ①汽车运动 – 性能分析 Ⅳ. ①G872. 1

中国版本图书馆 CIP 数据核字（2018）第 077822 号

机械工业出版社（北京市百万庄大街 22 号 邮政编码 100037）

策划编辑：孙 鹏 责任编辑：孙 鹏

责任校对：张 薇 封面设计：鞠 杨

责任印制：李 昂

北京宝昌彩色印刷有限公司印刷

2018 年 6 月第 1 版第 1 次印刷

184mm×260mm · 10. 75 印张 · 250 千字

0001—3000 册

标准书号：ISBN 978 - 7 - 111 -59710-0

定价：69. 00 元

凡购本书，如有缺页、倒页、脱页，由本社发行部调换

电话服务　　　　　　　　网络服务

服务咨询热线：010 - 88361066　　机工官网：www. cmpbook. com

读者购书热线：010 - 68326294　　机工官博：weibo. com/cmp1952

　　　　　　　010 - 88379203　　金 书 网：www. golden - book. com

封面无防伪标均为盗版　　　　教育服务网：www. cmpedu. com

序

本丛书是日本汽车技术协会主编的汽车技术经典书系，书系共 12 册。本系列丛书旨在阐述汽车相关的焦点技术及其将来的发展趋势，由活跃在第一线的研究人员和技术人员编写。

日本汽车技术协会的主要责任是向读者提供最新技术课题所需要的必要信息，为此我们策划了本系列丛书的出版发行。本系列丛书的各分册中，相对于包罗万象的全面涉及，编者更倾向于有所取舍地选择相关内容，并在此主导思想下由各位执笔者自由地发表其主张和见解。因此，本系列丛书传递的将是汽车工程学、技术最前沿的热点话题。

本系列丛书的主题思想是无一遗漏地包含基础且普遍的事项，与本协会的"汽车工学手册"属于对立的两个极端，"汽车工学手册"每十年左右修订一次，以包含当代最新技术为指导思想不断地进行更新，而本系列丛书则侧重于这十年当中的技术进展。再者，本系列丛书的发行正值日本汽车技术协会创立 50 年之际，具有划时代的意义，将会为今后的汽车工学、技术，以及工业的发展发挥积极的作用。

在本系列丛书发行之际，我代表日本汽车技术协会向所有为本系列丛书提供协助的相关人员，以及各位执笔者所做出的努力和贡献表示衷心的感谢。

社团法人　日本汽车技术协会
汽车技术经典书系出版委员会
委员长　池上 询

前　言

汽车运动性能相关领域，理论较易应用，很早就独立于其他汽车相关领域，作为一个学科性的领域自成体系，为汽车性能提升做出了贡献。

如果把汽车考虑成一个刚体，那么其运动大致可分为前后方向、侧向、上下方向三个方向的运动。在这类汽车运动之中，前后方向与侧向运动，因驾驶人的加速与制动及转向操作，属于同驾驶人主动性关联的运动。相对于此，上下方向的运动，仅属于同驾驶人被动关联的运动，驾驶人无法积极控制该运动。

车辆运动性能更多是指与该驾驶人积极控制相关联的运动。上下方向的运动多涉及与驾驶人及其他乘员被动关联的振动噪声乘坐舒适性能问题的处理。侧向运动则与转向盘操作相关联，以汽车特有的运动力学，在理论上形成了体系化。另一方面，立足实际，不断积累运动性能及其提升技术方面的知识，针对操纵性、稳定性理论，确立起了狭义的车辆运动力学领域。

本书主要围绕车辆的前后方向与侧向运动，特别是侧向运动，重点讲述用于提升车辆性能的最新技术成果。

作用在轮胎上的力会支配车辆的运动。第1章主要讲述轮胎对于车辆运动性能的影响与提升。第2章主要讲述提升车辆运动性能的理论性解析手法。第3章主要基于实际观点，讲述一般的车辆运动性能及其提升技术。

与车辆运动性能相关的底盘组件主要有转向系统与悬架系统。这些组件性能的提升是确保基本的车辆运动性能的关键所在。第4章主要讲述转向系统与车辆运动性能。第5章主要讲述悬架与车辆运动性能。

此外，最近采用的底盘控制技术，因飞跃式地提升了车辆运动性能而备受瞩目。其中极具代表性的有4WS与驱动力制动力控制。第6章主要讲述最近的4WS系统对车辆运动性能所带来的提升。第7章主要讲述最新的利用驱动力及制动力的车辆运动控制。

如上所述，本书所涉及的车辆运动，主要指驾驶人积极与该运动的控制相关联的运动。从此观点出发，考虑到人的操纵，第8章主要讲述人车之间的运动。

其实在现实的车辆运动性能调校阶段，同驾驶人主动关联的前后方向与侧向的运动性能，同处于被动关联的上下方向运动即振动乘坐舒适性之间，常处于相互抗衡之中。因此，从现实层面看，无法独立处理彼此。技术上务必做到两者兼顾。而本书对此问题的重视也始终贯穿于各章节。

安部正人

大沢　洋

编 辑 的 话

本书是由日本汽车技术协会组织编写的"汽车技术经典书系"的第4分册《自動車の運動性能向上技術》翻译而来的。本丛书的特点是对汽车设计、测试、模拟、控制、生产等技术的细节描写深入而实用,所有作者均具备汽车开发一线的实际工作经验,尤其适合汽车设计、生产一线的工程师研读并应用于工程实践!本丛书虽然原版出版日期较早,但因为本丛书在编写时集聚了日本国内最优秀的专家,使本丛书具有极高的权威性,是日本汽车工程技术人员必读图书,故多次重印,目前仍然热销。非常希望这套丛书的引进出版能使读者从本丛书的阅读中受益!本丛书由曾在日本丰田公司工作的刘显臣先生推荐,也在此表示感谢!

日本汽车技术协会
"汽车技术经典书系"
出版委员会

主编

安部正人　　　　　神奈川工科大学

大沢　洋　　　　　日野汽车

参编

牧田光弘　　　　　日产汽车

安部正人　　　　　神奈川工科大学

山本真规　　　　　丰田汽车

笠原民良　　　　　日产汽车

宇野高明　　　　　日产汽车

村田　诚　　　　　日产汽车

古川　修　　　　　本田技术研究所

礒田桂司　　　　　三菱汽车

景山一郎　　　　　日本大学

目　　录

序

前言

编辑的话

第1章　轮胎特性 ………………… 1

1.1　影响车辆运动性能的
轮胎特性 …………………… 1

1.1.1　轮胎坐标系 ……………… 1

1.1.2　决定轮胎尺寸的主要因素 … 2

1.1.3　决定车辆姿态等的轮胎刚度 … 3

1.1.4　支配车辆运动的线性区域特性 … 4

1.1.5　支配车辆运动的非线性
区域特性 ………………… 4

1.1.6　影响主观评价的特性 ……… 6

1.2　解析运动性能用轮胎模型 … 6

1.2.1　必要条件 ………………… 6

1.2.2　模型的输入与输出 ………… 7

1.2.3　线性区域的适用范围 ……… 7

1.2.4　稳态模型与动态特性模型 … 7

1.2.5　近年开发的模型 ………… 8

1.3　模型的案例分析 Magic Formula … 9

1.3.1　Magic Formula 的背景 …… 9

1.3.2　Pure 模型 ……………… 9

1.3.3　复合输入模型 …………… 11

1.3.4　模型系数决定步骤 ……… 14

1.4　轮胎特性测量技术 ………… 15

1.4.1　测量的试验条件 ………… 15

1.4.2　轮胎力和力矩的测量 …… 17

1.4.3　前轮定位测量 …………… 18

1.4.4　侧滑角和滑移比 ………… 18

参考文献 ……………………… 20

第2章　车辆的运动性能理论 … 21

2.1　汽车的运动与运动方程式 … 21

2.1.1　平面运动的运动方程式 … 21

2.1.2　涵盖转向系统的运动与运动方

程式 ……………………… 22

2.1.3　涵盖侧倾的运动与运动方程式 … 23

2.1.4　垂向运动与运动方程式 … 24

2.1.5　一般的汽车运动与结构分析模型 … 25

2.2　利用平面 2 自由度模型的
线性分析 ………………… 25

2.2.1　匀速环行 ………………… 25

2.2.2　转向时的瞬态响应特性 … 26

2.2.3　外部干扰时的运动 ……… 27

2.2.4　柔性偏向与等效侧抗刚度 … 28

2.2.5　复合侧抗刚度 …………… 29

2.2.6　驱动与制动时的准匀速环行 … 29

2.3　非线性区域车辆运动分析方法 … 31

2.3.1　基于较大侧向加速度的线性化分析
与等效侧抗刚度 ……… 31

2.3.2　轮胎的非线性特性与环行的几何学
分析 …………………… 32

2.3.3　横摆力矩法 …………… 35

2.3.4　利用状态平面解析 …… 37

参考文献 ……………………… 38

第3章　车辆的运动性能 ……… 39

3.1　运动性能的评价与解析 …… 39

3.1.1　车辆参数的测量 ………… 39

3.1.2　道路试验 ……………… 40

3.1.3　室内试验 ……………… 41

3.1.4　仿真解析 ……………… 41

3.2　转向时的运动性能 ………… 41

3.2.1　稳态转向性能 …………… 41

3.2.2　动态转向响应性 ………… 45

3.2.3　转向时的侧倾姿态 ……… 49

3.2.4　转向力特性 …………… 51

3.3　外部干扰时的运动性能………… 51
　　3.3.1　侧风稳定性 ……………… 51
　　3.3.2　乘坐舒适性 ……………… 52
　　3.3.3　路面外部干扰稳定性 …… 54
3.4　驱动、制动时的运动性能……… 56
　　3.4.1　转向加减速时的车辆特性 … 56
　　3.4.2　转向制动时的车辆特性 … 57
　　3.4.3　制动驱动时的车辆姿态 … 59
3.5　极限附近的运动性能…………… 59
　　3.5.1　转向与转向的极限性能 … 59
　　3.5.2　低摩擦路面上的运动性能 … 61
参考文献 ……………………………… 64
第4章　转向系统与车辆运动性能 …… 65
4.1　转向系统与转向响应/转向反作
　　　用力 ……………………………… 65
　　4.1.1　概要 ……………………… 65
　　4.1.2　理想的转向响应/转向
　　　　　反作用力特性 …………… 66
　　4.1.3　转向反作用力的构成要素 ……… 68
4.2　动力转向装置与转向力特性…… 69
　　4.2.1　动力转向装置齿轮箱、控制阀 … 69
　　4.2.2　油泵系统 ………………… 69
　　4.2.3　动力转向装置新技术 …… 69
4.3　转向系统几何学与车辆运动性能 … 70
　　4.3.1　阿克曼特性 ……………… 70
　　4.3.2　转向主销轴线相关参数与
　　　　　车辆运动性能的关系 …… 70
　　4.3.3　转向系统的柔性特性 …… 73
4.4　其他与转向系统相关的车辆动作 … 73
　　4.4.1　车辆跑偏 ………………… 73
　　4.4.2　游动、偏离行驶 ………… 74
4.5　近期技术动向 …………………… 74
　　4.5.1　转向角控制 ……………… 74
　　4.5.2　转向力控制 ……………… 75
参考文献 ……………………………… 75
第5章　悬架与车辆的运动性能 ……… 76
5.1　悬架的功能 ……………………… 76
　　5.1.1　悬架的基本功能 ………… 76
　　5.1.2　悬架的具体结构与辅助功能 …… 76

5.2　悬架特性与操纵稳定性能……… 77
　　5.2.1　束角变化与操纵稳定性能 …… 77
　　5.2.2　轮胎产生运动时的接地点变化、
　　　　　胎面变化 ……………… 81
　　5.2.3　外倾变化特性与操纵稳定性能 … 82
　　5.2.4　悬架特性与侧倾运动 …… 83
　　5.2.5　悬架特性与加减速时动态
　　　　　车辆姿态变化 …………… 86
5.3　悬架特性与乘坐舒适性………… 87
　　5.3.1　乘坐舒适性与悬架性能 … 87
　　5.3.2　上下振动特性 …………… 87
　　5.3.3　跃振与悬架特性 ………… 88
5.4　悬架的类型与特性 …………… 89
　　5.4.1　悬架的基本类型与特性 … 89
　　5.4.2　悬架的发展趋势 ………… 91
　　5.4.3　悬架与底盘控制技术 …… 96
5.5　主动悬架 ……………………… 97
　　5.5.1　概要 ……………………… 97
　　5.5.2　垂向振动控制原理 ……… 97
　　5.5.3　姿态控制、转向特性控制 ……100
　　5.5.4　主动悬架的类型与特性 …100
　　5.5.5　实际系统案例 ……………101
参考文献………………………………103
第6章　4WS系统与车辆运动性能 …104
6.1　4WS系统的目的与原理 ………104
　　6.1.1　前馈型4WS ……………104
　　6.1.2　反馈型4WS ……………105
　　6.1.3　低速小转弯半径型4WS …105
6.2　4WS运动学理论 ………………106
6.3　控制方法的分类与基本控制
　　　方法概要 ………………………107
　　6.3.1　前馈型4WS ……………107
　　6.3.2　反馈型4WS ……………108
6.4　控制方法的实际情况 …………109
　　6.4.1　横摆率响应延迟的改进
　　　　　对策 ………………………109
　　6.4.2　车身零侧偏控制 …………109
　　6.4.3　低速行驶时的驾驶性能
　　　　　提升 ………………………111

6.4.4　理想转向响应的实现···········113

6.4.5　非线性运动区域控制 ·······114

6.4.6　4WS 与其他底盘控制的

　　　　协调控制 ·············115

6.4.7　其他控制应用研究 ·········116

6.5　4WS 的各种结构 ·········116

6.5.1　全机械式控制 ·········116

6.5.2　可变齿轮机构电子控制 ·····116

6.5.3　电气 – 机械综合控制 ·····117

6.5.4　纯电气式控制 ·······117

6.6　4WS 技术展望 ·········119

参考文献··················119

第 7 章　驱动力及制动力控制与车辆

**　　　　运动性能**·············121

7.1　驱动力与制动力的控制定位和

　　　目标 ················121

7.1.1　驱动力与制动力的控制定位 ···121

7.1.2　驱动力与制动力的控制目标 ···122

7.2　驱动力与制动力的前后分配

　　　控制 ···············122

7.2.1　直行时的加速与减速性能 ···122

7.2.2　转弯时的加速、减速性能 ···123

7.2.3　驱动力前后分配控制与车辆

　　　　变化 ·············126

7.2.4　制动力前后分配控制与车辆

　　　　变化 ·············129

7.3　驱动力与制动力的左右分配控制 ···130

7.3.1　左右分配与前后分配的比较 ···131

7.3.2　驱动力左右分配控制时的车辆

　　　　特性 ·············132

7.3.3　制动力左右分配控制时的车辆

　　　　特性 ·············137

7.3.4　扩展动态四边形 ·········139

7.4　轮胎纵向力与侧向力的综合

　　　控制 ···············140

7.4.1　驱动力控制与 4WS 的综合

　　　　控制 ·············140

7.4.2　制动力控制与 4WS 的综合

　　　　控制 ·············141

7.4.3　DYC 与 4WS 的综合控制·······142

7.5　驱动力与制动力的展望 ·······144

参考文献··················144

第 8 章　人 – 车系统的运动·······146

8.1　前言·················146

8.2　人的控制动作 ·········146

8.3　人的操纵动作模型 ·········148

8.3.1　人的传递函数模型 ·······148

8.3.2　预瞄控制模型 ·········149

8.3.3　应用专家系统的模型 ·······152

8.3.4　其他控制动作模型 ·······154

8.4　人与汽车的稳定性 ·········157

参考文献··················160

第1章 轮 胎 特 性

研究车辆运动时，轮胎无疑在所有相关机构中起着不可或缺的作用，但是在车辆运动性能研究领域，轮胎机理多处于不明状态。

这主要是因为与底盘的其他零部件相比，轮胎自身在力的传递过程中会发生较大的变形，轮胎力与转矩在轮胎所受激励的侧滑角与轮荷等常用范围内，呈现出很强的非线性。

本章内容是基于轮胎机理尚不明了这一实际情况，通过讲解帮助一线技术人员了解如何使用轮胎解析车辆运动。

1.1 影响车辆运动性能的轮胎特性

1.1.1 轮胎坐标系

《汽车工程手册》中也曾提到过轮胎坐标系，在研究轮胎力时，坐标系是一切的出发点，因此在本节中将再次阐述坐标系。

轮胎坐标系的 x、y 轴设定在接地平面上，如图 1-1 所示，相对于 x、y 轴，定义 z 轴为右手坐标系，垂直于路面竖直向上。由于附加了外倾角，轮胎坐标系与轮胎一起，都不会向外倾角方向倾斜。x 轴的正方向设定为轮胎前进方向，以 x、z 轴的正方向来规定 y 轴的正方向。

轮胎中心点相对路面的前进方向涉及其在接地平面上的投影轴。轮胎行进方向轴代表轮胎的（车辆）行驶结果。

如果以侧滑角为轮胎输入，从车辆的运动方向观察轮胎，那么以源自轮胎中心前进方向的轮胎坐标系 x 轴（平行于轮胎回转平面）的倾斜作为侧滑角，绕 z 轴向右旋转方向定义为正。从轮胎坐标系观察轮胎角度来

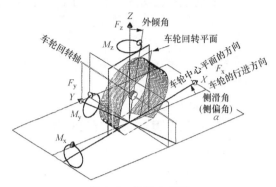

图 1-1 轮胎坐标系

看，轮胎坐标系 x–z 平面与轮胎中心面的夹角，在绕 x 轴向右旋转方向上为正。滑移比有多种定义，《汽车工程手册》中提到的常规定义是，如果轮胎的转动角速度为 ω，轮胎的前进速度为 V，轮胎的滚动半径（动态负荷半径）为 r，那么则有

驱动时：
$$S = (r\omega - V)/(r\omega) \quad (S > 0) \quad (1-1)$$
制动时：
$$S = (r\omega - V)/V \quad (S < 0) \quad (1-2)$$

这里用常数 r 表示轮胎的滚动半径，但实际上轮胎的滚动半径受轮荷与侧滑角等条件影响会发生细小的变化。为此，尽管所定义的滑移比以上述公式规定，实际上很多时候无法实现高精度测量滑移比。针对此点，在第 1.4 节中会进行阐述。

下面，说明一下力与力矩的定义。力可理解为路面作用到轮胎上的力分解到轮胎坐标系的各轴方向组成部分上的合力。在表示纵向力的 x 轴方向上，轮胎自由转动时所受到的来自路面的滚动阻力为负，驱动时轮胎因其所传递的驱动转矩而承受的来自路面的反作用力为驱动力（F_x），方向为正。制动时为制动力（F_x），方向为负。而在表示侧

向力（F_y）的轮胎坐标系 y 轴方向上，轮胎所承受的来自路面的反作用力为正方向。附加在轮胎上的侧滑角是侧向力的主要诱因，二者的关系是当侧滑角向正方向变化时，侧向力也会向正方向变化。在表示垂直力（F_z）的 z 轴方向上，轮胎所承受的来自路面的力（轮荷）为正。

在轮胎坐标系围绕各轴的转动中，力矩分别被定义为倾覆力矩（M_x）、滚动阻力矩（M_y）和自动回正力矩（M_z）。其中当以"转矩"形式称呼 M_z 时，意在强调轮胎围绕 z 轴的转动是力矩作用的结果。M_x、M_y 是力矩本身，轮胎在该轴方向上不允许转动，因此其会作用在悬架上，用"力矩"表示（严格来讲，在 z 轴方向上无法自由转动，然而从车辆视角出发，创立了自动回正这一表达词语）。并且，在本定义中，M_z 相对侧滑角摆动范围的变化是侧滑角向正向轻微变化时为负，因而通常用相反的符号定义自动回正力矩 M_z，在侧滑角的正向上，自动回正力矩为正。

实际测量轮胎力、力矩时是在轮胎中心测量，需要转换为轮胎的坐标系。应当注意力矩的值因坐标系具体情况会有很大差异。

在 JASO 与 SAE 中，轮胎坐标系的定义不同。SAE 中，如图 1-2 所示，取地球中心方向为轴，按照其坐标系，轮荷 F_z 写为负，满足坐标系的负值称作"法向力（Normal Force）"，其反向值定义为"垂向力（Vertical Force）"，轮荷值使用正号。

1.1.2 决定轮胎尺寸的主要因素

轮胎的选定对车辆运动性能至关重要，特别是轮胎尺寸（与车轮尺寸）已经在某种程度上决定了轮胎特性，故对如何确定合适的轮胎尺寸应给予充分的考虑。其实轮胎尺寸业已标准化，例如在日本，JATMA（日本轮胎工业会）发布有关轮胎尺寸的年鉴，如图 1-3 和图 1-4 所示，其主要是依据

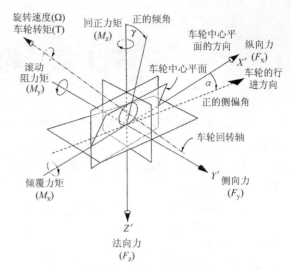

图 1-2　SAE 中的轮胎坐标系

轮胎扁平率与车轮的轮辋直径分类，规定设计上的最大载荷能力等。轮胎尺寸的确定正是源自这些规格以及车辆要求的各种条件。

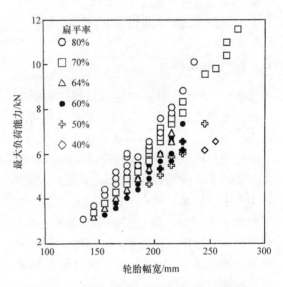

图 1-3　轮胎幅宽与设计最大负荷能力的关系
（JATMA 年鉴 94 年版）

首先，涉及车辆时，轮胎限制条件与车身姿态有关，如最小离地间隙等的制约。轮胎外径的选定要基于车辆的地板布置与悬架形状，也务必要满足最小离地间隙。轮胎外径与滚动半径成正比，它与差速器及变速器齿轮比相互配合，对车辆的齿轮比也有所影

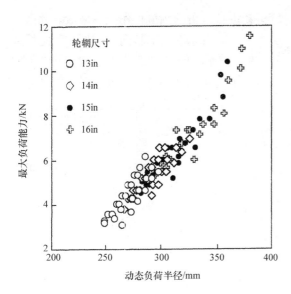

图1-4 动态负荷半径与设计最大负荷能力的关系
（JATMA 年鉴 94 年版）

响，因此，还应考虑发动机的加速特性与车辆油耗等条件。而最小转弯半径代表了车辆的驾驶灵活性能，轮胎外径与宽度越小，对其越有利。

考虑车辆制动性能时，要考虑车轮轮辋直径的最小值，以便能容纳必要的制动部件。为防止悬架与车轮罩干涉，对车轮的轮辋宽度与轮胎宽度也要加以限制（通常，假定在积雪道路上行驶，考虑到留给轮胎防滑链部分的余量等，从轮胎表面到接近车身部件的间隙，需要 10mm 左右）。

基于这些在考虑车辆运动性能前已经确定的各项条件，轮胎尺寸在某种程度上也已被限定。预计今后会进一步强化与车外噪声及车辆燃油等各种法规的适应性，轮胎与此也是息息相关的。

从可允许的轮胎尺寸之中，选取出什么样的尺寸，与车辆特性有直接关系。选择方法并非采取简单化的定型化方法，而是要适度权衡受轮胎影响的主要性能。例如，轮胎的扁平率等对于探求操纵稳定性与乘坐舒适性的平衡点有着重要的意义。近年来，在主要领域内，轮胎扁平率以每5%大小为系列

进行排列，选择范围扩宽。

相反，为提升操纵稳定性与制动驱动性能，扁平率为 45% 与 40% 的轮胎也开始逐渐普及，因车辆重量分配等关系，有时前后轮会安装不同直径的轮胎。今后，根据 FR 与 FF 等驱动方式，在高性能车上，或许可依据从动轮、驱动轮和转向轮的各自特性，选择轮胎的胎面花纹与内部结构。

1.1.3 决定车辆姿态等的轮胎刚度

轮胎特性的第一考虑要素是轮胎坐标系上各轴向的刚度。车辆借助这些刚度被路面支撑起来。

径向刚度（z 轴方向）起到特别大的作用。通常，车身由悬架弹簧与轮胎并列组合支撑。通常悬架弹簧的刚度值是数十牛/毫米，轮胎的刚度值则比它大一位。悬架弹簧主要是吸收车身振动（频率在几赫兹内的振动），轮胎的纵向刚度主要是吸收路面输入（数十赫兹内的振动）。轮胎的纵向刚度基本上由胎压决定，常规胎压设定在200kPa 左右，加上受到轮胎尺寸的制约，纵向刚度的范围是 150～250N/mm。乘用车上搭载的轮胎的半径为 300mm 左右，基于施加在单个轮胎上的轮荷及其引起的轮胎磨损而形成的轮胎接地面，一定要控制在能够适当发挥轮胎性能的形状范围内。根据轮胎尺寸恰当地设定胎压十分关键。

在该轮胎尺寸的常用载荷区域，轮胎的径向刚度对轮荷的依赖性较弱，基本为常量。在轮胎静止状态下进行测量时，力的曲线相对变形具有滞后特性，故最好在轮胎滚动状态下进行测量。

径向刚度主要由轮胎胎面环的刚度与轮胎内部空气的弹力组成。径向刚度与胎压基本成正比。在高胎压下，除运动性能以外，乘坐舒适性与车辆行驶噪声等主观领域的性能变差，为此务必充分权衡好其与运动性能之间的关系。近年来，人们对汽车油耗的要

求也日渐重视，而为应对电动汽车等车重较大的车辆，要求胎压设定得更高，这种关系的取舍变得愈发复杂。

轮胎的侧向刚度（平行于 y 轴的方向）与轮胎产生的侧向力有关，是直接对车辆运动性能造成较大影响的特性。影响侧向刚度的主要因素是胎面环的刚度。相比径向刚度，其对于胎压与轮荷的依赖性要小，但是与径向刚度也有关联。乘用车上搭载的轮胎的侧向刚度大约为 $100 \sim 200N/mm$。

轮胎的纵向刚度（平行于 x 轴的方向）会影响 ABS 的控制与制动、驱动的感觉等，它主要由胎面胶、胎面环以及靠胎压支撑的轮胎胎侧的刚度构成。纵向刚度受到的胎压与轮荷的影响是侧向刚度的 2 倍以上。乘用车上搭载的轮胎的纵向刚度一般大于侧向刚度，在 $200 \sim 400N/mm$。

轮胎坐标系绕 z 轴转动的扭转刚度与转向时的转向反作用力相当。扭转刚度受胎面环的刚度、胎压所支撑的轮胎胎侧部位的刚度和接地形状的影响。接地宽度与长度越大，绕接地中心转动时的路面反作用力转矩就越大，扭转刚度增加。不同于其他的刚度，扭转刚度会随胎压增加而下降。

1.1.4 支配车辆运动的线性区域特性

侧向力 F_y 是对应轮胎侧滑角产生的，其特性之中，在特征线呈线性变化的微小侧滑角区域内，特征线的倾斜称为侧抗刚度 K_y。一般地，侧抗特征线上侧滑角 $0° \sim 1°$ 区间的倾斜较为常见。侧滑角为 $0°$ 时，F_y 具有偏置值，所以倾斜位于侧滑角 $-1°$ 与 $+1°$ 之间。当然，K_y 的定义区间随侧滑角作为 F_y 的线性区域而变化。

K_y 本身对轮荷有依赖性，当轮荷在某一范围内，相对轮荷，可将 K_y 处理成为线性，如图 1-5 所示。

在车辆运动中，即使以轮胎的 F_y 特性为乘数近似表现侧滑角与轮荷，也能够对车

辆运动进行解析的领域称作线性区域。此区域中，对车辆运动时的转向响应性与稳定性所需的车辆运动线性模型进行研究，其结果显示出了与实际运动之间良好的对应关系。

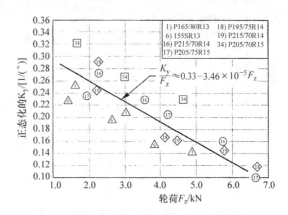

图 1-5　正态化的 K_y
对轮荷的依赖性

根据与侧向力 F_y 相应的 K_y，相对自动回正力矩 M_z，有自动回正刚性 A_s。M_z 的特性是非线性的，且强于 F_y，一般在 K_y 的定义区域内，A_s 也是线性的，二者大致相同。A_s 会影响从直行向小幅转向时的转向反作用力，关联到车辆的直行性。在车辆的线性模型中，考虑到悬架绕轮胎 z 轴转动的刚性，应根据轮胎的 F_y 与 M_z，改变轮胎的侧滑角。

1.1.5 支配车辆运动的非线性区域特性

当轮荷施加在轮胎上时，轮胎与地面之间会产生摩擦力。其实与地面接触的接地压力并不是均等的，其分布受制于轮胎内部力的均匀性。在极小的滑移比与侧滑角区域内，作用在接地内胎面胶上的剪切力，小于轮胎与路面之间的静摩擦力，轮胎力与胎面胶变形成正比。当部分接地内胎面胶的剪切力超过该点上的静摩擦力时，接地面内轮胎力将失去均匀性。轮胎的非线性描述是以此点为起点，直至整个接地面相对路面处于滑动状态的区域，如图 1-6 所示。

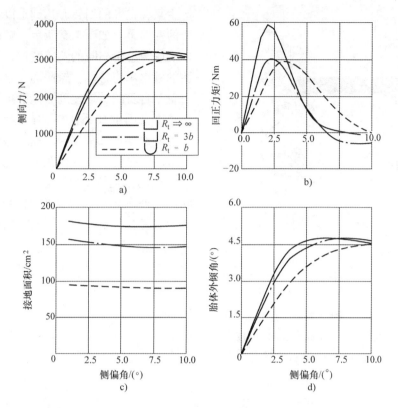

图 1-6　轮胎剖面形状差异下的轮胎侧抗特性与接地面积、胎体部位变形角度（轮荷 4kN，速度 80km/h）

在该区域内，关系到轮胎与路面之间摩擦的要素是支配轮胎特性的核心要素，主要有接地面形状、接地面压力分布、胎面花纹和胎面胶材质等。

接地面形状取决于胎面幅宽等轮胎尺寸。在 JATMA 的轮胎规格中，同样规定了每个轮胎的允许范围，可在其间做出调整。通常自动回正力矩刚性 A_s 会随着接地形状向长度方向延展而增大，影响转向反作用力。而轮胎侧与胎面间的形状则会使得车辆极限行驶时（因外倾角增加）的接地形状变化增大。

接地面压力的分布取决于轮胎内部构造与胎压。当胎面部位产生较大的力，在接地部位，轮胎带束层的力的均匀性有时会引起压曲，若附加大侧滑角与滑移比，接地面形状对于能否确保接地部位的表面压力分布也同样至关重要。增加胎压，可抑制压曲的形成，却容易减少接地面积，因而胎压设定也至关重要。

胎面花纹形状会影响胎面刚度。以孔穴轮胎为例，胎面无花纹但有孔穴，胎面刚性大，侧抗刚度也大，峰值附近的特性变化变大。

胎面胶材质则会影响轮胎与路面间的接触状态。常用弹性与滞后量表示橡胶材质特性。滞后量是指伴随橡胶材料变形的能量散逸程度（一部分运动能量转换为热量）。路面有微小起伏时，胎面胶会滑动并产生相对位移，若橡胶滞后量大，其追随微小起伏发生相对位移时的阻力就会变大，反之就是容易确保接地性能，如图 1-7 所示。

考察车辆运动性能时，还应重点关注干燥与湿滑路面上所表现出的性能差异，如图 1-8 所示。在干燥与湿滑路面上的差异，基本上是越小越好，主要集中在如何从接地面

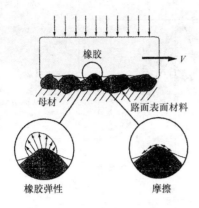

图 1-7 支配轮胎接地性能的
摩擦与橡胶弹性[8]

内排水和确保轮胎与积水湿滑路面的接地性能这两方面。胎面花纹属于轮胎的设计要素，要求考虑到良好的排水性能与由胎面花纹引起的噪声问题等。近年来，橡胶材质与混合材料也在不断发展，有望对车辆运动性能的提升带来助益。

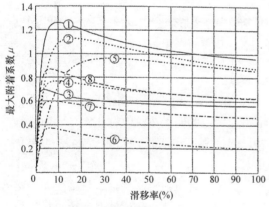

①干燥路面，胎面沟槽深度2mm
②干燥路面，胎面沟槽深度8mm
③湿滑路面，胎面沟槽深度2mm
④湿滑路面，胎面沟槽深度8mm
⑤干燥路面，冬季轮胎
⑥压实冰雪路面，冬季轮胎
⑦湿滑路面，组合1
⑧湿滑路面，组合2

图 1-8 不同轮胎与路面上的 $\mu - s$ 曲线[9]

1.1.6 影响主观评价的特性

目前为止，所讲述的仅限于稳态下的轮胎特性，其实还应考虑到轮胎在运动性能区域的频率特性。轮胎在产生力之前，首先要产生某种程度的回转，达到足以让轮胎产生力的变形量。如图 1-9 所示，解析车辆的频率响应与急转向时的响应特性，需要考虑轮胎的频率响应特性。轮胎的频率响应其实是由轮胎自身的转动速度与侧滑角及轮荷的变化速度之间的关系决定的。通常，把 F_y 近似为一次延迟，常用转动速度除以其时间定值得出的张弛长度（距离）量来表示。

M_z 的张弛长度也会影响频率响应特性，除此之外，转动速度为 0 时会产生转向力矩，二者合起来就形成了频率响应特性。

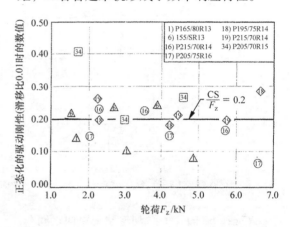

图 1-9 正态化的驱动刚性对轮荷的依存性[10]

F_x 方向（M_y 轮胎回转扭转方向）的刚性大于 F_y 方向，故在解析运动性能时，不过多考虑响应特性。但在解析 ABS 等高速工作装置的动作时，有时仍需考虑。

1.2 解析运动性能用轮胎模型

1.2.1 必要条件

用于解析车辆运动性能的轮胎模型，即便是简单的 2 轮车辆模型，车辆的力平衡计算也要 2 次，四轮车辆模型则需要计算 4 次。再加上下文所述的轮胎动态特性，则需要更多的时间。因此，在计算时间等实质性制约条件基础上，判明需要哪种程度的轮胎模型十分关键。

以计算与车身侧滑角变化时轮胎力相应的车身平衡力矩等计算为例，为算出车辆平衡状态，即使进行收敛计算，轮胎模型的计算时间也不会有很大问题。但是，在时间序列的解析仿真方面，每个计算时间区段都需要多次的轮胎模型计算。因此，若车辆模型简单，则轮胎模型的计算时间占据仿真时间的比例就会变大。

解析小侧滑角变化范围内的动态特性时，若使用涵盖大侧滑角的非线性轮胎特性模型，反而是一种浪费，故从使用用途上判断是否使用轮胎模型十分重要。

轮胎模型还应考虑到表现轮胎特性的模型系数程度如何，通过准备的解析用轮胎的测量数据能否决定这些模型系数。

1.2.2 模型的输入与输出

在运动性能解析所使用的轮胎模型中，通常会论述接地平面内的力、力矩的关系。输入条件有轮荷、侧滑角、外倾角和滑移比，其产生的输出为 F_x、F_y 和 M_z。

应用兼具 4 个输入与 3 个输出的模型自然是最为理想的，然而这样模型构成容易变得复杂，因此，实际分析时多是依照解析的目的，集中输入、输出项目，形成模块化。在使用 ADAMS 与 DADS 等多体动力学仿真中，由于轮胎部分的模块化精度对计算结果影响很大，一般使用简便并且可能支持 4 个输入和 3 个输出的轮胎模型。

在以接地面中心为原点的轮胎坐标系中，把轮胎产生的力、力矩之中的另外两个倾覆力矩 M_x 与滚动阻力力矩 M_y 跟其他的力、力矩做比较，可知其对车辆运动的影响属于次要的，因而很少直接模块化。前述的 JASO 的轮胎坐标系定义是以轮胎接地面中心为坐标系原点的。利用仿真连接轮胎模块与车身模块时，多是在轮胎旋转中心与悬架模块进行连接，且多会考虑绕轮胎中心点转动时的 M_x、制动驱动力矩。此时，F_y 与 F_x

多表现为以轮胎旋转中心与接地面之间距离为杠杆所施加的力矩与转矩量。

1.2.3 线性区域的适用范围

车辆运动的线性区域取决于轮胎特性相对侧滑角与轮荷的变化所能保持的线性关系程度。一般在侧滑角为 ±2° 范围内，多用侧抗刚度这一表现形式作为侧滑角的乘数表达 F_y。基于轮胎特性测量值求模块系数时，只要有测量数据，线性领域的模块化就极其简单。轮荷方面，由于存在二次函数式的变化，可近似为线性的区域非常小，轮胎旋转时发生载荷转移，左右轮之间的 F_y 变动差不为 0，故主要用于微小区域的转向响应等载荷转移少的区域的解析。

若是线性模型，即使同车辆的 2 轮模型组合，有时也要用分析来解析运动方程式。在频率范围解析上，这种解析求解式的线性模型被广泛应用。

这种线性模型的关键在于模型的系数与实际的车辆动作是否定量性的相称，而非模型本身。

1.2.4 稳态模型与动态特性模型

在计算稳态输出的模型中，给予轮胎输入后，仅进行轮胎模型内部的计算即可，这是因为稳态模型不依存于时间，无论轮胎模型如何复杂，只要有稳态模型，就可与车辆的模型独立处理。但当考虑动态特性时，因模型本身受时间影响，应按照时间序列解析响应时，包括车辆方面的模型在内，都需要计算（用车辆 + 轮胎动态特性来解析运动方程式）以获得各计算时间的响应。

对稳态模型与动态特性模型的复杂性可做单独处理，因而可通过权衡轮胎模型要求的精度与计算时间来决定模型。当只考虑小侧滑角范围内的变动时，多数情况下仅使用单纯的稳态轮胎模型就已足够，然而当一定要考虑轮荷变动带来的响应等非线性区域时，就要求稳态模型具备相应的精度。

在动态特性模型方面，F_y 常使用一阶滞后模型。此时时间序列变为一阶的微分方程，故与车辆的运动方程同时输入并求解，如图 1-10 所示。

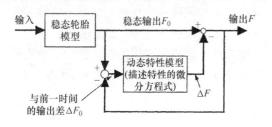

图 1-10　轮胎动态特性模型的计算流程

1.2.5　近年开发的模型

此前就已开发并提出过多种轮胎模型方案。在《汽车工程手册》中也曾记载过模型化的思路，但是近年为适应 MBS（结构分析语言）等的发展，又提出了全新的高精度轮胎模型，下面将介绍相关事例。

1. Numerical（数值数据）模型

此模型也被称作 Map 或 Carpet Plot（烟丝图）模型，属于通过直接插补、内插和外插数值数据，求出必要值的模型。欲原封不动地利用轮胎特性测量数据的数值，关键在于应用插值法求出测量数据间的值。若轮胎上有一个输入（如只有侧滑角），那么就可简单写出直线方程上的插值与二阶方程上的插值等。而当有多个变量输入时，插值的方法会随之变难。若数据稠密，直线插值也可确保某种程度的精度。在同一输入值下，得出结果因变量间的插值顺序而各异。

在利用底盘相关控制系统处理轮胎特性时，常采用把输入维度限定在滑移比与侧滑角，以 F_x 与 F_y 作为数值 Map 处理的方法。在控制系统方面，有时需要实时且高速处理轮胎的特性信息。一般的轮胎模型一定会进行大量的实数计算，精度虽有所牺牲，但却不可避免。控制逻辑通常具有冗余性，因此

数值 Map 中的轮胎特性数据即使是整数或小数点固定的有效位数的小数据，也常是有用的。

利用模拟程序确保轮胎数据时，这样的插值程序不会降低轮胎的品质，可用且好用。与此相反，用户导致的轮胎数据变形有时也是难以解决的问题。

2. Analytical（分析）模型

代表性的模型有 Fiala 的 F_y、M_z 模型与酒井模型，属于描述轮胎的力、力矩发生机构力学的模型。模型类型可分为将力、力矩发生机构解析式化的连续型与分割为有限元、输入材料特性和计算数值的离散型。

轮胎属于复合体，这使得分析轮胎的力、力矩发生机构变得复杂。其难点在于难以置换成简单的弹力，变形的构件在转动的同时反复与路面接触，轮胎与路面摩擦力采用了各类假设与条件省略。

在解析式类型的模型中，常把轮胎置换为环形，把胎面胶部位看作块状橡胶集合体的刷子模型（Brush Model），将复合材料的特性置换成环形的物理化特性。参考资料中详细记述了这些模型，请参考。

有限元模型随着计算机的高速化而逐渐发展，已广泛应用在接地时的轮胎变形模式解析等方面。利用其分析接地面上的接地压力，可阐明胎面的压曲等现象，有助于接地性能与极限性能的提升。在运动性能方面，需要进一步仿真轮胎的转动情况，而自计算机性能提升与分析手法提高后，近来 F_x 与 F_y、M_z 的输出计算迎来了实际应用化的水平。

利用有限元的复杂分析，若要达到可直接用于车辆运动仿真的程度，就不会是紧凑的，为此曾有人提出分割胎面压曲的简易形式的离散化模型。今后，为促进轮胎基础研究的进步，有望研究并提出多类模型方案。

3. Physical（函数）模型

使用试验算式表现实际轮胎特性数据，把轮胎特性测量数据点序列应用在此试验算式系数上的模型。试验算式可分为借助级数作为近似计算的算式与数学函数公式。

级数近似是从无限的持续项目中，选出第一个数项级数，用其系数表示特性，该系数的意义是线性部分、二次部分……等形式，系数与近似精度的关系多是易于理解的。

极具代表性的数学函数公式有描述接近轮胎特性线曲线的三角函数与自然对数。

然而，提高对轮胎特性的近似度，模型的系数就会增加，使用方便性与近似精度存在此消彼长的关系。该模型在历经长年研究后，现已趋向于广泛应用，旨在避开对于轮胎内部力发生机构的描述。

下节中会针对此类模型之一的"Magic Formula"模型展开进行概要讲解，以作为理解轮胎模型化的可能性与极限性的参考。

1.3 模型的案例分析 Magic Formula

1.3.1 Magic Formula 的背景

Magic Formula 轮胎模型是由荷兰代尔夫特理工大学的 Pacejka 教授主导设计的 Empirical 模型，近年来逐渐被广泛应用。本节将详细讲解 Magic Formula 轮胎模型，如图 1-11 所示。以此来理解轮胎特性的捕捉方法（以下用 Magic Formula 表述此轮胎模型）。

Magic Formula 有 1987 年版与 1989 年版 SAE 论文。近年来，为正确地用曲线拟合轮胎特性，又提出了改良方案，下面将针对 1989 年版进行讲解。在 1992 年版中，增加了对正负侧滑角时的轮胎非对称性等的考虑，基本组成部分与 1989 年版相同。

模型是相对 4 个输入即轮荷 F_z、侧滑角 α、外倾角 γ 和滑移比 κ，产生 3 个输出

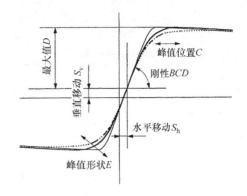

图 1-11　Magic Formula 公式中的模型常数

即纵向力 F_x、侧向力 F_y 和自动回正力矩 M_z（JASO 中使用 S 表示滑移比，而根据 Magic Formula 的原文记述，此处使用 κ）。模型大致分为两部分，分别为纯转向与纯制动驱动时输出的 Pure 模型和用摩擦椭圆描述转向与制动驱动复合状态输出的复合（Combined）模型。

1.3.2 Pure 模型

轮胎的 F_x 与 F_y、M_z 各特性，在分别取 κ 与 α 为横轴的弯曲测量数据中，相对 κ 与 α 的 0 点，基本上是点对称的线。借助函数近似这种特性线时，一般会用某些奇函数近似，在 Magic Formula 中使用 sin 函数。sin 函数本身具有周期性，扩展 x 轴可控制此周期，能够形成接近轮胎特性线的曲线。具体来讲是利用 arctan 函数的特征，即使 x 的值（α 与 κ）变大，x 轴上的函数值也不会变大。据此，改变函数式中的常数，能够表现出大致相当于 1/4 周期需要的 F_x 与 F_y 特性与 1/2 周期需要的 M_z 特性。基于某一轮荷与外倾角设定条件，得出测量 α 与 κ 扫频测量时的特性线，使用这个包含 6 个常数的函数公式来近似。6 个常数表示的是曲线的特征［表现刚性的常数（B）并非特性线 $x=0$ 附近的倾斜（刚性）值，而是由其与其他常数之间的关系决定的］。常数 E 和 C 的效果如图 1-12 所示。

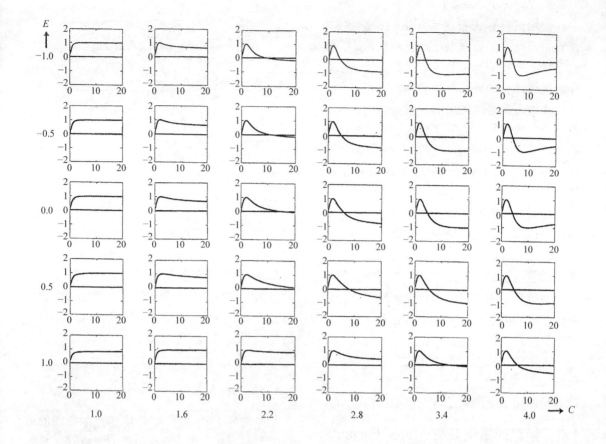

图 1-12　常数 E 和 C 的效果

$$y(x) = D \sin\{ C \arctan[B_x - E(B_x - \arctan B_x)]\}$$
$$(1\text{-}3)$$

其中，

$$Y(x) = y(x) + S_v$$
$$x = X + S_h$$

所得出的 6 个常数只能近似为一个轮荷与外倾角时的特性。只有各轮载荷与外倾角的组合条件数重复，才会产生 6 个常数，因此，近似每个常数作为轮荷与外倾角的函数。各常数的近似公式是相对轮荷与外倾角的线性函数公式与二次函数公式。受 F_x、F_y 和 M_z 各个特性的影响，C 存在不依赖轮荷的宏观特性线的形状，在原始 Magic Formula 中，各特性值分别是 1.65、1.3 和 2.4。一般可用此数值来近似。

1. F_y 模型

在 F_y 模型方面，首先由于摩擦系数随轮胎接地面压力而变化，针对规定最大值的常数 D，用摩擦系数与轮荷成正比的、负荷的一次函数公式表现。刚性值 K_y（公式的微分系数）是 BCD，近似 BCD 来对应表示刚性常数 B（图 1-13）。关于 K_y 的载荷依存性，多用轮荷的二次函数公式来近似，利用 Magic Formula 的近似公式，易于对应大载荷区域的特性。此近似公式中的系数表示峰值与相应载荷值。因系数而附加的外倾角使 K_y 减少。用常数 BCD 除以 C 与 D，求出常数 B。系数 E 主要适用于特性的线性区域之后的形状，考虑到不同轮荷下的变化，形成了轮荷的一次函数公式。F_y 以及侧滑角方向的偏置量分别是常数 S_v 和 S_h，表示外倾角（相当于外倾横向推力）与轮荷（相当于变向横向力），F_y 的模型公式见表1-1。

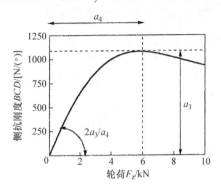

图1-13 刚性值（BCD）的近似

表1-1 F_y 模型公式

$Y_y = F_y$（Pure 模型）或是 F_{y0}（复合输入模型）

$X_y = \alpha$（Pure 模型、复合输入模型均是）

$D_y = \mu_y F_z$；$\mu_y = a_1 F_z + a_2$

$BCD_y = a_3 \sin[2\arctan(F_z/a_4)](1 - a_5|\gamma|)$

$C_v = a_0$（F_y 在 1.30 附近）

$B_y = BCD_y/C_y D_v$

$E_y = a_6 F_z + a_7$

$S_{hy} = a_8\gamma + a_9 F_z + a_{10}$

$S_{vy} = a_{11} F_z\gamma + a_{12} F_z + a_{13}$

2. M_z 模型

M_z 与 F_y 特性一同测量，会进行与 F_y 大致相同的模型化，但非线性特性强于 F_y 特性，为此采用了另外的近似公式。自动回正刚性 A_s 因轮荷增加而急剧增大，因而 BCD 的近似公式也变成几何级数，并且还采用外倾角的影响作为系数。在常数 S_v 的近似公式中，存在外倾角与轮荷的相乘项，同其他项的系数一样，难以简单求解，这种情况下，有时会把此系数设置为 0，忽略不计。Magic Formula 的基本公式是 sin 函数，如同 M_z，峰值后的侧滑角范围宽泛，大侧滑角时的近似精度会下降。M_z 的模型公式见表1-2。

表1-2 M_z 模型公式

$Y_z = M_z$（Pure 模型）或是 M_{z0}（复合输入模型）

$X_z = \alpha$（Pure 模型、复合输入模型均是）

$D_z = c_1 F_z^2 + c_2 F_z$

$BCD_z = (c_3 F_z^2 + c_4 F_z)(1 - c_6|\gamma|)\exp(-c_5 F_z)$

$C_z = c_0$（F_z 在 2.40 附近）

$B_z = BCD_z/C_z D_z$

$E_z = (c_7 F_z^2 + c_8 F_z + c_9)(1 - c_{10}|\gamma|)$

$S_{hz} = c_{11}\gamma + c_{12} F_z + c_{13}$

$S_{vz} = c_{11}\gamma + c_{12} F_z + c_{13}$

$S_{vz} = (c_{14} F_z^2 + c_{15} F_z)\gamma + c_{16} F_z + c_{17}$

3. F_x 模型

在 F_x 模型方面，用滑移比 κ 代替侧滑角，形成近似公式。原始 Magic Formula 中，对 κ 的定义仅限于制动时，驱动时也可同样处理。BCD 的近似公式与制动驱动时的刚性相当，是类似 M_z 的式子。F_x 的模型公式见表1-3。

表1-3 F_x 模型公式

$Y_z = F_x$（Pure 模型）或是 F_{x0}（复合输入模型）

$X_x = \kappa$（Pure 模型、复合输入模型均是）

$D_z = \mu_z F_z$；$\mu_x = b_1 F_z + b_2$

$BCD_x = (b_3 F_z^2 + b_4 F_z)\exp(1 - b_5 F_z)$

$C_x = b_0$（F_z 在 1.65 附近）

$B_x = BCD_x/C_x D_x$

$E_x = b_6 F_z^2 + b_7 F_z + b_8$

$S_{hx} = b_9 F_z + b_{10}$

$S_{vx} = 0$

1.3.3 复合输入模型

1. 复合 $F_x - F_y$ 模型

同时输入侧滑角与滑移比时（此处称为复合输入），将这两个不同的量合并处理成一个量（侧滑量 σ），再进一步应用摩擦椭圆的概念。侧滑量的定义是

$$\sigma_x = V_{ss}/V_r = -\kappa/(1+\kappa) \quad (1\text{-}4)$$

$$\sigma_y = V_{sy}/V_r = -\kappa/(1+\kappa) \quad (1\text{-}5)$$

如图 1-14 所示，它们与滑移比 κ、侧滑角 α 的关系是

$$\tan\alpha = -V_{sy}/V_x \quad (1\text{-}6)$$

$$\kappa = -V_{sx}/V_x \quad (1\text{-}7)$$

$$V_r = V_x - V_{sx} \quad (1\text{-}8)$$

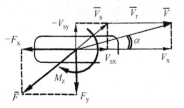

图 1-14　复合输入时接地面内的轮胎速度
［用原始定义（SAE 坐标系）描述］

$\overline{V}$—轮胎相对路面移动速度的矢量　V_x—轮胎胎面接地面上的相对速度　$\overline{V_s}$—轮胎的侧滑速度矢量

V_{sx}，V_{sy}—$\overline{V_s}$ 在 x、y 方向的速度分量

$\overline{V_r}$—轮胎转动时胎面接地面上的速度矢量

普通轮胎的特性线不通过原点，会发生 S_h、S_v 的移动。在处理下文描述的侧滑量时，侧滑量为 0 的点并非坐标原点，而是特性近似线的对称点，为此需要修正移动量，如图 1-15 所示：

$$\sigma_{xtot} = \sigma_x \quad (1\text{-}9)$$

$$\sigma_{ytot} = \sigma_y + \delta\sigma_y = -\tan\alpha/(1+\kappa) - \tan\delta_\alpha \quad (1\text{-}10)$$

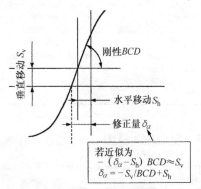

图 1-15　移动量的修正

σ_{xtot} 与 σ_{ytot} 均可用无量纲化统一处理，但是无法保持原有状态下它们的绝对值能否

表示相等的量。F_x 与 F_y 原本是轮胎上产生的一个合力的分力，在某点上应具有峰值，也就是说，在 F_x 与 F_y 各值的峰值位置上的 σ_{tot} 值标准化后，各自的侧滑量绝对值可视作相同。

$$\sigma_x^* = \sigma_{xtot}/\sigma_{xmtot} \quad (1\text{-}11)$$

$$\sigma_y^* = \sigma_{ytot}/\sigma_{ymtot} \quad (1\text{-}12)$$

$$\sigma^* = \sqrt{\sigma_x^{*2} + \sigma_y^{*2}} \quad (1\text{-}13)$$

峰值位置因轮荷不同而各异，在 Magic Formula 中，每当赋予不同轮荷的数值时，都需要重新求解峰值。由于未给出峰值位置的计算公式，要想获得正确的值，就需借助收敛计算，但是，这有损 Magic Formula 等实验近似公式模型具有的程序无须反复计算、计算高速化且可执行的优点，因而，在计算峰值时，简化 Magic Formula 的基本公式（例如把常数 E、S_h 和 S_v 当作 0），用级数展开公式求出微系数为 0 的点，忽略精度在某种程度上的下降，不进行收敛计算为宜。

施加制动力驱动力时，侧抗刚度 K_y 通常会变大，为体现该效果，在 F_y 模型中的 B 上，追加了与 F_x 成正比的修正项 ΔB，如下：

$$\Delta B = -\beta F_x B \quad (1\text{-}14)$$

下面，使用已得出的标准化的 σ^*，用摩擦椭圆的思想，求解出复合状态的 F_x、F_y。

现在，取 σ^* 为某一定值，将其视为滑移比与侧滑角的组合。于是，在取 F_x 与 F_y 为 2 轴的平面上，σ^* 可描绘为固定的摩擦椭圆，以角度 λ 为参数，指定此线上的点。

在 Magic Formula 中，根据侧滑量的大小，摩擦椭圆的短径与长径所使用的数值分为两个区域，而不仅是使用 λ 直接转换成为滑移比与侧滑角后求出的 F_x 与 F_y 数值。不仅如此，根据侧滑量的大小，还可分为两个领域。在侧滑量大的范围（$\sigma^* \geqslant 1$）内，

超过合力的峰值，F_x、F_y 均稳定在某一中间值，而在侧滑量小的范围（$\sigma^* < 0$）内，F_x、F_y 的方向性明确。为体现普通轮胎上所能想到的特性，把这些效果写成如下表达式：

$$F_{x0}^* = F_{x0} - \varepsilon(F_{x0} - F_{y0})(\sigma_y^*/\sigma^*)^2 \quad (1-15)$$

$$F_{y0}^* = F_{x0} - \varepsilon(F_{y0} - F_{x0})(\sigma_x^*/\sigma^*)^2 \quad (1-16)$$

然而：

$$\sigma^* < 1；当 \varepsilon = \sigma^* 时$$
$$\sigma^* > 1；当 \varepsilon = 1 时$$

以这些值作为摩擦椭圆的短径与长径，描绘出 σ^* 固定的椭圆。并且，使用由 σv_{tot} 与 σ^* 决定（即由滑移比与侧滑角的组合决定）的方向角 λ 的数值，决定椭圆上的点，最终求出复合状态下的 F_x、F_y，如图 1-16 所示。

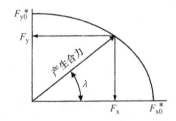

图 1-16　复合输入时的摩擦椭圆

如图 1-17 所示，方向角 λ 与 θ、η 的关系为

$$\lambda = 2(\psi + \theta - \eta)\arctan(q_1\sigma^2)/\pi + \eta \quad (1-17)$$

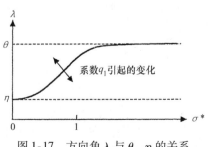

图 1-17　方向角 λ 与 θ、η 的关系（$\Phi = 0$ 的简单情况）

式中：

$$\eta = \arctan(\sigma_y^*/|\sigma_x^*|)$$
$$\theta = \arctan(\sigma_{ytot}/|\sigma_{xtot}|)$$
$$\psi = 2\Phi(\theta - \eta)\arctan(q_2|\kappa|(1 - |\kappa|))/\pi$$
$$\Phi = 1/(q_3|\alpha|^{q_4}/F_z + q_5)$$

（α 的单位是度，但是多数情况下 $\Phi = 0$）

$$F_x = -F_{x0}^* \cos\lambda \, \text{sgn}(\sigma_x^*) \quad (1-18)$$
$$F_y = -F_{y0}^* \sin\lambda \quad (1-19)$$
$$F = \sqrt{F_x^2 + F_y^2} \quad (1-20)$$

2. 复合 M_z 模型

单纯转向时，从 F_y、M_z 求出侧抗拖距 t，从复合 $F_x - F_y$ 模型求出 F_y，二者相乘求出 M_z，而并非只使用纯 M_z 模型，如图 1-18 所示。基于 F_x 的修正项与残存 M_z（侧滑角为 0 时的 M_z 部分）等，形成如下公式：

$$t = t(\sigma^*) = M_z(\sigma^*)/F_y(\sigma^*) \quad (1-21)$$
$$M_z' = -tF_y + M_{zr} \quad (1-22)$$
$$M_{zr} = M_{z0}[1 + \cos(\pi\sigma^*)]/2 \quad (\sigma^* < 1) \quad (1-23)$$
$$M_{zr} = 0 \quad (\sigma^* > 1) \quad (1-24)$$

式中，M_{z0} 是当 $F_y = k = 0$ 时的残余力矩。

配合基于接地中心偏置的制动驱动修正，则有

$$M_z = M_z' + [s_1 F_y + (s_2 F_z + s_3)\gamma + s_4]F_x \quad (1-25)$$
$$s_1 = 1/C_{xeff} - 1/C_{yeff} \quad (1-26)$$

式中，C_{xeff} 为纵向胎体刚性，C_{yeff} 为侧向胎体刚性。

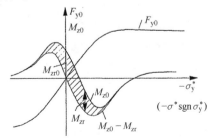

图 1-18　残存 M_z 修正思路（此处横轴是 σ_y^*）

Magic Formula 的构成如图 1-19 所示。

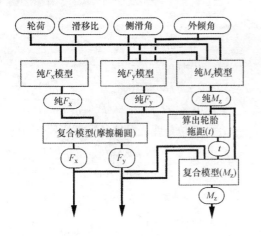

图 1-19　Magic Formula 的构成

1.3.4　模型系数决定步骤

求解模型的常数与系数时，利用交变计算（冗长的联立方程式解法）决定数值，保证特性线尽量通过靠近轮胎数据点的地方。在 FORTRAN 等计算方面，大都备有如此的计算包并可有效利用。近年来，随着满足数值计算的程序逐渐普及，在控制解析用矩阵计算与计算公式处理用软件中，标配函数正在日趋增加，这些软件也可用于 EWS 与个人计算机上，十分便捷。

进行计算时，数据的分配方式十分重要。常数与系数属于数据点的分配方式。常数与系数的最佳值应依据数据点的范围、分布密度与每个点的权重而变化，因此，预估出在什么样的区域内使用该模型，不断摸索数据点的分配方式与权重十分关键。而如何选取出数据点的最佳分配方式，唯有托付于使用者，一般情况下，至少会基于两个条件，即对认定的必要领域，在某种程度上予以侧重与分布的数据点序列上的常数、系数计算值，与比其更宽范围内的数据点序列上的计算值，进行计算，只要数值差异不大，计算结果就无异常，如图 1-20 所示。

不仅是 Magic Formula，所谓模型都只是模拟真实现象，因此，未必需要求出模型中记载的所有的常数与系数，判断数据的性质，对意义不大的系数等予以省略或是设为 0，如图 1-21 所示。

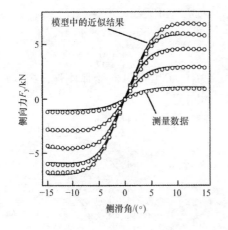

$a_0 = 1.30$　　$a_{10} = 1.50e^{-2}$
$a_1 = -2.74e^{-2}$　　$a_{11} = 8.49e^{-3}$
$a_2 = 1.05$　　$a_{12} = -1.03e^{-2}$
$a_3 = 1.18$　　$a_{13} = 1.03e^{-2}$
$a_4 = 7.69$　　载荷单位kN
$a_5 = 9.00e^{-3}$　　角度是deg时的系数事例
$a_6 = -2.57e^{-1}$　　（系数中也包含向rad的转换
$a_7 = 2.24e^{-1}$　　部分，因此数值无须转换
$a_8 = 2.50e^{-2}$　　成rad，给出三角函数）
$a_9 = 1.00e^{-2}$

图 1-20　模型中测量数据的近似事例（一）
轮胎尺寸 195/65 R15，轮辋尺寸 6J，F_x 的侧抗特性轮荷为 1、3、5、7、9kN。

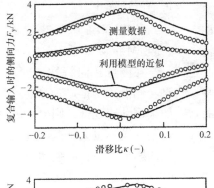

$b_0 = 1.65$
$b_1 = -1.65e^{-2}$
$b_2 = 1.10$
$b_3 = 3.57$
$b_4 = 2.20e^{-1}$
$b_5 = 1.27e^{-1}$
$b_6 = -4.00e^{-3}$
$b_7 = 4.70e^{-2}$
$b_8 = 4.33e^{-1}$
$b_9 = -2.47e^{-3}$
$b_{10} = 3.19e^{-3}$

$q_1 = 1.6$
$q_2 = 0.0$
$q_3 = 0.0$
$q_4 = 0.0$
$q_5 = 0.0$

载荷单位 kN
角度是 deg 时的系数事例(系数中也包含向 rad 的转换部分,因此数值无须转换成 rad,给出三角函数)

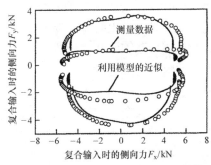

图 1-21　模型中测量数据的近似事例（二）

轮胎尺寸 195/65 R15,轮辋尺寸 6J,$F_x - F_y$ 的复合输入特性,轮荷 5kN,侧偏角 1°、-2°、4°、6°

1.4　轮胎特性测量技术

1.4.1　测量的试验条件

在测量轮胎特性时,首先必须考虑的是测量条件。轮胎特性是非线性的,若利用外插法,精度会严重下降。测量条件应按照测量数据使用目的,设定应比其特性要求范围更广。

1.　力和力矩

虽说是轮胎产生力、力矩,但因轮胎影响到车辆性能的诸多方面,所以动态范围也很广。轮胎的滚动阻力影响车辆的油耗,在测量时,有时会要求精确到 1N。而在运动性能的极限区域内,某些情况下乘用车要求测量到 10kN 的轮荷（F_z）。

为此,需要确认测量装置的动态范围是否符合测量需求。现在,常用测力传感器测量力、力矩,确认测量范围与直线性(通常用全尺寸的若干百分比记载)、分辨率等

各个量值。

设定测量使用的车轮偏置距时,配合测力传感器的测量中心与轮胎中心的位置偏移是至关重要的。M_z 等力矩受此影响较大。即使输出被控制在测量范围内,但因测力传感器的各测量信号间可能会产生干扰（Crosstalk）,因此,设定上应避免某个信号上产生过大的输出。

在测量车轮偏置距时,还应注意试验装置的轮胎装配部位的刚性。在侧滑角可大范围调节的转向试验机上,有时过大的偏置距会引发源自轮胎力的扭转力矩,轮胎装配部位的角度因此而改变。

2.　频率响应

测量瞬态特性时,需要考虑其动态特性（频率响应）。应用应变仪的测力传感器,通常测量范围在 20~50Hz。此频率带以外,需要应用压电元件等计测仪器。

3.　磨损与更换模式

轮胎接地部位橡胶材料的选取是以减少

摩擦为前提，测量时不能忽视轮胎磨损而引起的特性变化。严格来讲，在对侧滑角摆动范围引起的转向进行一次测量后，再次测量时，轮胎的磨损状态会加重，特性会有所改变。但每次测量都更换轮胎并不现实，通常选择特性不易因磨损受到影响而改变的轮胎更换模式，使用同一轮胎测量一定的次数。

4. 温度

橡胶材料是轮胎的主要构成部分，其特性随温度变化极大，测量轮胎时，不可忽视温度对轮胎特性的影响。在测量对温性依赖性高的物体时，测量前应在 Soak Room 内进行温度适应设定值的操作（例如，滚动阻力的测量等）。测量运动性能相关的轮胎特性以及测量转向与制动驱动等对轮胎施加大负荷时，温度（特别是胎面温度）很难控制。一项测量中，胎面温度会发生很大变化，考虑到测量的精度与测量范围、各测量条件的统一等，应尽量将各测量条件差异做到最小。一般地，测量摆动情况时，要按照测量数据的规格目的，设定摆动的速度与折回范围，还应尽可能考虑轮胎发热这一现实性问题。

5. 测量速度

轮胎特性对轮胎转动速度有依存性，主要有两个原因，分别是橡胶材料固有的摩擦对速度有依存性和轮胎接地面与路面之间的摩擦发热会引起橡胶材料特性的变化。发热的试验条件极不易控制，主要原因也无法明确，因此，经常采用速度的一次函数公式来

近似摩擦变化。

6. 侧滑角的角速度变化、摆动范围（折回时振动）

在测量转向特性的摆动（变动）范围时，侧滑角的摆动速度也会影响测量数据。如果摆动速度低，则会促进轮胎的摩擦，且轮胎的发热也大；速度过高，则会受动态特性的影响。对正向摆动与负向摆动进行测量时，在摆动方向变化点上，摆动速度的变化大时，输出时容易发生振动。通常，要在比测量范围宽几度的范围内进行，忽视折回点附近的数据。

7. 磨合

在全新的轮胎上，胎面表面附着有轮胎脱模时用于排气的胶毛与脱模剂等，这些都有可能影响轮胎特性。所以，在测量转向与制动驱动特性前，要对轮胎进行磨合，磨合的目的是令胎面表面达到平常的状态，附加适度的侧滑角与滑移比，剥离胶毛与脱模剂。

8. 代用路面

代表性测量所使用的路面有钢铁式平滑路面与木材、铝制的低铅加工路面和防滑贴（non - slip sheet）等。平滑路面最为简单，但转向侧滑角较大，制动驱动时轮胎容易打滑，测量范围有限；木材路面的特性比平滑路面更接近真实路面，很早就开始使用，不过最近使用得较少；低铅路面使用的意图也与此相同，也接近真实路面。各种路面的比较见表 1-4。

表 1-4 轮胎试验用代用路面 Safety - Walk（商品名，3M 公司制造）形式事例

种类	颜色	表面研磨颗粒	衬料	粘结剂	厚度/mm	质量/(g/m²)	主要用途
类型 A（特殊，凹凸用）	黑色	矿物颗粒	铝箔	感压性	0.8	600	网纹钢板、曲面、特殊车辆踏板、涉及汽油等油品处、油罐货车、圆柱扶梯（φ60 以下）
类型 B（普通平面用）	黑色或红色	矿物颗粒	塑料膜	感压性	0.8	760	普通平面、P 瓷砖、水磨石、磁力砖、斜坡、建设机械阶磴、圆棒（φ60 以上）

（续）

种类	颜色	表面研磨颗粒	衬料	粘结剂	厚度/mm	质量/(g/m²)	主要用途
类型 C（室内，缓冲用）	灰色（黑色）	塑料	塑料膜	感压性	1.2	900	赤足行走地面、Blue Side、托盘、金属芯辊、消声、缓冲
类型 D（浴室，装饰用）	白色（透明）	塑料	无	感压性	0.7	530	赤足行走地面、浴盆（浴缸）、游艇赤手碰触处、装饰、木质台阶（家庭）、扶手

近几年，防滑贴（non‑slip sheet）作为接近真实路面的代用路面被广为使用。此原材料原本是用作防止鞋靴打滑的鞋底材料，表面呈砂纸状，易于轮胎产生适当的摩擦。作为广泛应用在轮胎试验上的原材料，3M 公司制造的 Safety‑Walk（商品名）被有效地应用于代用路面，这种路面材料也存在磨损，需要路面维护。

在近年来日趋普及的平带型试验机上行驶时，一定要使钢铁材质的带状物弯曲，因此防滑贴（non‑slip sheet）今后或将更为广泛地用作代用路面。

9. 胎压设定

试验时胎压设定的方法有两种，分别为试验前设定好压力的冷起动法，与试验中通过连接在轮胎上的气动回转管接头，进行压力调整，保持一定压力的充气法。受温度影响，常规轮胎在冷起动后，连续行驶10min，胎压会上升5%。因而在冷起动法中，有时会在发动机预热运转后，再行设定胎压。5%的气压差异对径向弹力有线性的影响，但在转向与制动驱动测量数据的偏差中很容易被忽视。

1.4.2 轮胎力和力矩的测量

通常应用台架的轮胎试验机来测试轮胎转向以及制动驱动，现在广泛应用的试验机有鼓型与平带型两种类型。鼓型很早就已使用，具有结构简单且耐久性好的特点。但是当路面发生弯曲时，接地面的形状与接地面压力分布会异于平坦路面，转向特性等方面易出现与真实路面的差异。

如图 1‑22 所示，平带型试验机是通过两台转筒施加张力，使金属带转动，在金属带上形成平面，现已日趋普及。这种形式不会出现弯曲问题，与真实路面的差别也仅有路面的摩擦系数与结构而已。通过控制两端转筒的位置，可消除轮胎力引起的金属带位移。

图 1‑22 平带型试验机

在力、力矩测量方法方面，有在试验机上自轮胎转动轴开始测量的传统方法和使用测量系统内置在车轮的试验机（称为车轮测力计、车轮传感器等，如图 1‑23 和图

17

1-24所示）两种测量方法。后者的优点是可在更加靠近轮胎的点进行测量，信号的S/N比提高（3轴的力、力矩间的干涉会变小），可内置在车轮里，也可安装在实车上，如图1-23和图1-24所示。轮胎台架试验条件设定事例见表1-5。

图1-23　车轮内置型测量器（GSE 公司制造）

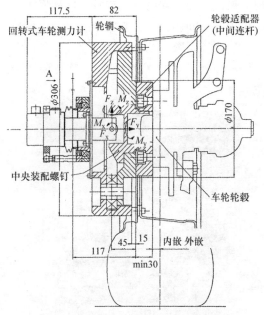

图1-24　车轮内置型测量器结构（Kistler公司制造，回转式车轮测力计）

另外，因测量系统与车轮一同转动，故需要对信号实施坐标转换，而为维持车轮应有的强度，测量系统会趋于复杂。此外，传感器本身若存在轮胎转动方向上的输出变动，输出信号需同轮胎本身的均匀特性相协调，所以，在低转动速度的高速响应测量上，应注意不可忽视轮胎转动的原始输出变动。

测量精度有望随着技术进步而提升，今后凭借车轮信号传递的无线化等，进行轮胎力、力矩的测量方法将日趋简便。

1.4.3　前轮定位测量

在台架的试验机上测量转向特性中的侧滑角与外倾角，因路面固定而比较容易进行，而在车轮内置型试验机上的实车测量中，尽管力、力矩可测，但仅凭此无法获得侧滑角与外倾角。为此，在车轮内置型试验机的车辆试验中，特别是在测量F_y与M_z的特性时，前轮定位的测量具有与力和力矩的测量同等程度的重要性。

前轮定位的测量方法一般是使用位移传感器测量车轮回转面的位移量。测量车轮平面上3个点的位置，就可测量出车轮对车身的前束角与外倾角。位移传感器有接触式的电位计与差动变压器、光学式的激光测距传感器等。

1.4.4　侧滑角和滑移比

通过测量前轮定位，可得到实车车身固定坐标系内的轮胎前束角、外倾角。为掌握轮胎特性，还需要知道轮胎侧滑角与外倾角。

用于解析车辆运动性能的侧滑角与外倾角的测量精度是前束角在0.1°以内、外倾角

表1-5 轮胎台架试验条件设定事例

一般条件	
路面	平带，表面材料 Safety Wark Type – B
基准速度/km/h	30
胎压/kPa	200
胎压设定条件	膨胀（测量中也要保持在规定值）
基准载荷/kN	4.90（100%）
单位系	SI
坐标系	JASO
更换轮胎时的磨合	基准载荷，30km/h 预热 10min 后，在
	·侧滑角可变角范围 ±15°
	·侧滑角变化角速度约 3°状态下，进行两个循环的侧滑角摆动
冷态预热	30km/h 暖机预热 10min 后
测量间隔	胎面温度管理→自由转动，送风冷却，直至从冷态到预热时的温度差在 5℃以内
试验轮胎条数	4 条＋备品
胎面残留沟槽	100%（新品）
转向测量	
侧滑角可变角模式	−5°→＋20°→−20°→＋5°
测量有效范围	−16°～＋16°（往复平均）
侧滑角的角速度变化	3°/s
轮荷	20、60、100、140、180（相对基准载荷的%）
外倾角/(°)	0、−5、＋5
	0°→全轮荷条件；±5°→60，140%仅限于
轮胎更换模式	外倾角 0°时 1 条；±5°时二者合起来 1 条
制动驱动测量	
滑移比变动范围	±30%以上
测量有效范围	30%（0%→30%方向）
轮荷	20、60、100、140（相对基准载荷的%）
侧滑角/(°)	0、−1、＋2、−4、＋6
	0°→全轮荷条件；−1、＋2、−4、＋6°→仅基本载荷
外倾角/(°)	0
	侧滑角 0°时 1 条
更换轮胎模式	（在各轮荷条件下，交互测量制动以及驱动）
	侧滑角 −1°、＋2°、−4°、＋6°时 1 条（试验模式同上）

在其二分之一到五分之一的精度（外倾横向推力相比侧滑角所引起的 F_y 对角度的灵敏度要低），假如可以测量，自然是理想的，可实际上却很难测量。

测量车身坐标系上的前束角、外倾角时，可直接测量位移量，故车辆速度对测量精度无影响。规定的精度有传感器本身的测量精度与传感器装配部位的柔性等，以现有技术可充分确保精度。

测量侧滑角时，车辆与轮胎相对路面运动，首先可定义地面坐标系的方向。也就是测量时，可直接观测的物理量是速度而不是位移，测量精度基本上依存于速度，台架上的试验机因路面固定，侧滑角的测量精度不依存于速度，这也是台架与实车测量中的最大不同之处。

测量侧滑角时，需要测量依据车身坐标系判断出的路面行进方向矢量。通常是测量路面平面内的两个方向的对地速度。测量时使用的是非接触式光学传感器，如图 1-25 所示。在正交的两个方向上进行测量时，求出测量轴交点上的侧滑角，而要测量交点以外位置上的侧滑角，还需要修正车身的横摆运动。修正横摆一定要再追加旋转等传感器信号，精度不可避免会下降。掌握测量精度后再行测量最为理想。

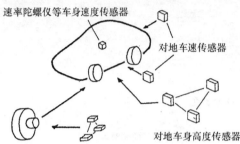

速率陀螺仪等车身速度传感器
对地车速传感器
轮胎力测量传感器 前束角、外倾角测量用位移传感器
对地车身高度传感器

图 1-25 侧滑角、外倾角的实车测量装置构成事例

对地外倾角的关键是地面坐标系（特别是接地部位的平面）与车身坐标系之间的倾斜角。车身与路面之间的距离可用非接触式测距传感器（超声波与光学式）进行测量，测量出车身上的 3 个点到路面的距离，即可计算出来。假如路面是平面则毫无问题，可通常路面本身具有斜坡与凹凸等，

为得到接地部分的平面方程式，要将传感器部分的平面度外插或是内插至轮胎接地部分。近年来，应用激光与振动旋转的积分型车身姿态测量装置的精度日益提升，对车身坐标系的定位提升有所助益。

滑移比在台架与实车上都是极难确保精度的测量值。第 1.1 节中定义的滑移比公式很大程度上依存于滚动半径的精度。滚动半径受轮胎的轮荷与胎压、胎面的磨损状况等因素的影响，在实际应用条件内，容易产生数毫米程度的变化。假设变化是 3mm，预测轮胎的动载荷半径则是 300mm，则误差为 1%。F_x 对滑移比的灵敏度在小滑移比范围内非常高，因而尽管只是这种微小程度的误差，相比 F_x 对侧滑角，影响仍然很大。滑移比这一概念在研讨轮胎特性方面是非常有用的，但是在研究测量方面却是非常棘手的问题。

［牧田光弘］

参 考 文 献

[1] 自動車技術会：自動車技術ハンドブック 基礎・理論編，自動車技術会，p.177-185（1990）
[2] SAEJ670e：Vehicle Dynamics Terminology, SAE（1979）
[3] JATMA：JATMA イヤーブック 94 年版，JATMA（1994）
[4] 渡邊徹郎：タイヤのおはなし，p.217-224，日本規格協会（1994）
[5] R. W. Allen：Tire Modeling Requirements for Vehicle Dynamics Simulation SAE Paper 950312, P.5, Fig.3（SP-1074 合本で p.99）
[6] Y. Q. Wang：Two-Dimensional Contact Area of a Pneumatic Tire Subjected to a Lateral Force, Vehicle System Dynamics, 23 p.158（1994）
[7] 文献 6）の p.160
[8] T. D. Gillespie：Fundamentals of Vehicle Dynamics, p.341 SAE（1992）
[9] T. Bachmann：Influences on and Detection of Tyre/Road-Friction, SAE Paper 945088, p.3（1994）
[10] 文献 5）の p.5, Fig.5（SP-1074 合本で p.99）
[11] 高橋俊道：非平坦路走行時のタイヤコーナリング特性とそのモデル化，自動車技術会春期学術講演会前刷集，No.9301962（1993）
[12] W. Kortum：Multibody Computer Codes in Vehicle System Dynamics, Switz & Zeitlinger（オランダ），Supplement to Vehicle System Dynamics, Vol.22（1993）
[13] 高橋俊道：タイヤの力学モデルについて，AVEC'93 シンポジウム 9306903, p.1（1993）
[14] 藤岡健彦：タイヤの一次元 brush モデルとその数値計算法，自動車技術会シンポジウムテキスト No.9414，タイヤの基礎特性と車両運動，p.29-35（1994）
[15] 文献 14）の p.30
[16] 文献 14）の p.30
[17] 文献 14）の p.30
[18] E. Bakker：A New Tire Model with an Application in Vehicle Dynamics Studies, SAE Paper 890087
[19] H. B. Pacejka：Tire Models for Vehicle Dynamics Analysis, Supplement to Vehicle System Dynamics, Vol.21（1991）
[20] E. Bakker：Tire Modeling for Vehicle Dynamics Studies, SAE Paper 870421（1987）
[21] Hans J. Schopf：Schnellaufende Flachbahn als neuartige Komponente für Fahrzeugund Bauteilprufstande, ATZ, Vol.91 No.1 p.25（1989）
[22] 自動車技術会：自動車規格 自動車用タイヤのユニフォーミティ試験方法，JASO C607-87
[23] 東島鎮：車軸 6 分力測定装置の開発，自技会学術講演会前刷集 936，p.265-268（1993）
[24] M. Makita：Tire Cornering Characteristics with Braking or Driving Force on Actual Road, Proceedings of AVEC'94, p.276-280（1994）

第 2 章　车辆的运动性能理论

2.1　汽车的运动与运动方程式

如果把汽车看成一个刚性体，其运动可分为纵向、侧向和垂向三个方向的运动。从力学观点严格来讲，这些运动全部互耦；但是从现实的车辆运动性质来讲，可把垂向的运动与其余的运动分开独立考虑。如果汽车以一定速度行驶，则可以对纵向与侧向运动分开考虑。然而，汽车并不会始终匀速行驶，而是存在加速或减速频繁操控的情况。因此，单纯分开考虑纵向与侧向运动并不可行，还需要考虑二者存在互耦的情况。

在此会针对上面提及的汽车运动进行讲解，并从理论上说明其运动方程式。这里所使用的主要符号见表2-1。

表 2-1　车辆运动模型中的主要符号

符号	内容
m	车辆质量
I	车辆横摆惯性力矩
l	轴距
l_f、l_r	前/后车轴至重心点间的距离
V	车速
v_x、v_y	重心点的纵向速度、侧向速度
a_x、a_y	纵向加速度、侧向加速度
ψ	横摆角
$\dot{\psi}$、r	横摆角速度
β	重心点的侧滑角
δ_f	前轮实转角
δ_H	转向角
K_f、K_r	前/后侧抗刚度

2.1.1　平面运动的运动方程式

为了简化对象，掌握车辆运动的基本性质，常采用忽视车辆高度，把整个车辆投影在行驶平面上的方法，即所谓的车辆平面运动模型，模型及坐标系如图2-1所示。

忽视车身的侧倾与俯仰运动，以平面内刚性体的运动来描述车辆，这时的运动方

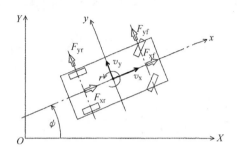

图 2-1　车辆的平面运动模型

程式如下：

$$\begin{cases} m(\dot{v}_x - v_y r) = F_{xf} + F_{xr} \\ m(\dot{v}_y + v_x r) = F_{yf} + F_{yr} \\ I\,\dot{r} = l_f F_{yf} - l_r F_{yr} \end{cases} \quad (2\text{-}1)$$

由于各自的实转角与轮胎侧滑角较小，作用在轮胎上的纵向以及侧向力的方向可看成与车身的纵向以及侧向一致。如果这些角度大，则将作用在轮胎上的力分解为车身的纵向与侧向的力，使用式（2-1）的右侧部分即可。

式（2-1）表达的是车身上采用的固定坐标系的运动。相对绝对空间，与车辆所占据的位置有关的运动方程式可参照图2-1，增加以下内容即可。

$$\begin{cases} \dot{X} = v_x \cos\psi - v_y \sin\psi \\ \dot{Y} = v_x \cos\psi + v_y \cos\psi \\ \dot{\psi} = r \end{cases} \quad (2\text{-}2)$$

为了辨明车辆侧向运动的基本性质，设轮胎的纵向力不起作用，车辆以足够的固定速度 V 在纵向行驶，且假设实转角与横摆角速度也十分小，则可得出如下公式：

$$\begin{cases} v_x = V \\ v_y = V\beta \end{cases} \quad (2\text{-}3)$$

假设前后轮的轮胎侧滑角左右无差异，侧抗力与此成正比作用在轮胎上，此时车辆的运动仅在侧向的平移运动与横摆上有意义，运动方程式则如下：

$$\begin{cases} mV(\dot{\beta}+r) = 2K_f\left(\beta + \dfrac{l_f}{V}r - \delta_\varphi\right) - 2K_r\left(\beta - \dfrac{l_r}{V}r\right) \\ I\dot{r} = -2l_fK_f\left(\beta + \dfrac{l_f}{V}r - \delta_f\right) + 2l_rK_r\left(\beta - \dfrac{l_r}{V}r\right) \end{cases}$$

$$(2-4)$$

整理后则为

$$\begin{cases} mV\dot{\beta} + 2(K_f + K_r)\beta + \left[mV + \dfrac{2}{V}(l_fK_f - l_rK_r)\right]r = 2K_f\delta_f \\ 2(l_fK_f - l_rK_r)\beta + I\dot{r} + \dfrac{2(l_f^2K_f + l_r^2K_r)}{V}r = 2l_fK_f\delta_f \end{cases}$$

$$(2-5)$$

这就是车辆的平面 2 自由度模型的运动方程式。

在绝对空间中（牛顿创立的稳衡体系 – 动者衡动，静者衡静），车辆位置与姿态可用式（2-6）来表示：

$$\begin{cases} \dot{X} = V\cos(\beta + \psi) \\ \dot{Y} = V\sin(\beta + \psi) \\ \dot{\psi} = r \end{cases}$$

$$(2-6)$$

2.1.2 涵盖转向系统的运动与运动方程式

图 2-2 所示是将转向系统的全部旋转运动置换成绕主销转动的最为简单的力学模型。如果车辆的纵向速度固定，轮胎侧向力与侧滑角成正比，转向主销的转动力矩以自动回正力矩形式作用在前轮上，来自驾驶人手的输入转矩作用在转向盘上，则转向系统的运动方程式如下：

$$\begin{cases} I_H\ddot{\delta}_H + C_H\dot{\delta}_H + K_s(\delta_H - \delta_f) = T_H \\ I_s\ddot{\delta}_f + C_s\dot{\delta}_f + K_s(\delta_f - \delta_H) = 2\xi K_f\left(\beta + \dfrac{l_f}{V}r - \delta_f\right) \end{cases}$$

$$(2-7)$$

假设车辆的横摆角速度远远小于转向盘与前轮的旋转角度。式（2-5）与式（2-7）

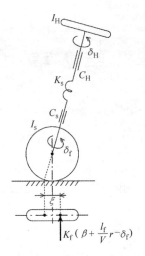

图 2-2　转向系统的力学模型

联立起来就是涵盖转向系统的车辆运动方程式。

如果转向盘转角完全受制于驾驶人的控制，无法自由运动，并且在前轮绕主销转动的回转运动过程中，惯性力矩以及黏性力矩远小于自动回正力矩，则可以忽略不计。以转向盘转角输入形式整理式（2-5）与式（2-7），最终可得出：

$$\begin{cases} mV\dot{\beta} + 2(eK_f + K_r)\beta + \left(mV + \dfrac{2}{V}(l_feK_f - l_rK_r)\right)r \\ \qquad = 2eK_f\delta_H \\ 2(l_feK_f - l_rK_r)\beta + I\dot{r} + \dfrac{2(l_f^2eK_f + l_r^2K_r)}{V}r \\ \qquad = 2l_feK_f\delta_H \end{cases}$$

$$(2-8)$$

式中：

$$e = \frac{1}{1 + \dfrac{2\xi K_f}{K_s}}$$

$$(2-9)$$

总之，由式（2-8）可知，可利用平面 2 自由度模型简化并描述转向系统的运动，特别是考虑到其刚度时的运动，而其刚度效果恰好等同于前轮侧抗刚度从 K_f 减少至 eK_f 时的效果。上文中曾提及的约束转向盘转角的状态称为定位控制。

如果转向盘转角未受限制，而是拥有一

定的运动自由度，则被称为自由控制。此时，如果转向盘的惯性力矩小于前轮的力矩，且黏性项小，转向系统的刚度也很大，那么其运动方程式则如下：

$$
\begin{cases}
mV\dot{\beta} + 2(K_{\mathrm{f}}+K_{\mathrm{r}})\beta + \left[mV + \dfrac{2}{V}(l_{\mathrm{f}}K_{\mathrm{f}}-l_{\mathrm{r}}K_{\mathrm{r}})\right]r \\
\quad -2K_{\mathrm{f}}\delta_{\mathrm{H}}=0 \\[2mm]
2(l_{\mathrm{f}}K_{\mathrm{f}}-l_{\mathrm{r}}K_{\mathrm{r}})\beta + I\,\dot{r} + \dfrac{2(l_{\mathrm{f}}^{2}K_{\mathrm{f}}+l_{\mathrm{r}}^{2}K_{\mathrm{r}})}{V}r - 2l_{\mathrm{f}}K_{\mathrm{f}}\delta_{\mathrm{H}}=0 \\[2mm]
-2\xi K_{\mathrm{f}}\beta - \dfrac{2\xi l_{\mathrm{f}}K_{\mathrm{f}}}{V}r + I_{\mathrm{h}}\ddot{\delta}_{\mathrm{H}} + 2\xi K_{\mathrm{f}}\delta_{\mathrm{H}}=T_{\mathrm{H}}
\end{cases}
$$

$$(2\text{-}10)$$

可使用此运动方程式的特性方程式来研究转向系统的稳定性，当自动回正力矩的系数小于某个数值，转向系统在某个速度点以上时，会表现出振动性能的不稳定。具体请参考其他书籍。

2.1.3　涵盖侧倾的运动与运动方程式

研究车辆高度时，至少要考量车辆侧向运动所引起的车身侧倾运动。用简单且现实的方法说明该车身运动时，可采用假设车身绕相对处于固定状态的轴旋转，进行侧倾运动的方法。这个轴称作侧倾轴，车辆运动力学模型与坐标系如图 2-3 所示。如果在考虑车身的对称性同时，忽略簧下质量，且纵向速度一定，那么这时车辆运动的运动方程式则为

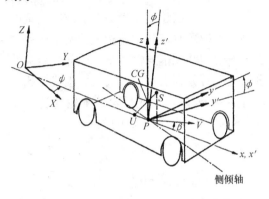

图 2-3　考虑车身侧倾的车辆运动力学模型

$$
\begin{cases}
mV\dot{\beta} + 2(K_{\mathrm{f}}+K_{\mathrm{r}})\beta + \left[mV + \dfrac{2(l_{\mathrm{f}}K_{\mathrm{f}}-l_{\mathrm{r}}K_{\mathrm{r}})}{V}\right]r \\
\quad -m_{\mathrm{s}}h_{\mathrm{s}}\ddot{\phi} - 2Y_{\phi}\phi = 2K_{\mathrm{f}}\delta_{\mathrm{f}} \\[2mm]
2(l_{\mathrm{f}}K_{\mathrm{f}}-l_{\mathrm{r}}K_{\mathrm{r}})\beta + I\,\dot{r} + \dfrac{2(l_{\mathrm{f}}^{2}K_{\mathrm{f}}+l_{\mathrm{r}}^{2}K_{\mathrm{r}})}{V}r - I_{\mathrm{xz}}\ddot{\phi} \\
\quad -2N_{\phi}\phi = 2l_{\mathrm{f}}K_{\mathrm{f}}\delta_{\mathrm{f}} \\[2mm]
-m_{\mathrm{s}}h_{\mathrm{s}}\dot{V}\beta - I_{\mathrm{xz}}\,\dot{r} - m_{\mathrm{s}}h_{\mathrm{s}}Vr + I_{\phi}\ddot{\phi} + C_{\phi}\,\dot{\phi} \\
\quad + (K_{\phi}-m_{\mathrm{s}}gh_{\mathrm{s}})\phi = 0
\end{cases}
$$

$$(2\text{-}11)$$

式中，m_{s} 是车身质量，h_{s} 是从侧倾轴到车身质心的高度，K_{ϕ} 是车身的侧倾刚度。

$$
Y_{\phi}=\left(\frac{\partial\alpha_{\mathrm{f}}}{\partial\phi}K_{\mathrm{f}}+\frac{\partial\alpha_{\mathrm{r}}}{\partial\phi}K_{\mathrm{r}}\right)-\left(\frac{\partial\phi_{\mathrm{f}}}{\partial\phi}K_{\mathrm{cf}}+\frac{\partial\phi_{\mathrm{r}}}{\partial\phi}K_{\mathrm{cr}}\right),
$$

$$
N_{\phi}=\left(\frac{\partial\alpha_{\mathrm{f}}}{\partial\phi}l_{\mathrm{f}}K_{\mathrm{f}}-\frac{\partial\alpha_{\mathrm{r}}}{\partial\phi}l_{\mathrm{r}}K_{\mathrm{r}}\right)-\left(\frac{\partial\phi_{\mathrm{f}}}{\partial\phi}l_{\mathrm{f}}K_{\mathrm{cf}}-\frac{\partial\phi_{\mathrm{r}}}{\partial\phi}l_{\mathrm{r}}K_{\mathrm{cr}}\right).
$$

式中，$\partial\alpha_{\mathrm{f}}/\partial\phi$、$\partial\alpha_{\mathrm{r}}/\partial\phi$ 是车身侧倾时悬架行程引起的单位侧倾角的实转角变化；$\partial\phi_{\mathrm{f}}/\partial\phi$、$\partial\phi_{\mathrm{r}}/\partial\phi$ 是车身侧倾引起的单位侧倾角的车轮外倾角变化；K_{cf} 是车轮外倾横向推力系数。由于车身的侧倾，左右车轮之间出现载荷转移，左右轮胎所产生的侧向力也会发生变化，其效果是左右抵消，无须就此多虑，而左右的滚动阻力差引起的横摆力矩也较小，可忽略不计。

为了简单研究车身侧倾的基本影响，若仅考虑恒定侧向加速度下的情况，那么利用式（2-11）就可得出如下的车身侧倾角：

$$\phi = \frac{m_{\mathrm{s}}h_{\mathrm{s}}V}{K_{\phi}-m_{\mathrm{s}}gh_{\mathrm{s}}}r \qquad (2\text{-}12)$$

利用此式，忽略侧倾角的非恒定项，可整理得出：

$$
\begin{cases}
m\dot{V}\beta + 2(K_{\mathrm{f}}+K_{\mathrm{r}})\beta + \left[mV + \dfrac{2(l'_{\mathrm{f}}K_{\mathrm{f}}-l'_{\mathrm{r}}K_{\mathrm{r}})}{V}\right]r \\
\quad = 2K_{\mathrm{f}}\delta \\[2mm]
2(l_{\mathrm{f}}K_{\mathrm{f}}-l_{\mathrm{r}}K_{\mathrm{r}})\beta + I\,\dot{r} + \dfrac{2(l'_{\mathrm{f}}l_{\mathrm{f}}K_{\mathrm{f}}+l'_{\mathrm{r}}l_{\mathrm{r}}K_{\mathrm{r}})}{V}r \\
\quad = 2l_{\mathrm{f}}K_{\mathrm{f}}\delta
\end{cases}
$$

$$(2\text{-}13)$$

式中：

$$l'_f = l_f(1 + B_f V^2)$$

$$l'_r = l_r(1 + B_r V^2)$$

$$B_f = \frac{-m_s h_s \left(\dfrac{\partial \alpha_f}{\partial \phi} - \dfrac{K_{cf}}{K_f} \dfrac{\partial \phi_f}{\partial \phi} \right)}{l_f (K_\phi - m_s g h_s)}$$

$$B_r = \frac{m_s h_s \left(\dfrac{\partial \alpha_r}{\partial \phi} - \dfrac{K_{cr}}{K_r} \dfrac{\partial \phi_r}{\partial \phi} \right)}{l_r (K_\phi - m_s g h_s)}$$

如此，车身侧倾的基本影响便被还原为简单的平面 2 自由度模型，利于研讨。

2.1.4 垂向运动与运动方程式

如图 2-4a 所示，把车身视为一个刚性体，解析车辆垂向运动时，其力学模型是 7

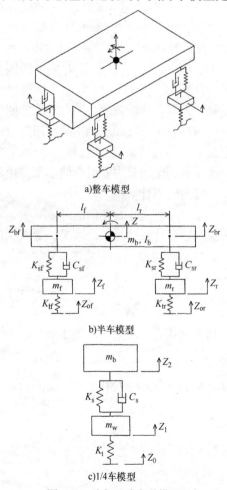

a)整车模型

b)半车模型

c)1/4 车模型

图 2-4 垂向运动力学模型

自由度模型。通常会分开考虑车辆的垂向运动与其他的纵向以及侧向运动。路面的垂向位移会引起 4 个独立的簧下的垂向运动，车身会进行垂向、俯仰和侧倾的 3 自由度运动。

由此可见，以此力学模型为对象的运动方程式会相当复杂，而只单纯解读垂向运动的基本性质并不合理。路面有较常波长输入时，左右相干性非常高，可认为左右垂向位移输入相同；而当相干性低的较短波长输入时，只会激励簧下的垂向运动，对车身运动并无影响。

如此一来，车身只产生质心的垂向平移运动，而无侧倾运动，前后簧下左右并行地进行垂向运动，因此可建立图 2-4b 所示的力学模型，称作半车模型（Half – Vehicle Model），该方程式如下：

$$m_f \ddot{Z}_f = K_{tf}(Z_{of} - Z_f) - K_{sf}(Z_f - Z_{bf}) - C_{sf}(\dot{Z}_f - \dot{Z}_{bf})$$

$$m_r \ddot{Z}_r = K_{tr}(Z_{or} - Z_r) - K_{sr}(Z_r - Z_{br}) - C_{sr}(\dot{Z}_r - \dot{Z}_{br})$$

$$m_b \ddot{Z} = - K_{sf}(Z_f - Z_{bf}) - C_{sf}(\dot{Z}_f - \dot{Z}_{bf}) - K_{sr}(Z_r - Z_{br})$$
$$- C_{sr}(\dot{Z}_r - \dot{Z}_{br})$$

$$I_b \ddot{\theta} = - l_f K_{sf}(Z_f - Z_{bf}) - l_f C_{sf}(\dot{Z}_f - \dot{Z}_{bf})$$
$$+ l_r K_{sr}(Z_r - Z_{br}) + l_r C_{sr}(\dot{Z}_r - \dot{Z}_{br})$$

$$(2-14)$$

但是，$Z_{bf} = Z - l_f \theta, Z_{br} = Z + l_r \theta$。

假设公式 $I_b = m_b l_f l_r$ 成立，可知将前后轮上车身的垂向位移置换成车身质心的垂向位移与纵摆角时，与车身相关的两个运动方程式彼此间并无耦合性。车身前部或后部的垂向运动可分别表示为下面的方程式。此时车身质量 m_b 是前轮或后轮每个轮的负载质量，m_w 是每个车轮的簧下质量。

$$\begin{cases} m_w \ddot{Z}_1 = K_t(Z_0 - Z_1) - K_s(Z_1 - Z_2) - C_s(\dot{Z}_1 - \dot{Z}_2) \\ m_b \ddot{Z}_2 = K_s(Z_1 - Z_2) + C_s(\dot{Z}_1 - \dot{Z}_2) \end{cases}$$

$$(2-15)$$

这样的力学模型称作 1/4 车模型（Quarter – Vehicle Model），如图 2-4c 所示。利用它理解车辆垂向运动的基本性质时，可应用最简单的普通 2 自由度弹簧质量系统的分析手法。

2.1.5 一般的汽车运动与结构分析模型

最近，把车身运动看作普通的刚性体运动，不考虑包括簧下运动与轮胎及驱动系统回转运动等的耦合、非耦合，利用计算机对车辆运动进行综合性分析的研究有所增加。

把车身看作是一个刚性体，质心为原点，在纵向、侧向和垂向的重心平移运动中，各轴向的速度分别为 u、v 和 w，可用如下运动方程式表示：

$$\begin{cases} m(\dot{u} - rv + qw) = \sum X \\ m(\dot{v} - pw + ru) = \sum Y \\ m(\dot{w} - qu + pv) = \sum Z \end{cases} \quad (2\text{-}16)$$

式中，$\sum X$、$\sum Y$ 和 $\sum Z$ 分别表示通过连接车身与轮胎的悬架作用在车身上的力在纵向、侧向和垂向的总和。p、q 和 r 表示绕每个轴转动的回转角速度。

车身绕每个轴的回转运动，遵从下面的方程式：

$$\begin{cases} I_{xx}\dot{p} + (I_{zz} - I_{yy})qr - I_{xz}(\dot{r} + pq) = \sum L \\ I_{yy}\dot{q} + (I_{xx} - I_{zz})rp + I_{xz}(p^2 - r^2) = \sum M \\ I_{zz}\dot{r} + (I_{yy} - I_{xx})pq - I_{xz}(p - qr) = \sum N \end{cases}$$
$$(2\text{-}17)$$

式中，$\sum L$、$\sum M$ 和 $\sum N$ 分别是通过悬架系统作用在车身上的力绕每个轴转动的力矩总和。

簧下涉及的运动有质心的平移运动与回转运动，也有与车身类似的运动方程式成立。根据各种不同情况而附加限制运动的约束条件后，就需要进一步在考虑驱动系统构成的基础上引入与轮胎转动运动相关的运动方程式。

此时，如第 1 章所述，轮胎所承受的与路面接触的力可写成如下表达式：

$$\begin{cases} F_{xi} = F_{xi}(\beta_i, S_i, F_{zi}, V_i, \phi_i) \\ F_{yi} = F_{yi}(\beta_i, S_i, F_{zi}, V_i, \phi_i) \end{cases} \quad (2\text{-}18)$$

并依据目的提出了各类模型方案。

要想全面剖析阐述上述运动方程式及其外力或是运动的约束条件并非易事，多数情况下需采用把车辆看作是若干个刚性体以某些结合要素结合在一起的多体（multi – body），利用计算机语言来描述其运动，利用积分并求出运动的经过时间，再分析其运动特性的方法。

最近，业界开发出了几个普通机构分析用的软件，还开发出了多个车辆运动分析专用软件。利用这些软件进行分析，已成为车辆运动性能分析的主要技术之一，有助于车辆性能的提升。

2.2 利用平面 2 自由度模型的线性分析

第 2.1.1 节中曾提到过平面 2 自由度模型的运动方程式，据此可掌握车辆运动的基本性质。

2.2.1 匀速环行

可从以一定的转向盘转角与行驶速度环行运动中掌握车辆的基本运动力学性质。

使用式（2-5）来描述车辆的匀速环行，可得到下式：

$$\begin{cases} 2(K_f + K_r)\beta + \left[mV + \dfrac{2}{V}(l_f K_f - l_r K_r)\right]r = 2K_f\delta_f \\ 2(l_f K_f - l_r K_r)\beta + \dfrac{2(l_f^2 K_f + l_r^2 K_r)}{V}r = 2l_f K_f\delta_f \end{cases}$$
$$(2\text{-}19)$$

则横摆角速度为

$$r = \frac{1}{1 + KV^2}\frac{V}{l}\delta_f \quad (2\text{-}20)$$

转弯半径 R 为

$$R = (1 + KV^2)\frac{l}{\delta_f} \quad (2\text{-}21)$$

当转弯半径一定时，下式则成立：

$$\delta_{\mathrm{f}} = (1 + KV^2) \frac{l}{R} \qquad (2\text{-}22)$$

式中：

$$K = -\frac{m}{2l^2} \frac{l_{\mathrm{f}}K_{\mathrm{f}} - l_{\mathrm{r}}K_{\mathrm{r}}}{K_{\mathrm{f}}K_{\mathrm{r}}} \qquad (2\text{-}23)$$

K 被称作稳定系数。该系数与转弯速度共同影响匀速环行时的横摆角速度与转弯半径或转弯所需的转向角变化情况，是一个重要的物理量。匀速环行相对此数值与速度所发生的变化如图 2-5 所示。

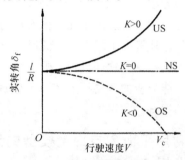

图 2-5　车辆的匀速环行与转向特性

K 值为正时称作不足转向，为零时称作中性转向，为负时称作过度转向，它们是车辆全部的转向特性。从图 2-5 可知，车辆呈现过度转向特性时，车速为

$$V_{\mathrm{c}} = \sqrt{-\frac{1}{K}} \qquad (2\text{-}24)$$

综上可知，在某个临界速度下将无法环行。匀速环行的侧向加速度为

$$a_{\mathrm{y}} = \frac{V^2}{R} \qquad (2\text{-}25)$$

如果转弯半径固定，式（2-22）则为

$$\delta_{\mathrm{f}} = \frac{l}{R} + lKa_{\mathrm{y}} \qquad (2\text{-}26)$$

如果转弯速度固定，式（2-22）则为

$$\delta_{\mathrm{f}} = \left(\frac{l}{V^2} + lK \right) a_{\mathrm{y}} \qquad (2\text{-}27)$$

总之，式（2-26）表示转弯半径固定时转弯侧向加速度与转弯时所需的转向角之间的关系，式（2-27）表示转弯速度固定时侧向加速度与转向角之间的关系。图 2-6 所示为按照车辆的转向特性，来定性表明这些关系。

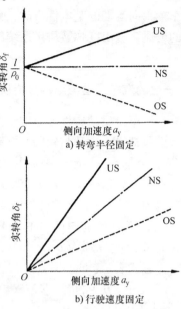

a) 转弯半径固定

b) 行驶速度固定

图 2-6　匀速环行时的侧向加速度与实转角的关系

2.2.2　转向时的瞬态响应特性

将式（2-5）进行拉普拉斯变换后，可求出转向时车辆响应的特性方程式：

$$s^2 + \frac{2m(l_{\mathrm{f}}^2 K_{\mathrm{f}} + l_{\mathrm{r}}^2 K_{\mathrm{r}}) + 2I(K_{\mathrm{f}} + K_{\mathrm{r}})}{mIV} s$$
$$+ \frac{4K_{\mathrm{f}}K_{\mathrm{r}}l^2}{mIV^2} - \frac{2(l_{\mathrm{f}}K_{\mathrm{f}} - l_{\mathrm{r}}K_{\mathrm{r}})}{I} = 0 \quad (2\text{-}28)$$

也可写成：

$$s^2 + 2\zeta\omega_{\mathrm{n}}s + \omega_{\mathrm{n}}^2 = 0 \qquad (2\text{-}29)$$

式中：

$$\begin{cases} \omega_{\mathrm{n}} = \dfrac{2l}{V} \sqrt{\dfrac{K_{\mathrm{f}}K_{\mathrm{r}}}{mI}} \sqrt{1 + KV^2} \\[3mm] \zeta = \dfrac{m(l_{\mathrm{f}}^2 K_{\mathrm{f}} + l_{\mathrm{r}}^2 K_{\mathrm{r}}) + I(K_{\mathrm{f}} + K_{\mathrm{r}})}{2l \sqrt{mIK_{\mathrm{f}}K_{\mathrm{r}}(1 + KV^2)}} \end{cases}$$
$$(2\text{-}30)$$

ω_{n} 与 ζ 分别表示车辆响应的固有振动频率与阻尼比。

式（2-30）表明车辆在过度转向时，超过式（2-24）中所示的速度时 ω_{n}^2 为负，车辆运动变得不稳定。因此，车辆在中性转向或是过度转向时，所有速度下的阻尼比均在 1.0 以上，车辆转向时的固有响应总是呈现出非振动性的过衰减响应。

相反，车辆在不足转向时，在速度大于

$$V_s = \frac{I\left\{\left[\frac{m(l_f^2 K_f + l_r^2 K_r) + I(K_f + K_r)}{mI}\right]^2 - \frac{4K_f K_r l^2}{mI}\right\}}{2(l_f K_f - l_r K_r)}$$

$$(2\text{-}31)$$

时阻尼比在 1.0 以下，车辆的响应呈现出振动性。

使用式（2-5）可求出转向时车辆的侧向加速度、侧偏角以及横摆角速度响应的传递函数，如下：

$$\frac{a_y(s)}{\delta(s)} = G_\delta^{\ddot{y}}(0)\frac{1 + T_{y1}s + T_{y2}s^2}{1 + \frac{2\zeta s}{\omega_n} + \frac{s^2}{\omega_n^2}} \quad (2\text{-}32)$$

$$\frac{\beta(s)}{\delta(s)} = G_\delta^{\beta}(0)\frac{1 + T_{\beta}s}{1 + \frac{2\zeta s}{\omega_n} + \frac{s^2}{\omega_n^2}} \quad (2\text{-}33)$$

$$\frac{r(s)}{\delta(s)} = G_\delta^{r}(0)\frac{1 + T_{yr}s}{1 + \frac{2\zeta s}{\omega_n} + \frac{s^2}{\omega_n^2}} \quad (2\text{-}34)$$

式中：

$$G_\delta^{\ddot{y}}(0) = \frac{1}{1 + KV^2}\frac{V^2}{l} = VG_\delta^{r}(0)$$

$$T_{y1} = \frac{l_r}{V}$$

$$T_{y2} = \frac{I}{2lK_r}$$

$$G_\delta^{\beta}(0) = \frac{1 - \frac{m}{2l}\frac{l_f}{l_r K_r}V^2}{1 + KV^2}\frac{l_r}{l}$$

$$T_{\beta} = \frac{IV}{2ll_r K_r}\frac{1}{1 - \frac{m}{2l}\frac{l_f}{l_r K_r}V^2}$$

$$T_{yr} = \frac{ml_f V}{2lK_r}$$

使用此式，可求出车辆周期性转向时的响应。以横摆角速度为例，其频率响应如图 2-7 所示。

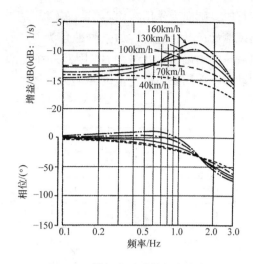

图 2-7　横摆角速度的频率响应

2.2.3　外部干扰时的运动

1. 作用在质心上的侧向外力引起的运动

在转向固定、车辆直线行驶和侧向力作用在质心上时，可用下面的运动方程式表示车辆运动：

$$\begin{cases} mV\dot{\beta} + 2(K_f + K_r)\beta + \left[mV + \frac{2}{V}(l_f K_f - l_r K_r)\right]r = F_0 \\ 2(l_f K_f - l_r K_r)\beta + I\dot{r} + \frac{2(l_f^2 K_f + l_r^2 K_r)}{V}r = 0 \end{cases}$$

$$(2\text{-}35)$$

最终，固定的力 F_0 持续作用在车辆的质心上，车辆在该稳定状态下的横摆角速度如下：

$$r = \frac{-(l_f K_f - l_r K_r)V}{2l^2 K_f K_r\left[1 - \frac{m(l_f K_f - l_r K_r)}{2l^2 K_f K_r}V^2\right]}F_0$$

$$(2\text{-}36)$$

从该式可知，车辆在不足转向时，受到向左的侧向力，产生向左的横摆力矩，最终向左旋转运动；中性转向时，不会发生旋转运动；过度转向时，在向左的侧向力作用下，车辆开始运动，产生向右的横摆力矩，最终向右旋转运动。

下面将详细研讨一下具体情况。车辆在

直行时，侧向力作用在质心上，车辆首先会出现侧滑运动，这时，如果侧偏角为 β，则前后轮的侧偏角也几乎为 β，因此，在侧滑运动时，作用在前后轮上的侧向力如图 2-8 所示。

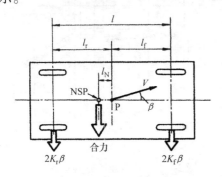

图 2-8　质心侧偏产生的侧向力

此力的合力作用点称作中性转向点（NSP）。NSP 至汽车质心间的距离与轴距的比值，称作静态余量（SM），可用式(2-37)来表示：

$$SM = -\frac{l_f K_f - l_r K_r}{l\,(K_f + K_r)} \qquad (2\text{-}37)$$

可根据侧向力作用在质心上时车辆的运动情况定义转向特性。当质心在 NSP 之前时，SM 为正，车辆具有不足转向特性，向左的侧向力作用在质心上，车辆最终向左旋转；当质心与 NSP 重合时，车辆具有中性转向特性，在侧向力作用下车辆不会发生旋转；当质心在 NSP 之后时，车辆具有过度转向特性，在相同的侧向力作用下，车辆最终向右旋转。

2. 侧风引起的运动

转向角固定，直线行驶，侧风作用在车辆上，侧向力大小用 F_w 表示。当侧向力作用在距离质心（后方为正）l_w 处时（称作空气动力中心），可用式（2-38）来表达车辆的运动：

$$\begin{cases} mV\dot{\beta} + 2(K_f + K_r)\beta + \left[mV + \dfrac{2}{V}(l_f K_f - l_r K_r)\right]r = F_w \\ 2(l_f K_f - l_r K_r)\beta + I\,\dot{r} + \dfrac{2(l_f^2 K_f + l_r^2 K_r)}{V}r = -l_w F_w \end{cases}$$

$$(2\text{-}38)$$

使用此式可求解在恒定侧风引起的侧抗

力持续作用在车辆上时的车辆横摆角速度的稳定值：

$$r = \frac{(l_N - l_w)(K_f + K_r)V}{2l^2 K_f K_r \left[1 - \dfrac{m(l_f K_f - l_r K_r)}{2l^2 K_f K_r}V^2\right]}$$

$$(2\text{-}39)$$

式中：

$$l_N = -\frac{l_f K_f - l_r K_r}{K_f + K_r}$$

l_N 是车辆的 NSP 与质心之间的距离。

此式表明当车辆直行过程中持续受到恒定侧风作用时，空气动力中心在 NSP 之前时，车辆最终逆时针旋转；空气动力中心与 NSP 重合时，车辆不会发生旋转运动；空气动力中心在 NSP 之后时，车辆最终顺时针旋转。而质心相对于空气动力中心与 NSP 所处位置对此并没有直接影响。

2.2.4　柔性偏向与等效侧抗刚度

第 2.1.3 节中曾讲述过当力通过轮胎传至转向系统与悬架系统时，会产生不可忽视的挠曲，车轮因此会产生转向角，这种现象称作柔性偏向。

柔性转向与侧偏角成正比，如果轮胎产生 α 的柔性偏向，与作用在轮胎上的侧抗力 F 成正比，则式（2-40）成立：

$$\alpha = cF = cK_p(\beta - \alpha) \qquad (2\text{-}40)$$

式中，c 是比例系数，K_p 是侧抗刚度，β 是轴向的侧偏角。从此式中消去 α，求出 F，则为

$$F = \frac{K_p}{1 + cK_p}\beta = K_p^*\beta \qquad (2\text{-}41)$$

其实柔性偏向与用 K_p^* 替代 K_p 时的轮胎侧抗刚度等效。

轮胎的侧抗刚度无疑是车辆运动的重要参数。综上所述，可以使用平面 2 自由度模型，通过等效的侧抗刚度考量柔性偏向，评价其对车辆运动的影响。

2.2.5　复合侧抗刚度

上节中研究了静态或稳态柔性偏向的影响。本节将针对动态柔性偏向的影响，进一步引入并探讨复合侧抗刚度的概念。

假设轮胎在某种因素影响下产生了动态的侧抗刚度，用 $\alpha(s)$ 表示，则可写出下式：

$$F(s) = K_p[\beta(s) - \alpha(s)]$$

式中，s 是拉普拉斯算子，$\beta(s)$ 是轴向的侧偏角，由此式来定义复合侧偏刚度，则有

$$K_p^*(s) = \frac{F(s)}{\beta(s)} = K_p\left[1 - \frac{\alpha(s)}{\beta(s)}\right] \tag{2-42}$$

如果掌握了车辆的基本运动与柔性偏向的产生机理，一般则可写出下式：

$$K_p^*(s) = K_p\frac{A_n S^n + A_{n-1}S^{n-1} + \cdots + A_0}{B_m S^m + B_{m-1}S^{m-1} + \cdots + B_0} \tag{2-43}$$

进一步思考其物理意义，$K^*(s)$ 则为

$$K_p^*(s) = K_p^*(1 + Ts) \tag{2-44}$$

式中，K_p^* 是仅考虑到上节中静态柔性偏向的等效侧抗刚度。

考虑到动态柔性偏向，则前后轮的复合侧偏刚度为

$$\begin{cases} K_f^*(s) = K_f^*(1 + T_f s) \\ K_r^*(s) = K_r^*(1 + T_r s) \end{cases} \tag{2-45}$$

使用此复合刚度来描述作用在车轮上的侧向力，参照式（2-4），可求出拉普拉斯变化后的运动方程式，具体如下：

$$\begin{cases} mV[s\beta(s) + r(s)] = \\ \quad -2K_f^*(1 + T_f s)\left[\beta(s) + \frac{l_f}{V}r(s) - \delta_f(s)\right] \\ \quad -2K_r^*(1 + T_r s)\left[\beta(s) - \frac{l_r}{V}r(s)\right] \\ Isr(s) = -2l_f K_f^*(1 + T_f s)\left[\beta(s) + \frac{l_f}{V}r(s) - \delta_f(s)\right] \\ \quad + 2l_r K_r^*(1 + T_r s)\left[\beta(s) - \frac{l_r}{V}r(s)\right] \end{cases} \tag{2-46}$$

根据此式，求出转向时的侧偏角与横摆角速度的传递函数，则有

$$\begin{cases} \dfrac{\beta(s)}{\delta_f(s)} = G_\delta^\beta(0)\dfrac{(1 + T_\beta^* s)(1 + T_f s)}{1 + \dfrac{2\zeta^*}{\omega_n^*}s + \dfrac{1}{\omega_n^{*2}}} & (2\text{-}47) \\ \dfrac{r(s)}{\delta_f(s)} = G_\delta^\beta(0)\dfrac{(1 + T_{yr}^* s)(1 + T_f s)}{1 + \dfrac{2\zeta^*}{\omega_n^*}s + \dfrac{1}{\omega_n^{*2}}s^2} & (2\text{-}48) \end{cases}$$

式中：

$$\omega_n^{*2} = C_\omega \omega_n^2$$

$$\zeta^* \omega_n^* = C_\omega C_\zeta \zeta \omega_n$$

$$C_\omega = \cfrac{1}{1 + \cfrac{1}{V}\left[\cfrac{2(K_f T_f + K_r T_r)}{m} + \cfrac{2(l_f^2 K_f T_f + l_r^2 K_r T_r)}{I} + \cfrac{4l^2 K_f K_r T_f T_r}{mIV}\right]}$$

$$C_\zeta = 1 + \frac{(2l^2 K_f - l_f mV^2)K_f T_f + (2l^2 K_r + l_r mV^2)K_r T_r}{[(I + l_f^2 m)K_f + (I + l_r^2 m)K_r]V}$$

$$T_{yr}^* = T_{yr} + T_r$$

$$T_\beta^* = T_\beta + \cfrac{1}{1 - \cfrac{l_f mV^2}{l_r l K_r}}T_r$$

其他的响应参数可参考第2.2.2节，此处计算时所使用的等效侧抗刚度仅考虑静态柔性偏向。

平面2自由度模型操作方便，利用它可分析前后轮柔性偏向的影响，其中包含动态影响。

2.2.6　驱动与制动时的准匀速环行

车辆平面运动本身属于非线性，其中包括驱动与制动时的纵向运动。作用在轮胎上的纵向力与侧向力彼此紧密关联，互不独立。因此，利用运动方程式分析驱动与制动时的车辆运动性质并非易事，需要下一番苦功。

当车辆在一定的驱动或制动，且以固定转向角环行时，行驶速度在时时刻刻发生变化，严格意义上讲，不存在稳定状态。车辆以相对较高车速行驶，在短到足以忽略行驶

速度变化的时间内，在固定的纵向以及侧向加速度条件下，车辆会进行匀速环行，称作准匀速环行。可用准匀速环行的概念，研讨驱动与制动对车辆环行带来的基本影响。

驱动与制动对车辆环行即侧向运动的影响有两个最重要的因素。一是纵向加减速时，前后轴间会发生载荷转移，轮胎特性随之也发生变化；二是在驱动力与制动力作用下，轮胎的转向特性发生了变化。

侧抗刚度与载荷成正比，根据纵向力摩擦椭圆理论，减少轮胎的这种特性变化，可得出式（2-49）：

$$\begin{cases} K_f^* = \left(K_f - \dfrac{\partial K_f}{\partial W} \dfrac{\Delta W}{2} \right) \sqrt{1 - \left(\dfrac{2X_f}{\mu W_f} \right)^2} \\ K_r^* = \left(K_r - \dfrac{\partial K_r}{\partial W} \dfrac{\Delta W}{2} \right) \sqrt{1 - \left(\dfrac{2X_r}{\mu W_r} \right)^2} \end{cases}$$

$$(2-49)$$

式中，$\partial K_f / \partial W$、$\partial K_r / \partial W$ 分别是前后侧抗刚度与载荷的偏微分系数（两者比例的常数），ΔW 是前后轴间的载荷转移，W_f、W_r 是前后轴的载荷，X_f、X_r 是作用在前后轮上的驱动力或制动力，K_f^*、K_r^* 是考虑到驱动与制动时的等效侧抗刚度。

如果此处的载荷转移与驱动力或制动力很小，则有

$$\begin{cases} K_f^* = K_f \left[1 - \dfrac{\partial K_f}{\partial W} \dfrac{\Delta W}{2K_f} - \dfrac{1}{2} \left(\dfrac{2X_f}{\mu W_f} \right)^2 \right] \\ K_r^* = K_r \left[1 + \dfrac{\partial K_r}{\partial W} \dfrac{\Delta W}{2K_r} - \dfrac{1}{2} \left(\dfrac{2X_r}{\mu W_r} \right)^2 \right] \end{cases}$$

式中，$W_f = l_r W/l$，$W_r = l_f W/l$，$\Delta W = hWa_x/l$，$X_f = \kappa W a_x/2$，$X_r = (1-\kappa) W a_x/2$，a_x 是纵向加速度，W 是车辆总重量，h 是车辆重心的离地间隙，κ 是驱动力或制动力的前后分配比例，则有

$$\begin{cases} K_f^* = K_f \left[1 - \dfrac{hW}{2lK_f} \dfrac{\partial K_f}{\partial W} a_x - \dfrac{1}{2} \left(\dfrac{\kappa l}{\mu l_r} \right)^2 a_x^2 \right] \\ K_r^* = K_r \left\{ 1 + \dfrac{hW}{2lK_r} \dfrac{\partial K_r}{\partial W} a_x - \dfrac{1}{2} \left[\dfrac{(1-\kappa) l}{\mu l_f} \right]^2 a_x^2 \right\} \end{cases}$$

$$(2-50)$$

利用式（2-50）能够描述驱动或制动时的准匀速环行，使用此式可求出横摆角速度与转弯半径，具体如下：

$$r = \dfrac{V}{l} \dfrac{1}{1 + (K_0 + K_1 a_x + K_2 a_x^2) V^2} \delta$$

$$(2-51)$$

$$R = \dfrac{l}{\delta_f} \left[1 + (K_0 + K_1 a_x + K_2 a_x^2) V^2 \right]$$

$$(2-52)$$

式中：

$$K_0 = -\dfrac{W}{2l^2 g} \dfrac{l_f K_f - l_r K_r}{K_f K_r}$$

$$K_1 = \dfrac{hW^2}{4l^3 g} \left(\dfrac{l_r}{K_f^2} \dfrac{\partial K_f}{\partial W} + \dfrac{l_f}{K_r^2} \dfrac{\partial K}{\partial W} \right)$$

$$K_2 = \dfrac{W}{4\mu^2 g} \left[\dfrac{\kappa^2}{l_r K_r} - \dfrac{(1-\kappa)^2}{l_f K_r} \right]$$

此处：

$$K^* = K_0 + K_1 a_x + K_2 a_x^2 \qquad (2-53)$$

K^* 是驱动或制动过程中扩展至环行的稳定系数，K_0 与式（2-23）中定义的恒速行驶时的稳定系数一致。

式（2-52）表示以固定的转向角匀速环行过程中，进行驱动或制动时，转弯半径随纵向加速度的变化情况。图2-9 所示为转弯半径与纵向加速度间的关系。

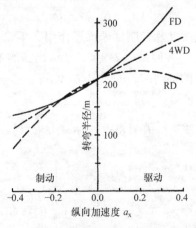

图 2-9　纵向加速度引起的转弯半径的变化

引入上述准匀速环行的观点，能够分析

出驱动与制动对车辆基本的转向运动的影响。在此观点基础上，还能够进一步分析出驱动与制动对车辆的转向瞬态响应特性的影响，其中还包括悬架的柔性偏向与车身的侧倾及俯仰效果等。具体请参照其他书籍。

2.3　非线性区域车辆运动分析方法

2.3.1　基于较大侧向加速度的线性化分析与等效侧抗刚度

车辆运动非线性化的首要原因是轮胎侧向力的非线性特性。为力求简单，可用侧偏角的二次函数公式近似侧向力与侧偏角的关系，因摩擦力达到极限，侧向力随侧偏角增大。质量为 m 的车辆，以 a_y 的侧向加速度匀速环行时，作用在前后轮上的侧向力 Y_f、Y_r 与其侧偏角 β_f、β_r 的关系如下：

$$\begin{cases} 2Y_f = \dfrac{l_r}{l}ma_y = 2\left(K_f\beta_f - \dfrac{K_f^2}{2\mu\frac{l_r}{l}mg}\beta_f^2\right) \\ 2Y_r = \dfrac{l_f}{l}ma_y = 2\left(K_r\beta_r - \dfrac{K_r^2}{2\mu\frac{l_f}{l}mg}\beta_r^2\right) \end{cases} \tag{2-54}$$

求出侧向力在此侧偏角下的变化率，用它来定义此时的等效侧抗刚度 K_f^*、K_r^*，可得出：

$$\begin{cases} K_f^* = \dfrac{\partial Y_f}{\partial\beta_f} = K_f\left(1 - \dfrac{K_f}{\mu\frac{l_r}{l}mg}\beta_f\right) = K_f\sqrt{1-\dfrac{a_y}{\mu g}} \\ K_r^* = \dfrac{\partial Y_r}{\partial\beta_r} = K_r\left(1 - \dfrac{K_r}{\mu\frac{l_f}{l}mg}\beta_r\right) = K_r\sqrt{1-\dfrac{a_y}{\mu g}} \end{cases} \tag{2-55}$$

假如 $a_y/\mu g$ 很小，则可进一步写成：

$$\begin{cases} K_f^* = K_f\left(1-\dfrac{a_y}{2\mu g}\right) \\ K_r^* = K_r\left(1-\dfrac{a_y}{2\mu g}\right) \end{cases} \tag{2-56}$$

当车辆在侧向加速度 a_y 的状态下转弯时，轻微的转向力会引起微弱的运动，可建立出下面的运动方程式：

$$\begin{cases} m[a_y + V(\dot\beta + r)] = \\ \quad 2Y_f\left(\beta_f + \delta_f - \beta - \dfrac{l_fr}{V}\right) + 2Y_r\left(\beta_r - \beta + \dfrac{l_rr}{V}\right) \\ I\dot r = 2l_fY_f\left(\beta_f + \delta_f - \beta - \dfrac{l_fr}{V}\right) - 2l_rY_r\left(\beta_r - \beta + \dfrac{l_rr}{V}\right) \end{cases} \tag{2-57}$$

式中的 δ_f、β 和 r 都很小，故有

$$\begin{cases} Y_f\left(\beta_f + \delta_f - \beta - \dfrac{l_fr}{V}\right) = Y_f(\beta_f) + \dfrac{\partial Y_f}{\partial\beta_f}\left(\delta_f - \beta - \dfrac{l_fr}{V}\right) \\ Y_r\left(\beta_r - \beta + \dfrac{l_rr}{V}\right) = Y_r(\beta_r) + \dfrac{\partial Y_r}{\partial\beta_r}\left(-\beta + \dfrac{l_rr}{V}\right) \end{cases} \tag{2-58}$$

把式（2-58）代入式（2-57），使用原有的转弯状态下的平衡条件，整理后可得出轻微干扰时的运动方程式：

$$\begin{cases} mV\dot\beta + 2(K_f^* + K_r^*)\beta + \left[mV + \dfrac{2}{V}(l_fK_f^* - l_rK_r^*)\right]r \\ \quad = 2K_f^*\delta_f \\ 2(l_fK_f^* - l_rK_r^*)\beta + I\dot r + \dfrac{2(l_f^2K_f^* + l_r^2k_r^*)}{V}r \\ \quad = 2l_fK_f^*\delta_f \end{cases} \tag{2-59}$$

式中，K_f^* 与 K_r^* 是式（2-55）与式（2-56）给定的数值。

把轮胎的非线性简单模块化，针对较大侧向加速度下的轻微运动，可应用平面2自由度进行线性解析。例如，使用式（2-56）可求出运动特性上的重要量值——稳定系数，则有

$$K^* = \dfrac{m}{2l^2}\dfrac{l_rK_r^* - l_fK_f^*}{K_f^*K_r^*} = \dfrac{m}{2l^2}\dfrac{l_rK_r - l_fK_f}{K_fK_r}\left(1+\dfrac{a_y}{2\mu}\right)$$
$$= K\left(1+\dfrac{a_y}{2\mu}\right) \tag{2-60}$$

车辆运动的固有振动频率为

$$\omega_n^* = \dfrac{2l}{V}\sqrt{\dfrac{K_f^*K_r^*}{mI}}\sqrt{1+AV^2}$$

$$= \omega_n \left[1 - \left(1 + \frac{1}{1 + KV^2} \right) \frac{a_y}{4\mu} \right]$$
$$(2\text{-}61)$$

式中，K 与 ω_n 分别是以线性轮胎为前提的稳定系数与固有振动频率。

从上述内容可知，在轮胎特性非线性变强且侧向加速度较大时，车辆的运动特性也会随侧向加速度而发生变化。

因此可以再进一步扩展此处所定义的等效侧抗刚度。如果车辆前后轮轮胎的转向特性明确，当车辆因转向处于运动过度状态时，侧向力会在前后轮的瞬时侧偏角下发生倾斜，可将此定义为车辆在运动各瞬间的等效侧抗刚度。由此可看出，车辆在运动过程中的稳定系数与静态余量的变化等，这样的解析对分析非线性领域的车辆运动是行之有效的，在使用理论性的模型进行车辆运动仿真上也易于应用。图 2-10 所示为实例之一，即当转向盘输入一个转角为 1 周期（2s）、振幅 60° 的正弦波形时，车辆的响应情况。

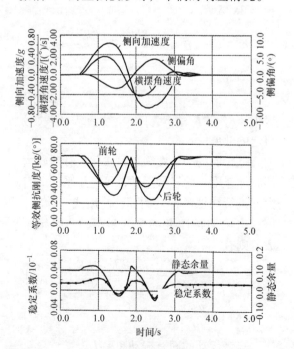

图 2-10　车辆运动中的等效侧抗刚度、
稳态系数和静态余量

2.3.2　轮胎的非线性特性与环行的几何学分析

1. 环行的几何学与转向操纵曲线

使用图 2-11 所示的简单运动平面模型来描述车辆的环行时，可得出式（2-62a）：

$$\delta_f = \frac{l}{R} + \beta_f - \beta_r \qquad (2\text{-}62a)$$

这种关系同侧向力相对于轮胎侧偏角的特性无直接关系，它是成立的。

在匀速环行中，作用在车辆前后轮上的力 F_{yf} 和 F_{yr} 如下：

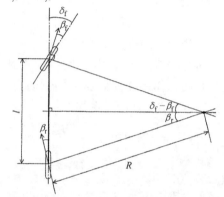

图 2-11　环行的几何学

$$\begin{cases} F_{yf} = ma_y \dfrac{l_r}{l} \\ F_{yr} = ma_y \dfrac{l_f}{l} \end{cases}$$

这些力与各自轴荷相除后得出无量纲化值，等于环行加速度与重力加速度相除后的无量纲化值。前后轮所受侧向力与各自的轴荷相除无量纲化后，如果该侧向力与侧偏角的关系明确，则可计算出车辆在环行时前后轮在侧向加速度下的侧偏角及其差值，如图 2-12 所示。

式（2-62a）表示环行时转向角与前后轮侧偏角的差值关系，如果掌握了环行时侧向加速度的变化情况，则可得出环行时侧向加速度与转向角的对应关系，即转向操纵曲线。

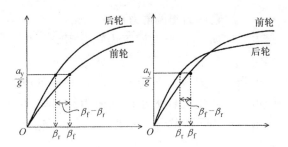

图 2-12　环行时侧向加速度与前后轮的侧偏角

如果环行半径 R_0 固定不变，侧向加速度随着车速而变化，那么可从式（2-62b）得出转向操纵曲线：

$$\delta_f = \frac{l}{R_0} + \beta_f - \beta_r \qquad (2\text{-}62b)$$

如果车速 V_0 固定不变，改变转弯半径，侧向加速度随之发生变化，即 $a_y = V_0^2/R$，则可求出：

$$\delta_f = \frac{l}{V_0^2} a_y + \beta_f - \beta_r \qquad (2\text{-}62c)$$

当环行转弯半径固定不变时，侧向加速度与转向角的关系如图 2-13 所示。

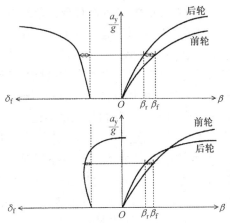

图 2-13　转弯半径固定不变
时的转向操纵曲线

当环行速度固定不变时，侧向加速度与转向角的关系如图 2-14 所示。尽管侧向力对轮胎的侧偏角而言呈现非线性特性，但是利用上述转向操纵曲线，能够整体把握侧向加速度在广泛领域内车辆的环行性质。

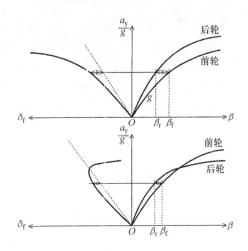

图 2-14　环行速度固定不变时的转向操纵曲线

2．侧倾转向的影响

车身因环行侧向加速度而产生侧倾，此时，轮胎因悬架上下运动而产生的轮向角称作侧倾转向。利用平面运动模型分析此侧倾转向时，其环行情况如图 2-15 所示。从与图 2-11 相似的简单几何学关系，可得出式（2-63）：

$$\delta_f = \frac{l}{R} + \beta_f - \beta_r - \alpha_f + \alpha_r \qquad (2\text{-}63)$$

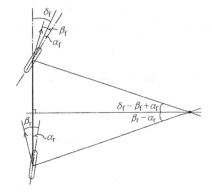

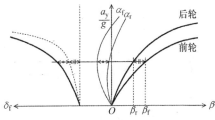

图 2-15　考虑侧倾转向的环行几何学
与转向操纵曲线

从侧倾转向与悬架运动的对应关系来看，悬架运动与环行时的侧向加速度大致成正比，由此可简单地揭示出车辆环行时所产生的侧向加速度与前后轮侧倾转向之间的关系。根据式（2-63）中侧向加速度，可确定出 $\alpha_r - \alpha_f$ 的大小。根据式（2-63），研究侧倾转向，可得出转向操纵曲线。以环行半径一定为例，侧向加速度与所需转向角之间的关系如图 2-15 所示。

该方法适用于相对轮胎的侧偏角呈非线性变化的侧抗力和与相对侧向加速度也呈非线性变化的侧倾转向。

3. 转向与悬架柔性偏向的影响

当轮胎受到侧向力作用时，悬架系统与转向系统则会产生柔性偏向。第 2.2.4 节中已经讲述过在轮胎特性呈线性的范围内对柔性偏向影响的思考方法。这里主要讲述利用转向操纵曲线的手法，在轮胎特性呈非线性的范围内，对涉及车辆运动的柔性偏向影响的研讨方法。

当侧向力与绕主销转动的力矩作用在悬架系统与转向系统上时，会产生柔性偏向，它们基本成正比。简单理解就是，如果侧向力与自动回正力矩特性明确，那么装配该轮胎时，侧向力与自动回正力矩会响应前后轴的侧偏角，由此产生柔性偏向，如图 2-16 所示。

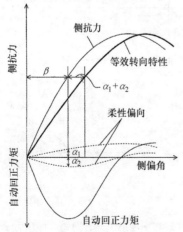

图 2-16　考虑柔性偏向时轮胎的转向特性

轮胎整体的侧偏角为 β 时，侧向力会引起柔性偏向 α_1，自动回正力矩会引起柔性偏向 α_2，而在装配该悬架系统与转向系统的车辆上，实际上是在产生 $\beta + \alpha_1 + \alpha_2$ 的侧偏角后才产生同样大小的侧向力。图 2-16 所示为对此问题做出的考察，揭示出了轮胎装配在车辆上时侧向力与侧偏角的对应关系。

侧向力与轴荷相除后得出无量纲化值，可作为计算转向操纵曲线时的前后轮轮胎特性，在考虑转向系统与悬架系统的柔性偏向时，以轮胎特性的非线性区域为对象，要从全局出发解析车辆的环行特性。

4. 左右载荷转移的影响

轮胎的载荷与侧向力的关系也被认定为非线性。计算转向操纵曲线时，会用到与轮胎侧偏角相对的侧向力特性，其中的非线性会引起左右载荷的转移，在这里通过反映此影响，可掌握转弯过程中左右载荷转移对车辆运动的影响情况。

图 2-17 所示为侧向力对载荷依存性的非线性特性。同无载荷差的左右轮在某一侧偏角下的总侧向力相比，当载荷移动产生载荷差 ΔW 时，左右轮的总侧向力会减少 ΔF。理解侧向力的载荷依存性后，可知与侧偏角相对应的侧向力同轴荷相除无量纲化后，左右载荷差对其特性的影响。具体情况如图 2-18 所示的虚线。另外，车辆环行时会产生侧向加速度，相应的会出现左右载荷差（载荷转移），大小取决于悬架规格，因此，研究载荷转移时，可按照图 2-18 所示的实线来分析侧向力特性。当侧向加速度为 a_{y1}、a_{y2} 和 a_{y3} 时，相应产生的载荷转移为 ΔW_1、ΔW_2 和 ΔW_3。

据此可得出前后轴的轮胎转向特性，当利用该特性描绘出之前的转向操纵曲线时，应考虑到不仅与轮胎侧偏角相对应的侧向力为非线性，与载荷相对应的侧向力也是非线性，以及由此非线性所引起的前后车轴上左右载荷转移的影响，进而研讨车辆的环行性质。

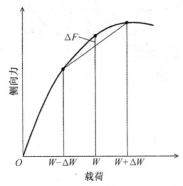

图 2-17 轮胎侧向力对载荷的依存性

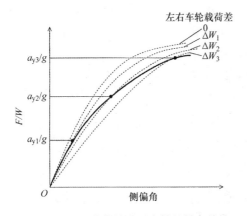

图 2-18 左右载荷转移时车轴的转向特性

2.3.3 横摆力矩法

1. 侧向力 – 力矩方框图

侧向力作用在车辆质心上，产生控制车辆运动的轮胎侧向力，可着眼于该侧向力及其转动时的横摆力矩，分析车辆运动性能。该分析方法对解析轮胎力接近极限点状态下的运动行之有效。

取作用在车辆上的侧向力为横轴，横摆力矩为纵轴，横摆力矩在此横轴上为零，因此其对应的是车辆的稳定旋转状态，即平衡作用在车辆前轴与后轴上的侧向力、横摆力矩为零的状态。在此状态下，若改变转向角与车辆的运动状态，侧向力的总和保持不变，横摆力矩会出现不平衡，转向力矩为

正，回正力矩为负。

如果此时给予轮胎转向特性，在保持某一特定侧向力的条件下（即前后轴的侧向力总和固定），则可计算出可获得的最大转向力矩与回正力矩。图 2-19 中列出了与该侧向力相对应的最大横摆力矩值，此图称作侧向力 – 力矩方框图。此图力求简单，把与轮胎侧向力的侧偏角相对应的非线性近似为2 条折线。

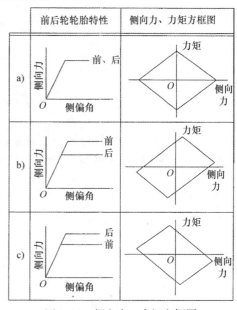

图 2-19 侧向力、力矩方框图

车辆在任何情况下都不会发生此图形内侧的侧向力与力矩，因为，此图所展示的是车辆的运动极限。作用在车辆上的侧向力与车辆重量相除无量纲化，就是车辆的侧向加速度，进而把此图的横轴看作是匀速环行的侧向加速度即可。图中横轴上的极限与匀速环行的极限侧向加速度相对应。

在图 2-19a 中，匀速环行的极限也是侧向力的极限，同时横摆力矩也会达到极限，因此，此时前后轮同时达到极限，最终车辆将处于滑行状态；在图 2-19b 中，相对侧向加速度超出横轴上的匀速环行极限，会产生正的力矩，即转向力矩，匀速环行无法继续下去，后轮先达到极限，车辆开始打滑空

转；在图 2-19c 中，侧向加速度超出匀速环行的极限，会产生负的力矩，即回正力矩，匀速环行无法继续下去，前轮先达到极限，车辆陷入滑动状态。

因此，侧向力 - 力矩方框图对解析强非线性的车辆极限运动格外有效。并且，只要轮胎的特性明确，针对伴有驱动与制动的行驶工况，同样能够描绘出类似的图。因此，找出侧向力与力矩图的变化后，能够解析出驱动与制动对车辆运动的影响。

2. β – Method

β – Method 的命名源自侧偏角 β，它是指取车辆的侧偏角为横轴，据此在图中描绘出与此车辆的侧偏角相对应产生的横摆力矩，以判断车辆的运动特性的方法。

在该方法中，给出前后轮轮胎侧偏角的侧向力特性，将车辆的横摆与转向角产生的

前后轮的侧偏角差值参数化，计算出前后轴相对车辆的侧偏角产生的侧向力，求出此时的回正力矩的数值。此方法也能够用来分析轮胎从呈线性特性的中性转向点与静态稳定系数扩展至非线性特性区域时的具体情况。

图 2-20b 所示是 β – 力矩示意图，图中取与 2-20a 相同的方向作为侧偏角与横摆力矩的正向，图中曲线揭示出了在前后轮上某一特定侧偏角差值下的车身侧偏与回正力矩的关系。图中横轴上的横摆力矩为零，同侧向力 - 力矩方框图也一样，车辆处于匀速环行的状态。而当曲线位于横轴上方时，在侧偏角变小方向上，在回正力矩的作用下，运动趋于稳定；反之，当曲线位于横轴下方时，在侧偏角变大方向上，在力矩的作用下，促进旋转。

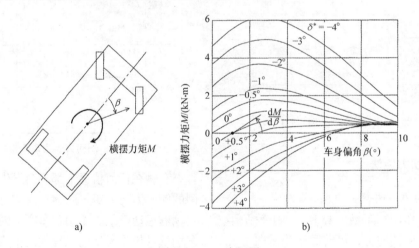

图 2-20 β – 力矩图

在以某转向角与横摆角速度匀速环行时，曲线与横轴的交叉点将形成侧偏角，位于此交点的曲线倾斜 $dM/d\beta$ 是与等效静态稳定系数相当的物理量。此值为正时，表示在此状态下的车辆呈现出不足转向倾向；此值为负时，表示过度转向倾向。而通过原点的曲线在原点上的倾斜，恰好与第 2.2.3 节中定义的静态稳定系数相对应。

一般地，此曲线上任意一点表示某一回

正力矩下运动的瞬态状态，因此，曲线上某一点的倾斜，与第 2.3.1 节中车辆运动过渡状态的等效静态稳定系数相当，因而，此倾斜不为负的区域越宽，车辆运动保持高稳定性的范围越广。

综上所述，在轮胎特性呈现出非线性特性的广泛范围内，利用此图，可从大局上解析出车辆运动的特性。

2.3.4 利用状态平面解析

通常用质心的侧偏角与横摆角速度来表现车辆的基本运动，可用表示二者状态量的运动方程式描述出固定速度下的最简单的运动。并且，以车辆运动为例，与是线性还是非线性、车速是否固定、是否是2自由度以上的多自由度的运动并无直接关系，可在侧偏角－角速度平面上表示出来。

这样的平面一般被称作状态平面（state plane）。车辆的稳定状态与此平面上的某一点对应，车辆的过渡状态用平面上曲线轨迹来表示。曲线上切线方向的速度矢量表示此瞬态下车辆运动的大小与质的样态。

无论是位于状态平面上的哪个象限，都可作为判断运动情况的依据。图 2-21 所示为在状态平面的各象限，车辆的旋转方向与当时的车辆姿态情况。而图 2-22 所示是以转向盘转角为零时为例来说明如何从状态平面上的任意一点描绘轨迹，才能转移至原点即稳定的直行状态。由轮胎特性的非线性变化可知，特别是在第2、4象限存在无法到达原点的不稳定区域。

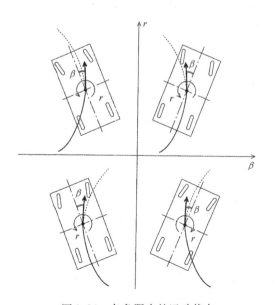

图 2-21 各象限内的运动状态

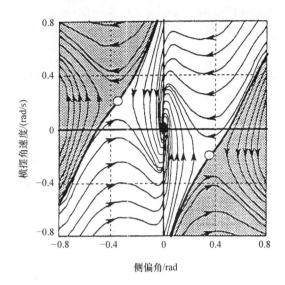

图 2-22 转向盘转角为 0 时的车辆运动
状态平面上轨迹

一旦进入此范围，即使转向盘转角回位至零，车辆也无法复位至直行状态，侧偏角与横摆角速度逐渐增大，车辆陷入打滑空转。这种不稳定的状态在第2、4象限广泛存在，这点从图 2-21 中车辆旋转运动中质心轨迹下的车辆姿态能够直观地理解。

设车身前轴的侧偏角为 β_f，后轴的侧偏角为 β_r，则有表达式：

$$\begin{cases} \beta_f = \beta + \dfrac{l_f}{k}\left(\dfrac{kr}{V}\right) \\ \beta_r = \beta - \dfrac{l_r}{k}\left(\dfrac{kr}{V}\right) \end{cases} \quad (2\text{-}64)$$

式中，k 是横摆惯性半径；β_f 是在一定的状态下，即 $\beta - (kr/V)$ 平面内的倾斜，是 $-k/l_f$ 右下的直线群；β_r 是在一定的状态下，即同平面内的倾斜，是 k/l_r 右上的直线群。一般的乘用车等 $k^2 \approx l_f l_r$，这些直线群相互正交。具体情况如图 2-23 所示，图中把 l_f 视为与 l_r 相等。换言之，根据式（2-64）可将表现车辆运动的一个状态平面 $\beta - (kr/V)$ 直接转换成为另一个状态平面 $\beta_f - \beta_r$。

从转换后的状态平面观察车辆的运动状

态，则速度矢量 β_r 方向的分量可看作是车辆运动的打滑空转部分，β_f 方向的分量可看作是滑动部分。图 2-23 所示为某一转向操作后，从属于直线状态的状态平面原点开始运动，到达第 2 象限某一点时的情况。用短箭头的矢量表示在某一短的时间段内，自该点的移动情况，用 β_f 方向与 β_r 方向的分量对车辆运动的滑动与打滑空转进行定量。

至此，本章讨论了各种状态平面上车辆的瞬态运动，这有助于更简单地理解车辆运动的性质，评价车辆运动控制的效果，探寻出恰当的控制方法。

[安 部 正 人]

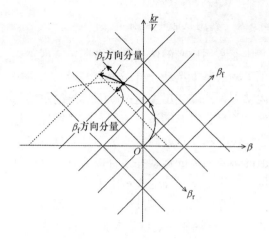

图 2-23　车辆的滑动与打滑空转

参 考 文 献

[1] 安部正人：自動車の運動と制御，山海堂 (1992)

[2] 自動車工学ハンドブック 基礎・理論編，自動車技術会 (1990)

[3] 酒井英樹，佐藤幸治：複素コーナーリングパワーとその応用，自動車技術会 No.9311 シンポジウム AVEC'93-Advanced Vehicle Control 前刷集 (1993)

[4] M. Abe and Y. Furukawa：A Direct Yaw Moment Control for Vehicle Yaw Rate Model Following Control-Comparison with 4WS, Proceedings of Rova'95 International, September (1995)

[5] W.F. Milliken, F. Dell'Amico and R.S. Rice：The Static Directional Stability and Control of The Automobile, SAE Paper 760712

[6] 島田和彦，芝端康二：ヨーモーメントによる車両運動制御方法の評価，自動車技術会論文集，Vol.25，No.3 (1994)

[7] 山本真規，稲垣匠二，久代育生，田中亮：ブレーキ制御による限界旋回での車両安定性の向上，日本機械学会第 3 回交通・物流部門大会講演論文集 (1994)

[8] M. Abe：A Study on Effects of Roll Moment Distribution Control in Active Suspension on Improvement of Limit Performance of Vehicle Handling, JSAE Review, Vol.12, No.3 (1991)

第3章　车辆的运动性能

车辆的运动性能与其他的汽车性能相比，其最大特征是具有通过驾驶人操作的闭环系统的性能，因此，会受制于驾驶人的主观评价，不能单纯从理论性上解读。以刚性体6自由度的运动力学观点理论探究车辆运动性能时，它显示出了截然相反的系统化、普及化的一面。运动性能作为汽车的基本性能，具有极高的重要度，而它所拥有的两面性也是极具特征且充满趣味的。

运动性能所涵盖的范围极广，为此，从其力学特性入手，分析整理有关现象与领域更易于理解。图3-1所示分别是根据侧向加速度与转向频率来分类的事例和根据车速与转向角分类的事例。这些是针对平坦路面上车速恒定下的转向输入所整理的结果，但实际上，除转向输入外，还需考虑到加减速输入、路面凹凸与侧风等外部干扰输入，以及这些输入的复合输入，因此需要从力学上研究与这些输入相应的纵向、侧向、垂向、横摆、侧摆和纵摆运动的响应性与稳定性等。

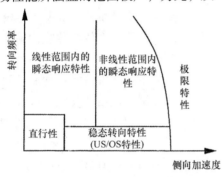 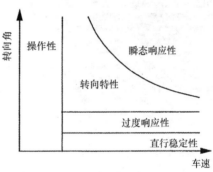

图3-1　车辆响应特性的分类事例

立足驾驶人所期待的性能至关重要，例如"响应是否符合驾驶人意图""是否存在驾驶人意图之外的多余动作""驾驶人能否准确把握车辆的运动与状态"等。此外，车辆运动性能还会受制于诸多纷繁复杂的设计条件，如基本参数、轮胎、悬架、转向、制动、动力总成、车身和控制系统等，应将其视作车辆的综合性能，予以充分掌握。

本章将从实际视角出发，阐述车辆运动性能的评价解析技术与提升技术。

3.1　运动性能的评价与解析

可以通过行驶试验、室内台架试验以及仿真性能计算等多种方法来评价与解析实际的车辆运动性能，下面将简单介绍一下用于实际运动性能评价与解析的设备与装置。

3.1.1　车辆参数的测量

影响车辆运动的主要因素有车辆的基本参数、轮胎特性和底盘特性等，要想评价与解析车辆的运动性能，就应正确把握这些因素。

车辆的基本参数主要有车辆质量、4轮载荷与分配、轴距、轮距、质心高度、横摆、纵摆、侧摆等绕3轴转动的惯性力矩等。质心高度与惯性力矩的测量需要专用的装置，质心高度可通过使车辆倾斜移动重心来测算出变化的载荷；惯性力矩可对车辆采取摆动式运动,从其固有振动频率测算出周期。图 3-2 所示的装置能够连续测量绕 3 轴转动的惯性力矩与质心高度。

	质心高度	惯性力矩
测量法		
算式	$H=\dfrac{(M_{f\theta}-M_{r\theta})}{M\sin\theta}\dfrac{R}{2}$	$I=(T/2\pi)^2(K+LMG)$

图 3-2 惯性力矩、质心高度的测量装置

轮胎的侧偏特性与驱动制动特性会影响运动性能,可使用平带型试验机与牵引试验机等进行实际测量(参考第 1.4.2 节)。前轮定位的变化、悬架刚度、柔性偏向特性等悬架的几何学特性、静态的力学特性可使用图 3-3 所示的悬架特性测量装置进行综合性的计测。

3.1.2 道路试验

在试验场等实际道路上所进行的实车行驶试验有用于调查驾驶人无修正操作时的开环试验,它能够了解车辆相对规定的转向输入与外部干扰的响应性;还有按照规定路线行驶,增加驾驶人修正操作的闭环试验。开环试验适用于准确评价车辆的机械特性,明确设计要素与车辆特性的关系。尽管开环试验所得出的各种特性值与性能优劣之间的关系相当明确,不过综合性的判断最终还依赖于驾驶人的主观评价。闭环性能试验也称作任务性能测试,包括驾驶人、行驶环境系统在内,评价与现实行驶相对应的车辆性能。不过,闭环性能试验难以判断所设定条件的普遍性,不易分离驾驶人能力与车辆特性,与改良设计直接关联性不强。因此,应根据目的,分别使用开环试验与闭环试验,再综合评价二者的结果。

图 3-3 悬架特性测量装置

道路试验中,通常会测量转向盘转角等驾驶人操作量与横摆角速度、侧向加速度等车辆的运动,有时为了详细解析,也会测量轮胎 6 分力与定位变化等车轮的运动状态。图 3-4 所示为在车辆上安装光学式定位实测装置时的状态,该装置主要用于测量转向角

与外倾角。

图 3-4　光学式定位实测装置

3.1.3　室内试验

在室内进行车辆运动性能试验时，具有安全性高、无外部干扰等影响、再现性高、测量容易、可观察细节运动等优点。室内试验机有前后轮侧滑角可控的平带型试验机与能够附加垂向输入的 4 轮加振机等。图 3-5 所示的装置使用 4 轮独立平带，通过控制各轮的转向、纵向和垂向 3 个方向，施加转弯与加减速，再现车辆在包括路面输入等各种行驶状况下所呈现出的运动状态。

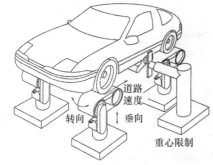

道路速度

转向　垂向

重心限制

图 3-5　运动性能室内试验机

3.1.4　仿真解析

在车辆与悬架的策划与规划阶段，为了更有效地实施性能预测与评价，利用数学模型进行解析与仿真计算是行之有效的。根据目的，可适当地使用从基本的 2 自由度线性模型到多自由度大规模模型等作为车辆性能解析的仿真模型。若限于开环的车辆响应，则可利用仿真计算，展开大范围的性能预测。有时为了追求精度，会利用大规模模型，不过以解析现象与理解机理的观点来看，在不迷失本质的范围内，应尽量使用简单的模型。同样也可研讨驾驶人特性模块化后的闭环响应，不过很难正确地将人的特性模块化，多数情况下还只是停留在宏观的现象解析。

3.2　转向时的运动性能

了解车辆运动性质本质的第 1 步是理解车辆在平坦路面上匀速行驶时与转向相对应的车辆运动特性。

3.2.1　稳态转向性能

稳态转向性能的基本性质是不足转向与过度转向特性，可用稳态系数来表示。稳态系数的测量方法有以恒定转向角稳态转向，从梯次变化车速时的横摆角速度求解的方法（图 3-6a），与以恒定转弯半径恒定环行，从梯次变化车速时的转向角变化求解的方法（图 3-6b）等。转向角恒定法适用于把握轮胎线性区域内从低速至高速的转向特性。式（2-23）表明在线性范围内，稳态系数并不依赖于车速，而实际上车速引起的变化也确实很小。另外，转弯半径恒定法适用于把握较大转弯侧向加速度时的转向特性变化。根据轮胎侧偏特性的非线性特性，转向特性在侧向加速度大的范围内变化极大，并且，如图 3-6 中所举事例那样，线性区域特性基本相同的两辆车辆 A 与 B，在侧向加速度较大的范围内，特性差异极大。

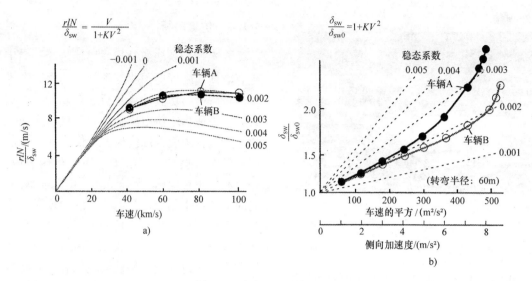

图 3-6　稳态系数的实际测量

K：稳态系数　V：车速　r：横摆率　l：轴距　N：总转向比　δ_{sw}：转向盘转角　δ_{sw0} 极低速时的转向盘转角

车辆表现出过度转向时，也会呈现出静态的不稳定，现实中为规避此问题，一般乘用车会把线性区域内的稳态系数设定为 $0.001 \sim 0.003 s^2/m^2$ 的弱不足转向。稳态系数见式（2-21），它是由力学决定的实际转弯半径同几何学决定的极低速时的转弯半径之比相对车速平方的变化率，也可以理解为表示固定横摆角速度的计算式（2-20）在车速导数为零时的车速，即横摆角速度增益为最大时的车速 V_{ch}，如式（3-1）所示，它是稳态系数 K 的倒数的平方根。

$$V_{ch} = \sqrt{\frac{1}{K}} \qquad (3-1)$$

当然，式（3-1）中的稳态系数应为正，即以不足转向为前提。并且，过度转向时，如式（2-24）那样，其绝对值的倒数的平方根是转弯临界速度。稳态系数反映前后轮接地平衡、单位侧向加速度转向时的前后轮侧滑角差值与稳态系数和轴距的乘积相等。

$$\frac{\alpha_f - \alpha_r}{\ddot{y}} = lK \qquad (3-2)$$

式中，α_f 是前轮侧滑角，α_r 是后轮侧滑角，l 是轴距，$\ddot{y}$ 是侧向加速度。

也就是说，稳态系数也会表现为"横摆角速度增益为最大时的车速"及"前后轮的侧滑角差值"。例如，当测量的稳态系数为 $0.002 s^2/m^2$ 时，从式（3-1）和（3-2）算出横摆增益最大时的车速为 80km/h，对轴距 2.6m 的车辆而言，单位侧向加速度的前后轮侧滑角差值为 0.25°。

轮胎线性区域内的稳态系数一般可用式（2-23）表示，用轴荷除以侧抗刚度，利用正态化的侧抗系数置换后，则可进一步得出简化式（3-3）：

$$K = \frac{1}{lg}\left(\frac{1}{C_f} - \frac{1}{C_r}\right) \qquad (3-3)$$

$$\begin{cases} C_f = \dfrac{K_f}{W_f} = \dfrac{2lK_f}{mgl_r} \\[2mm] C_r = \dfrac{K_r}{W_r} = \dfrac{2lK_r}{mgl_f} \end{cases} \qquad (3-4)$$

式中，C_f、C_r 是前后轮的侧抗系数，W_f、W_r 是前后轮载荷（每个轮），m 是车辆质量，l_f、l_r 是质心到前后轮的距离，K_f、K_r 是前后轮的侧抗刚度，g 是重力加速度。

使用式（3-4）还能够简单地置换下文中记述的几个车辆响应参数，利于力学上的理解。式（3-4）的成立条件是接地载荷不随加减速、路面坡度、空气动力等变化。

由式（2-23）与式（3-3）可知转向特性由车辆的基本参数与轮胎决定。不过实车测量值相比使用车辆参数与轮胎单体的侧抗刚度，由式（2-23）与式（3-3）计算出的数值，二者通常不一致。一般地，计算值与实测值相比，所得出的稳态系数会非常小，这主要取决于悬架与转向的几何学变化与柔性偏向的影响。悬架系统、转向系统的变化与几何学的限制会引起实际的转向角变化，增减轮胎侧滑角将其全部等效换算后，得出等效侧倾刚度，线性区域内的稳态系数与下文中记述的固有振动频率等动态参数也会接近实际值。等效侧抗刚度 K^* 或与轮荷相除后的等效侧抗系数 C^* 可以用轮胎的侧抗刚度 K、侧抗系数 C 与 e 相乘的形式来表述：

$$K^*_{f,r} = e_{f,r}K_{f,r} \qquad (3-5)$$

$$C^*_{f,r} = e_{f,r}C_{f,r} \qquad (3-6)$$

式中，下角 f、r 分别表示前、后轮，e 是悬架与转向系统引起的侧抗刚度增幅比率。考察影响较大的侧向力转向、自回正力矩转向、侧倾效应，可写出下式：

$$e_{f,r} =$$

$$\frac{1}{1 + \left[W_{f,r}\left(\frac{\partial \delta}{\partial F}\right)_{f,r} + W_{f,r}\xi_{f,r}\left(\frac{\partial \delta}{\partial M}\right)_{f,r} + \phi\left(\frac{\partial \delta}{\partial \phi}\right)_{f,r} \right]C_{f,r}}$$

$$(3-7)$$

式中，$\xi_{f,r}$ 是主销中心线与轮胎的接地点间距离，ϕ 是用 9.8m/s^2 转弯速度换算的侧倾角，$(\partial \delta / \partial F)_{f,r}$ 是侧向力转向系数，$(\partial \delta / \partial M)_{f,r}$ 是自回正力矩转向系数，$(\partial \delta / \partial \phi)_{f,r}$ 是侧倾转向系数。

表示悬架特性的系数在侧抗力减少侧为正。

可以把外倾横向推力置换成相当的侧抗刚度以考察侧向力外倾与侧倾外倾的影响。表 3-1 是利用轮胎与悬架的特性计算等效侧抗刚度增幅比率的实例。通常在乘用车的前轮上，等效侧抗刚度的增幅比率是轮胎单体侧抗刚度的 0.4～0.7 倍，后轮上的数值是 0.9～1.1 倍，这极大地影响了悬架特性，意味着积极利用悬架的柔性偏向与几何学变化等，能够比较自由地调整车辆的转向特性。把各悬架特性等置换成侧抗刚度来预测性能的方法，在大规模仿真环境日趋完善的今天，因其简单易行且可从原理独立理解悬架各特性贡献，仍然不失为重要有效的手法。

稳态转向特性是除稳态系数外的车身方向与行进方向的偏移，也就是说车身侧滑角也是重要特性。在线性 2 轮模型中，车速为 V 时若单位侧向加速度的重心位置的稳态侧滑角为 β_{st}，则有下式成立：

$$\beta_{st} = \frac{l_r}{V^2} - \frac{ml_f}{2lK_r} = \frac{l_r}{V^2} - \frac{1}{gC_r} \qquad (3-8)$$

由式（3-8）可知，β_{st} 受后轮的侧抗刚度支配，与前轮没有关系。车身侧滑角表现的是后轮的接地力。以车速 $V_{\beta=0}$ 为界：

$$V_{\beta=0} = \sqrt{\frac{2lK_r l_r}{ml_f}} = \sqrt{gl_r C_r} \qquad (3-9)$$

侧滑角的方向会发生改变，车速低于此值时，车辆向环行圆外侧旋转，车速高于此值时，车辆向环行圆内侧旋转。高速时朝向内的侧滑角大小是稳定性的指标，其绝对值越小，后轮接地力越大，稳定性就越高。

表 3-1　等效侧抗刚度的导出方法

a) 轮胎、悬架特性

		前轮	后轮
轮胎	单个轮轮荷 W	4300	2500
	侧抗系数 C（CP 除以轮荷的无量纲数值）	17.5	22.0
		0.98	1.05
	轮胎拖距 ζ/m	0.040	0.037
柔性偏向	侧向力转向系数 $\partial\delta/\partial F$ /(rad/N)　后倾拖距引起的自回正转向	1.10×10^{-6}	-0.53×10^{-6}
	回正力矩转向系数 $\partial\delta/\partial M$ /(rad/N·m)	0.95×10^{-4}	0.19×10^{-4}
	侧向力外倾系数 $\partial\gamma/\partial F$ /(rad/N)	0.57×10^{-5}	0.34×10^{-5}
几何学	侧倾偏向系数 $\partial\delta/\partial\phi$ /(rad/rad)	0.08	-0.04
	侧倾外倾系数 $\partial\gamma/\partial\phi$（对地）/(rad/rad)	0.82	0.79
	侧倾角（rad/g 换算值）		0.09

b) 等效侧抗刚度的导出

		前轮	后轮
侧抗柔性偏向（1G 换算）	轮胎侧偏/rad	$1/C_f$	$1/C_f$
		5.71×10^{-2}	4.55×10^{-2}
	侧向力转向部分/rad	$W_f\left(\dfrac{\partial\delta}{\partial F}\right)_f$	$W_r\left(\dfrac{\partial\delta}{\partial F}\right)_r$
		0.47×10^{-2}	-0.13×10^{-2}
	侧向力外倾部分/rad	$W_f\left(\dfrac{\partial\gamma}{\partial F}\right)_f\dfrac{C_{sf}}{C_f}$	$W_r\left(\dfrac{\partial\gamma}{\partial F}\right)_r\dfrac{C_{sr}}{C_r}$
		0.14×10^{-2}	0.04×10^{-2}
	自回正力矩转向/rad	$W_f\zeta_f\left(\dfrac{\partial\delta}{\partial M}\right)_f$	$W_r\zeta_r\left(\dfrac{\partial\delta}{\partial M}\right)_r$
		1.63×10^{-2}	0.18×10^{-2}
	侧倾转向部分/rad	$\phi\left(\dfrac{\partial\delta}{\partial\phi}\right)_f$	$\phi\left(\dfrac{\partial\delta}{\partial\phi}\right)_r$
		0.72×10^{-2}	-0.36×10^{-2}
	侧倾外倾部分/rad	$\phi\left(\dfrac{\partial\gamma}{\partial\phi}\right)_r\dfrac{C_{st}}{C_f}$	$\phi\left(\dfrac{\partial\gamma}{\partial\phi}\right)_r\dfrac{C_{sr}}{C_r}$
		0.41×10^{-2}	0.34×10^{-2}
	总计/rad	$\Sigma_f=9.08\times10^{-2}$	$\Sigma_f=4.62\times10^{-2}$
	等效侧抗系数	$C_f^*=1/\Sigma_f=10.2$	$C_r^*=1/\Sigma_r=21.6$
	侧抗刚度增幅比率	$e_f=C_f^*/C_f=0.58$	$e_r=C_r^*/C_r=0.98$

准备出表 3-1a 中的轮胎与悬架特性，用 $1g$ 转弯换算，见表 3-1b，计算出前后每个车轮的侧滑角与转向盘角，作为侧抗柔性偏向。柔性偏向的符号在侧抗力减少一侧为正，增加一侧为负。侧抗柔性偏向总和（Σ_f，Σ_r）的倒数是等效侧抗系数（C_f^*，C_r^*）与轮胎单体的侧抗系数相除后所得的数值，通过悬架就变成了侧抗刚度的增幅比率。

在侧向加速度大的区域内，稳态旋转特性受左右轮载荷转移的影响，与轮胎的线性区域呈现出些许不同的状态。图 3-7 所示为从轮胎特性图求得稳态旋转时各轮胎的侧抗刚度与侧滑角的图解法。内轮的侧抗刚度以某种程度增加至极大值，超越此值而纯旋转时，轮荷会随之减少，需要由外轮来补偿旋转所需的侧抗刚度，由此能够掌握轮胎侧滑角增大的情况等。并且，从图 3-7 得出的前后轮侧滑角差值还能够推测稳态系数相对侧向加速度的变化。通常，随着侧向加速度的增加，多数车辆的不足转向会逐渐变强。

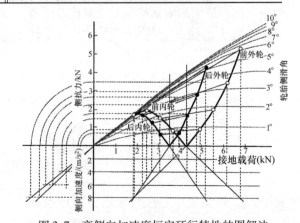

图 3-7　高侧向加速度恒定环行特性的图解法

除前面阐述过的线性区域内的影响因素外，对地外倾角、侧倾刚度纵向分配、左右轮的实转角差异等都是影响轮胎在非线性区域内旋转性能的因素。旋转时，对地外倾角变大，轮胎的接地面压力分布不均，侧抗力下降。悬架对车身的外倾变化设定在较大时，将会提高侧倾刚度，前轮的主销后倾角变大，对地外倾角则会变小，而权考虑抗路面外部干扰稳定性、乘坐舒适性、转向力等，这些设定范围会有所限定。因轮胎侧抗力的载荷依存性，伴随着侧向加速度增加，侧倾刚度纵向分配比的影响表现得更大，侧重前部的分配会表现出不足转向。通常是根据稳定杆设定侧倾刚度的分配，且在大行程区间，还可以利用缓冲块特性来控制，还应考量到转向加速时的牵引性能与乘坐舒适性等的关联性。而在此区域内，旋转内外轮的

实转角差异对转向特性也有所影响。按照几何学的阿克曼转向，将内轮的实转角设定为大于外轮，如果考虑到侧向加速度下的旋转运动，则可利用对接地载荷大的旋转外轮进行大的实转角操作，使得内外轮的轮胎负担均等化，这对抑制侧向加速度大的区域内转向特性的变化尤其有效。

3.2.2　动态转向响应性

图3-8所示表示的是横摆率与侧向加速度等相对于转向角的频率响应特性，属于紧急变线等动态转向响应特性的代表性评价方法。从此频率响应图可解读出以下响应参数：

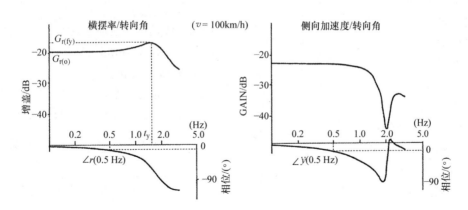

图3-8　输入转向角时的横摆率、侧向加速度的频率响应

1. 横摆共振频率 f_y

此参数与车辆固有频率 ω_n 相当，在线性2轮模型中，与下式紧密关联，高速时 $f_y \approx \omega_n/2\pi$：

$$f_y = \frac{1}{2\pi T_{yr}}\sqrt{-1 + \sqrt{1 + 2\omega_n^2 T_{yr}^2(1 + \omega_n^2 T_{yr}^2/2 - 2\zeta^2)}}$$

(3-10)

式中，ζ、T_{yr} 可参照式（2-30）和式（2-34）。

横摆共振频率或固有频率越高，快速反应性越好。在线性2轮模型中，固有频率可

用式（2-30）表示。利用横摆转动惯量除以车辆质量、重心到前车轴距离、重心到后车轴距离这3项得出的数值与侧抗系数，可得出如下表达式：

$$\omega_n = \frac{g}{V}\sqrt{\frac{C_f C_r}{I_n}(1 + KV^2)}$$

$$= \frac{g}{v}\sqrt{\frac{C_f C_r}{I_n}\left[1 + \frac{V^2}{lg}\left(\frac{1}{C_f} - \frac{1}{C_r}\right)\right]}$$

(3-11)

式中：

$$I_{n} = \frac{I}{ml_{f}l_{r}} \qquad (3-12)$$

I_n 是标准化的横摆转动惯量，它直接影响动态转向响应特性，应予以关注。I_n 为 1 时相当于质量集中在前后轮胎位置，大于 1 时相当于质量集中在轮胎位置的外侧，小于 1 时相当于质量集中在轮胎位置的内侧。

从式（3-11）可考察出各参数对固有频率的影响。标准化横摆转动惯量 I_n 越小，后轮的等效侧抗系数 C_r 越大，ω_n 越大。前轮的等效侧抗系数 C_f 的影响随车速而变化，低速时 C_f 越大，ω_n 越大；高速时 C_f 越小，ω_n 越大。

能够彻底扭转前轮影响的车速 V_d 为

$$V_{d} = \sqrt{glC_{r}} \qquad (3-13)$$

2. 横摆率峰值增益比 $G_{r(fy)}/G_{r(0)}$

此参数与衰减比 ζ 相当，峰值增益比越小，衰减性越好。不过，它与稳态系数密切关联，不足转向越弱，峰值增益比越小，不能仅凭此值一概而论。

在线性 2 轮模型中，衰减比可用式（2-30）表示。应用标准化横摆转动惯量与侧抗系数，可得出如下表达式：

$$\zeta = \frac{C_{f}(l_{f} + I_{n}l_{r}) + C_{r}(I_{n}l_{f} + l_{r})}{2l \sqrt{I_{n}C_{f}C_{r}(1 + KV^{2})}} \quad (3-14)$$

3. 横摆率相位滞后 $\angle r$，侧向加速度相位滞后 $\angle \ddot{y}$

此参数表示转向时运动响应的滞后量。随车速增高，无论频率如何，侧向加速度的相位滞后都会增大，横摆率的相位滞后在比固有频率低的领域减少，高的领域增大。

用频率响应评价转向特性时，也可通过转向力矩的输入，评价包括转向系统在内的动态特性。受制于转向盘转角的响应称为定位控制，不受制于转向盘转角等转向力矩输入的响应称为自由控制。

4. 转向系统共振频率

转向系统的共振频率可以从转向角相对转向力矩的频率响应特性解读出来，属于重要的响应参数。此数值高于横摆共振频率是自由控制下的稳定条件，一般情况下，此数值越大越好。

如图 3-9 所示，除频率响应评价之外，另有一种从横摆率、侧向加速度、侧滑角等的阶跃转向输入与正弦波转向输入的时间响应数据，评价下述瞬态响应特性的方法。

5. 横摆率响应时间 t_p

在线性 2 轮模型中，用横摆率到第 1 峰值的时间，可得出如下表达式：

$$t_{p} = \frac{1}{\omega_{n}\sqrt{1-\zeta^{2}}}\left[\pi - \tan^{-1}\left(\frac{\sqrt{1-\zeta^{2}}\,\omega_{n}T_{r}}{1-\zeta\omega_{n}T_{r}}\right)\right] \qquad (3-15)$$

6. 横摆率、侧向加速度响应时间常数 t_r、$t_{\ddot{y}}$

此参数是运动响应相对转向角的滞后时间，相当于频率响应中的相位角。

7. 阻尼系数 $\zeta\omega_n$

此参数是综合响应性与收敛性的评价指标。在线性 2 轮模型中，有如下公式：

$$\zeta\omega_{n} = \frac{2(l_{f}^{2}K_{f} + l_{r}^{2}K_{r})}{IV} + \frac{2(K_{f} + K_{r})}{mV}$$

$$= \frac{g}{2I_{n}V}\left[C_{f}\left(\frac{l_{f} + I_{n}l_{r}}{l}\right) + C_{r}\left(\frac{I_{n}l_{f} + l_{r}}{l}\right)\right] \qquad (3-16)$$

该值越大，轮胎相对车辆惯性质量的能力则越大。但是，从实测数据难以高精度地求解出 $\zeta\omega_n$。

针对上述求解出的参数与驾驶人的主观评价及控制效果的关系，应用驾驶模拟器与特性可变试验车等，可构成形式多样的研究。横摆率到第 1 峰值的时间 t_p 与稳态车身相对固定侧向加速度下侧滑角 β_{st} 之间的乘积越小（TB 值），驾驶人的控制效果越好。

$$\text{TB} = t_{p}\beta_{st} \qquad (3-17)$$

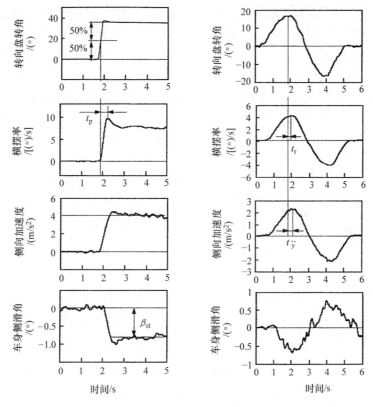

图 3-9 阶跃转向响应和信号转向响应中的时间序列数据

图 3-10 所示为当横摆率的响应时间定值小时，在某一范围内优化横摆率增益的研究结果。横摆率增益相当于稳定系数，横摆率响应时间定值相当于横摆共振频率的倒数，因此，图 3-10 等同于把稳态系数 K 设定在适宜范围，把横摆共振频率 f_y 尽量设定在较高值，这也等同于增大阻尼系数 $\zeta \omega_n$ 并减小 TB 值。若限于轮胎线性区域内，可应

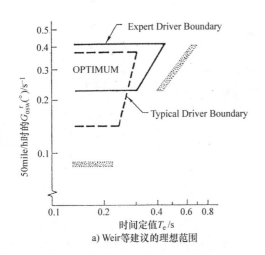

a) Weir等建议的理想范围

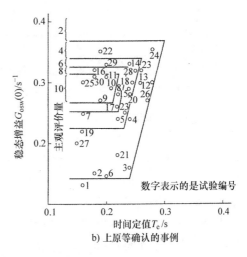

b) 上原等确认的事例

图 3-10 横摆率增益和响应时间与控制难易度
纵轴为横摆率的稳态增益，横轴为横摆率的响应时间定值

用等效侧抗刚度或它与轮荷相除所得的等效侧抗系数，借助线性2轮模型，定量分析对转向响应性能的影响。图3-11所示为应用线性2轮模型对与前后轮的等效侧抗刚度相对应的"横摆共振频率–稳定系数方框图""阻尼系数–TB方框图"和"横摆率响应延迟–侧向加速度响应延迟方框图"的计算结果。无论审视哪个指标，都能看出提升转向响应性的基本思路在于以尽量确保较大的后轮等效侧抗刚度为前提，使之与前轮等效侧抗刚度相互配合并优化。

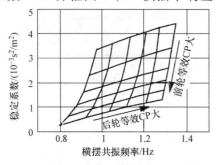

后轮的等效侧抗刚度增加，横摆共振频率会升高，稳定系数也会变大。前轮的等效侧抗刚度增加，横摆共振频率会降低，稳定系数也会变小

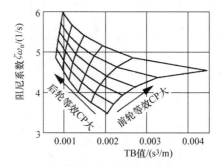

后轮的等效侧抗刚度增大，阻尼系数会变大，TB也会减小。前轮的等效侧抗刚度增加，阻尼系数会变大，TB值也会增大

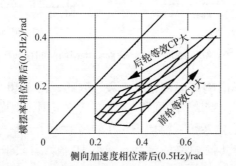

后轮的等效侧抗刚度变大，侧向加速度与横摆率的相位差会减小。前轮的等效侧抗刚度增加，侧向加速度与横摆率的相位差无任何改变，整体相位滞后变大

图3-11　前后轮的等效侧抗刚度对转向响应性的影响

以车速100km/h，计算各响应参数相对前后轮等效侧抗刚度改变（每5kN）的变化结果

要想取得较大的后轮等效侧抗刚度，就要积极运用悬架特性。按照前述步骤（表3-1），能够推测出悬架特性对等效侧抗刚度的影响。通过柔性偏向的不足转向与提高束角刚度，降低自回正力矩转向等，能有效减少性能上的冲突项目。也可利用侧倾导致的不足转向，但是设定得过大，又会与路面干扰时的稳定性与旋转制动稳定性等冲突。提高悬架的侧向刚度，无法增加稳态的等效

侧抗刚度，却能提升动态的等效侧抗刚度的相位，也能达到同样的效果。后轮的主动转向4WS对于提升动态转向响应性有很大的效果（参考第6章）。

通常乘用车的前后轮会装配相同轮胎，为了获取转向响应性与旋转性能的平衡，需要把前轮侧抗刚度的增幅比率设定为小于后轮。前轮与转向系统有关，优化转向系统的柔性尤为重要。然而，转向系统柔性的非线

性对转向感觉的负面影响极大，必须在极力减小非线性要素的同时，确保瞬态的柔性。此观点中，设定转向系统的刚度分布也极其重要。要想抑制电动助力转向装置辅助特性的非线性特性带来的等效转向刚度的变化，应尽量将转向盘的刚度设定为高于动力转向装置，相比转向器总成支撑刚度等动力转向装置的柔性，要更加侧重确保轮胎的柔性。图 3-12 所示是随着转向特性相对侧向加速度的变化，在总刚度一定的条件下，改变转向刚度分布后分析比较的结果。

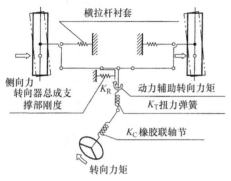

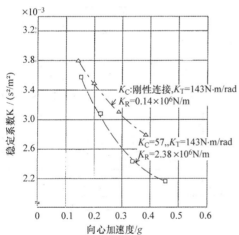

图 3-12　转向系统刚度分布的影响

高速行驶时，空气动力特性也会显现出其影响。空气动力关乎的转向响应特性主要是前后轮的升力。升力作用在车身上，车身被举升，轮胎接地载荷减少，悬架的原始定位与侧倾转向发生变化，等效侧抗刚度因而

也发生变化。降低升力，等效侧抗刚度的减少得到抑制，因而充分权衡降低前后轮的升力，能够提升高速时的转向响应特性。不过，以大幅降低升力为目的，安装大型的空气动力装置，容易引发其与空气阻力降低间的此消彼长。

对于运动性能而言，车辆的基本规格是必要的决定性设计条件。观察转向响应参数相关的各个算式，不难发现横摆转动惯量与轴距均对等效侧抗刚度影响极大。横摆转动惯量减小，固有频率与阻尼系数会增大，随动性与收敛性也会提升。然而，若转动惯量过小，会影响到抗外部干扰稳定性与乘坐舒适性。在横摆转动惯量一定的条件下，延长轴距，标准化横摆转动惯量会减少，可取得与减少横摆转动惯量同样的效果，稳态的侧滑角进而也会减小。不过，在标准化转动惯量一定的条件下，延长轴距时，固有频率会下降，阻尼系数却不会增加。图 3-13 所示为横摆转动惯量与轴距变化带来的稳态侧滑角与固有频率的变化。

3.2.3　转向时的侧倾姿态

当有转向力输入时，应关注的车辆运动除平面运动外，还有侧倾运动。对于悬架的前轮定位变化以及驾驶人感受而言，并不希望侧倾过大。而同时要考虑到乘坐的舒适性，因此要求不增大轴距，而是增大侧倾刚度。图 3-14 所示为乘用车侧倾率变化。侧倾角随着轮距扩大、稳定杆的应用、独立式悬架的应用、控制悬架的开发等技术的不断发展而逐渐变小。动态的侧倾变化不仅影响侧倾刚度，还影响侧倾转动惯量与悬架侧倾阻尼，对侧倾共振频率与侧倾衰减比等动态特性的评价非常重要。图 3-15 所示为通过加振试验测量侧倾共振频率与侧倾衰减比的事例，由图可知质心高度及侧倾转动惯量大的厢式车与越野车的侧倾共振频率与侧倾衰减设定得比乘用车略低，跑车反而设定得高一些。

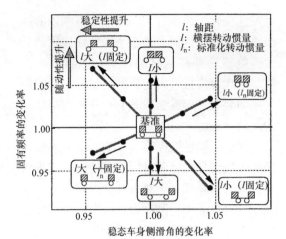

图 3-13　轴距和横摆转动惯量对转向响应特性的影响

　　计算车速为 100km/h，轴距、横摆转动惯量分别变化 ±5%、±10% 时，转向响应参数（稳态侧滑角、固有频率）变化的结果。

- 横摆转动惯量（I）保持固定，增大轴距，转向响应特性会整体提升。
- 标准化横摆转动惯量（I_n）固定的条件下，增大轴距，固有频率下降，随动性下降。
- 减小横摆转动惯量，随动性与收敛性提升。

　　还应进一步观察垂向车高变化及其纵向平衡等旋转中的侧倾姿态。在表现旋转等车身姿态变化时，不可以采用如式（2-11）的侧倾轴固定的概念，而要求考虑悬架的连杆反作用力等不稳定问题（参考第 5.2.4 节）。侧倾姿态会受到侧倾中心即其相对于侧倾中心高度与悬架行程变化率的影响。侧倾中心高度大体上受悬架臂倾斜的支配，侧倾中心高度变化率大体上受悬架臂长度的支配。这些设定范围受限于悬架形式。侧倾中心高度则有上浮倾向，低则有下沉倾向。侧倾中心高度的变化率大，则有下沉倾向，小则有上浮倾向。旋转时的过大上浮现象会因对地外倾角的减小、质心高度的增大等，对车辆稳定性产生恶劣影响，应予以注意。车高变化的前后差，即旋转时的纵摆角会影响驾驶人感受，故设定侧倾中心时的纵向平衡情况也是应充分考虑的设计参数。在侧向加速度大的区域，垂向跳动特性对侧倾姿势表现出了极大影响；在瞬态区域，减振器衰减

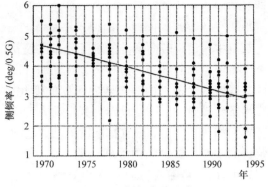

图 3-14　侧倾率的变化

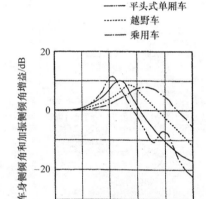

- —— 新一代单厢车
- —— 平头式单厢车
- ······ 越野车
- —·— 乘用车

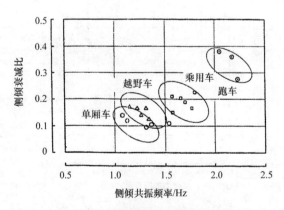

图 3-15　侧倾的动态特性

力的伸展与收缩比对侧倾姿态表现出了极大影响。

　　理想的侧倾姿态对于驾驶人而言未必是最为舒适的，而且侧倾姿态的设定自由度还受制于悬架形式，大多数车辆采用的都是前轮侧倾

中心相比后轮更低并稍向前倾斜的姿势。

3.2.4 转向力特性

转向力特性不仅涉及驾驶人的负担问题，还关系到适度的手感、车辆的易控制性、路面与轮胎状况信息等人机界面性能。

在助力转向装置普及的今天，可比较自由地设定转向盘的轻重。电动助力转向装置可根据行驶条件调整辅助量，其自由度进一步扩展。

另外，涉及转向感觉的转向力特性与人的特性关系很深，然而实际上尚未确立系统化的评价方法与设计准则。现阶段主要是以感觉评价为核心，多使用转向盘转矩与转向盘转角的利萨如图形与滞后评价。要想取得适当的手感，如图 3-16 所示，要求转向力矩与转向角的关系呈线性变化，且滞后适度。滞后与转向系统阻尼关系紧密，简单地说，如果滞后过大，转向盘回正感会变差，过小则无可靠感。

适当的转向力矩特性，并非只取决于转向系统本身，也与车辆的横摆率与侧向加速度的响应特性密切关联。基于此观点，使用电控转向试验车，独立改变横摆率与侧向加速度的响应，让驾驶人能感到转向角的转向力矩适中情况下适时的相位超前时间。调查结果发现车辆响应越快（横摆率与侧向加速度的响应时间定值小），且车辆的稳定性越低（横摆率与侧向加速度的响应时间定值的差别大），驾驶人就需要更大的转向盘转矩相位超前量（相当于转向系统的阻尼量）。此结果可以看出从转向盘转矩输入到车辆开始响应，需要适度的响应时间，车辆运动越缺乏稳定性，就越需要转向系统的阻尼。

以转向感觉为出发点的转向力特性与转向机构的摩擦、衰减等特性，前后轮自动回正力矩作用时的车辆响应特性以及人类特性均复杂关联，因此，在运动性能领域，其技术提升是最难获得常规答案的项目之一。

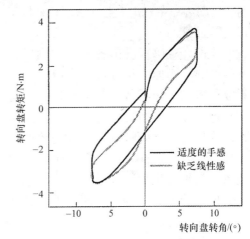

图 3-16 转向感觉的评价

紧急变向时，转向角与转向盘转矩的关系。两者的滞后相当于转向阻尼，不仅反映转向系统的衰减与摩擦，还反映出车辆的动态性能。转向感觉具有速度越高越小的倾向

3.3 外部干扰时的运动性能

车辆实际上处于多样的行驶环境中，一边受到侧向风与路面不平整等外部干扰，一边行驶。对于这些影响驾驶人驾驶操作的外部干扰，车辆应该具备抑制车辆多余动作而稳定行驶的基本运动性能。

3.3.1 侧风稳定性

车辆的行进方向与车辆所受自然风方向不同而形成侧风时，行驶稳定性会受到影响。评价侧风稳定性时，常采用转向盘固定，进入侧风鼓风带的开环试验。所产生的侧向加速度、横摆率、侧向流动量等，可用于评价车辆特性的差别，如图 3-17a 所示。

相对一定的侧风 w 产生的侧向加速度的稳定值 a_y，在线性 2 轮模型中如下：

$$\frac{a_y}{w} = \frac{\rho VA}{2mg} \frac{V^1}{1+KV^2} \left[\frac{1}{C_f l_r} \left(C_y + \frac{C_s}{2} \right) + \frac{1}{C_r l_f} \left(C_y - \frac{C_s}{2} \right) \right]$$

$$(3-18)$$

式中，C_s 是侧向力系数；C_y 是横摆力矩系数，是在 4 轮接地点中心位置的每单位偏斜角的空气动力系数；ρ 是空气密度；A 是车辆正投影面积。

可从式（3-18）看出各参数对侧风稳定性的影响。降低由车身形状决定的侧向力系数与横摆力矩系数，对侧风稳定性有直接效果。针对轮胎特性与悬架特性的影响，遵从与提升转向响应性基本一致的思路，提升侧风稳定性，对增大后轮的等效侧抗系数效果特别大。不过，需要注意在侧倾力矩大的厢式车等上，侧倾不足转向

过大，会引起突发侧风时下风侧的侧倾，带来反效果。

遭遇一定的强侧风时，除车辆的稳定性之外，还必须关注高速时侧风随风力变小时的稳定性等性能。针对此现象，可进行自然风中的闭环评价，如图 3-17b 所示。在此状况下，相比侧向流动量与冲击大小，驾驶人的感觉与侧倾角速度等瞬态变化关系更为密切，合理设定空气侧摆力矩与空气横摆力矩的关系，可减少侧倾变化。

车速120km/h，风速20m/s

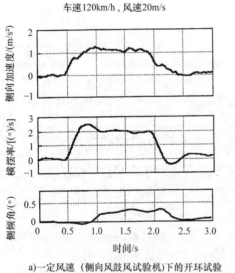

a）一定风速（侧向风鼓风试验机)下的开环试验

车速200km/h，自然风速3～7m/s

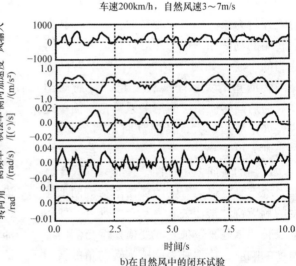

b）在自然风中的闭环试验

图 3-17　侧风稳定性的评价

3.3.2　乘坐舒适性

评价崎岖不平路面上的乘坐舒适性时，不能只关注舒适性能，还需充分考虑与操纵性的权衡及外部干扰对稳定性的干预。由于乘坐舒适性是对振动、声音、视野等人体主观感觉的综合评价，是难以量化的性能。常用的乘坐舒适性评价方法有在真实路面行驶时或在模拟实际路面的台架上加振，判断地板与座椅垂向加速度的方法；利用功率谱密度，以不同频率下的振动特性作为评价指标

的方法。每个现象与人体的振动特性关联紧密，故多用拟态词、拟声词来表现。下面，针对代表性的乘坐舒适性现象进行讲解。

1. 上下振动、俯仰振动

在高速道路的大起伏路面上，簧上共振附近容易发生上下振动、俯仰、侧倾以及 1～2Hz 的耦合振动，特别是当俯仰与侧倾运动大时，感觉会变差。此领域的振动受车辆质量、俯仰、侧倾转动惯量、轴距、悬架行程等基本车辆参数与悬架的弹性特性、衰减力特性支配，前后平衡对其影响也很大。

在不考虑侧倾的半汽车模型中，路面向后轮的输入相比前轮仅会延迟"轴距÷车速"，如图3-18所示，后轮的簧上固有频率设定得稍高于前轮，即可抑制俯仰。但是，振动模式因车速、减振器的衰减比、装载条件等而变化，故无法由前后的簧上固有频率的关系一概而定。在此频率区域内，基于天棚控制（skyhook Control）理论等的主动悬架与半主动悬架的效果显著。（参考第5.5节）

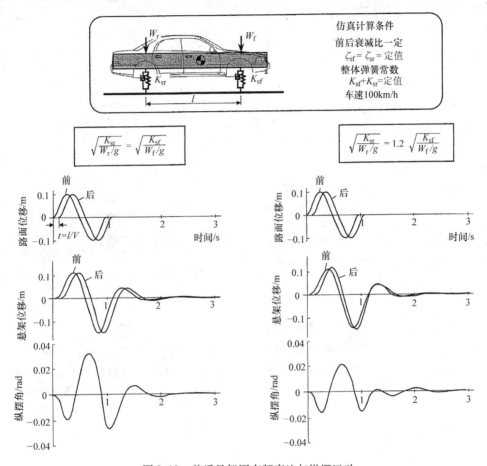

图3-18 前后悬架固有频率比与纵摆运动

2. 轻微振动、摇摆振动

轻微振动、摇摆振动是指在平坦的路面行驶时感觉到的3~6Hz的微弱振动，特别是头部感受到的上下振动。图3-19所示是振动特性各异的4辆车在此频率范围内的实际行驶评价结果。当悬架摩擦大，在路况极佳路面上有微小振幅输入时，簧上与簧下会与轮胎弹簧形成共振动作，该频率范围的振动容易变大。与座椅的共振也在此频率范围内。

3. 抖动振动

此现象是指在连续起伏路面行驶越过断坡时，感受到的8~15Hz的振动。路面输入因发动机的刚体共振、低频的车身弹性共振、簧下共振等而增幅，通过地板与座椅传递至乘员的大腿与小腿。除了悬架与车身的振动传递特性之外，发动机悬置系统的影响也很大，与发动机悬置布置、发动机悬置的弹簧特性与衰减特性有很大的关系。如图3-20所示，一般是通过抑制发动机重心的运动，来提升此频率区域的乘坐舒适性。

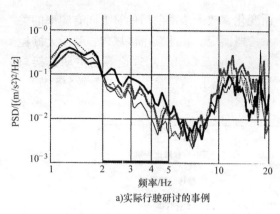

a)实际行驶研讨的事例

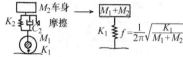

b)悬架摩擦影响的简易模型

图 3-19　良好路面上高速行驶时的簧上振动特性

a 图中，比较振动特性各异的 4 辆车，在看似平坦的、良好路面上以 120km/h 行驶时，地板上下加速度的 PSD

b 图中，减振器的衰减系数与悬架摩擦大时，当有轻微振幅输入，簧上与簧下成为一体，与轮胎弹簧共振，此频率范围内的振动变大

4. 凹凸不平振动

此现象是指在有开裂补修痕迹等粗糙路面行驶时，感觉到的 15 ～ 30Hz 的振动，脚踝与脚掌等容易感知。与悬架及轮胎的纵向、径向的弹簧特性与衰减特性、悬架的摩擦等关系密切。

3.3.3　路面外部干扰稳定性

在非铺装路面与比利时路等坏路，或是连续凹凸不平的粗糙路面上，提升车辆稳定性的重点是确保接地性。利用上下振动的 1/4 车模型（Quarter – Vehicle Model）（参考第 2.1 节），可了解乘坐舒适性与悬架行程的关联性，深层次理解接地性的本质。在 1/4 车模型中，簧上加速度属于乘坐舒适性评价指标，悬架行程属于制约条件，接地载荷变动率的传递函数属于接地性评价指标，分别有如下表达式：

$$\ddot{Z}_2(s) = \frac{Z_0(s)}{\Delta(s)} \omega_1^2 \omega_2 (2\xi s^3 + \omega_2 s^2) \tag{3-19}$$

	弹簧常数 /(N/m)			发动机刚体的运动能量 /(%)		
	右侧	左侧	中央		50	100
初期状态	235	225	196			
事例 1	372	176	196			
事例 2	372	372	392			

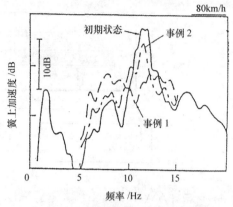

a) 发动机悬置刚性影响研讨的事例

b) 发动机的振动模型

图 3-20　发动机悬置特性对乘坐舒适性的影响

a 图中，发动机的运动能量减少，悬置特性与此区域的乘坐舒适性改善　b 图中，路面不平整，发动机悬置质量与发动机悬置引起共振，车身加振。在 w 接近 ω_e（10Hz 左右），车速 60 ～ 80km/h 时振动明显

$$Z_1(s) - Z_2(s) = \frac{Z_0(s)}{\Delta s} \omega_1^2 s^2 \tag{3-20}$$

$$\frac{K_t(Z_0(s) - Z_1(s))}{(m_b + m_w)g} = \frac{Z_0(s)}{\Delta(s)} - \frac{\omega_1^2}{(\mu + 1)g}$$
$$\times [s^4 + 2(\mu + 1)\zeta\omega_2 s^3 + (\mu + 1)\omega_2^2 s^2] \tag{3-21}$$

并且：

$$\Delta(s) = s^4 + 2(\mu + 1)\zeta\omega_2 s^3 + [\omega_1^2 + (\mu + 1)\omega_2^2]s^2$$
$$+ 2\omega_1^2\omega_2\zeta s + \omega_1^2\omega_2^2 \tag{3-22}$$

式中，$\omega_1 = \sqrt{k_t/m_w}$，$\omega_2 = \sqrt{k_s/m_b}$，$\mu = m_b/m_w$，$\zeta = C_s/2\sqrt{m_b k_s}$。

假设路面位移为 $Z_0 = 1/S$，簧上加速度的总功率为 P，悬架行程的总功率为 Q，接

地载荷变动率的总功率为 R,则分别可表达为

$$P = \pi \times \frac{4\omega_1^2\omega_2\zeta^2 + (\mu + 1)\omega_2^2}{4\mu\zeta} \quad (3\text{-}23)$$

$$R = \pi \times$$
$$\frac{\omega_1^4 - 2(\mu+1)\omega_1^2\omega_2^2 + 4(\mu+1)^2\zeta^2\omega_1^2\omega_2^2 + (\mu+1)^3\omega_2^4}{4g^2\mu(\mu+1)^2\zeta\omega_2}$$
$$(3\text{-}24)$$

从上式可了解各参数对簧上加速度、悬架行程、接地载荷变动率的影响。图 3-21a 所示为悬架衰减比的影响。接地性最佳衰减比高于乘坐舒适性最佳衰减比,衰减比的设定与悬架行程的制约有极大关联。在行驶条件以及悬架行程的制约、乘坐舒适性与接地性的并立、抑制转向与加减速时的侧倾与俯仰等车辆姿态变化等不同要素下,需求的理想减振器衰减特性也各不相同,而由电子控制的衰减力可变减振器则能够有效满足这些不同要求。图 3-21b 所示为簧上簧下质量比率的影响。簧下质量的轻量化,不仅对改善接地性有明显效果,还不存在从其他参数上显而易见的乘坐舒适性与悬架行程制约的冲突,属于重要的技术。

直线行驶时,桥梁接缝等突起与周期性起伏等路面的凹凸是影响乘坐舒适性的重要因素。会影响到车辆转向时的循迹性,与操纵稳定性的关系也十分密切。转弯过程中,在遭遇比较大的路面外部干扰情况下,应确保车辆应对侧向与径向复合输入的稳定性,这一要求条件对于车辆而言是复杂且严苛的。可通过恒定环行过程中越过突起时的车辆变化对其进行评价。为了稳定车辆在大输入路面上的运动变化,应侧重抑制簧上的俯仰、侧倾姿态变化并且抑制接地载荷变动。其大前提是要充分确保悬架行程。在这方面,根据载重状态变化调整车高的装置是公认的有效系统。此时,上跳限位器特性对稳定性的影响也极大,设定上应保证前后轮的载荷变动平衡无大的瓦解变形。

随机选取一个外部干扰比较小的路面考察车辆的稳定性时,通常可用相关物理量在

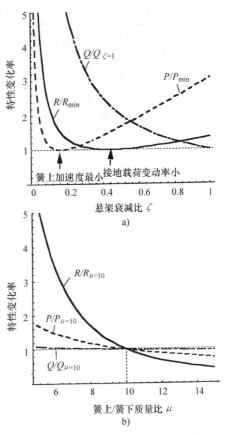

图 3-21 衰减比、质量比对接地性、
乘坐舒适性、悬架行程的影响

时间范围内的频率与 RMS 值,或是频率范围内的功率谱等评价。评价指标有横摆率、侧向加速度、侧倾角等侧重车辆变化的项目。当外部干扰小、车辆运动性能与驾驶人操作上有较大空间时,即使驾驶人的感觉各异,车辆变化也没有很大的差异。这种情况下,建议用转向角功率,即转向角速度与转向力的乘积作为评价指标。在轮胎受路面外部干扰而转动情况下,会产生对驾驶人而言无用的转向力,这时转向角速度与转向力的方向相反。这种负的转向做功量越大,驾驶人的感觉会越差。图 3-22 所示为在高速公路某处起伏路面弯道行驶时的评价结果,相比横摆率与侧向加速度,转向做功量与主观评价更为贴合实际。

转向角速度与转向力的乘积表示转向功率,转向角为 θ,转向力为 F,转向功率为

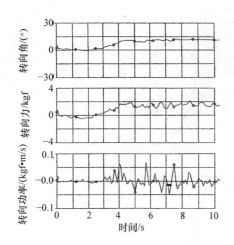

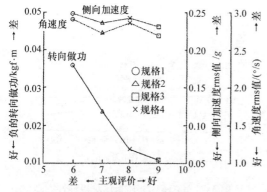

图 3-22　评价高速道路（有起伏的转弯道）
行驶时的稳定性

W，则转向功率可表示如下：

$$\frac{\mathrm{d}W}{\mathrm{d}F} = r \cdot \frac{\mathrm{d}\theta}{\mathrm{d}t} \cdot F$$

其中，r 是转向盘半径，求解出此转向功率为负的区域面积，作为评价指标 W_n：

$$W_n = \int \left| \frac{\mathrm{d}W}{\mathrm{d}F} \right| \mathrm{d}t$$

路面外部干扰，除车辆行驶方向的路面凹凸外，还有横向坡路与车辙路等施加在车辆侧向上的外部干扰。横向坡路的设置主要是为了提高道路排水性，它是车辆侧向移动与转向盘跑偏的原因。常用解决对策是借助轮胎的帘布层转向效应等残余侧向力（自动回正力矩为 0 时的侧向力）来修正。在车辙路面上行驶时应加以关注的车辆变化有落入沟槽时的摇晃游动现象，及与此相反的车辙

爬坡方向上的转向盘跑偏现象。游动现象常见于中型货车，增大轮胎的外倾刚度，可有效消除落入沟槽力。爬坡方向上的转向盘跑偏现象主要发生在安装扁平轮胎的车辆上，进行制动操作时此现象会被放大。有报告指出，缩小轮胎的外倾刚度或是减小对地外倾角引起的接地载荷中心的侧向移动量，能减少绕转向轴转动的力矩，改善转向盘跑偏感。

3.4　驱动、制动时的运动性能

车辆的使用方法存在差异，不过多是伴随驱动与制动，一边加减速一边行驶，加速度大与路面摩擦系数小时，使用方法的影响表现极为突出。

3.4.1　转向加减速时的车辆特性

近年来，车辆动力性能因发动机的高性能而显著提升。从车辆运动性能平衡的角度考虑，一定要确保与动力性能相匹配的车辆稳定性。转向时，车辆在踩踏加速踏板加速时与松开加速踏板减速时的特性需要重点关注。影响加速转向时车辆特性的主要原因一是载荷从前轮向后轮转移，二是因驱动侧滑导致的各车轮侧向力下降。

路面 μ 相对驱动力而言较高时，无论驱动方式如何，都受载荷转移的影响，加速时不足转向变强，减速时过度转向变强。转向时紧急松开加速踏板时，旋转轨迹进入内侧的现象称作内倾转向。利用驱动力左右分配控制横摆力矩的方法，作为控制这种加减速引起的转向特性变化的技术受到人们的关注（参考第 7.3 节）。为便于理解，假设轮胎侧向力与接地载荷成正比，稳态回转中的加速度所产生的横摆力矩变化 M 可用式（3-25）表示：

$$M = hW \frac{\ddot{x}}{g} \frac{\ddot{y}}{g} \tag{3-25}$$

此力矩因内外轮的驱动力制动力而消除，左右的接地载荷分配相等，仅对驱动力制动力进行左右分配即可，有下式：

$$X_{i,o} = \frac{1}{2} W \left(1 \mp \frac{2h}{d} \frac{\ddot{y}}{g} \right) \frac{\ddot{x}}{g} = W_{i,o} \frac{\ddot{x}}{g}$$

（3-26）

式中，W 是整车重量，$W_{i,o}$ 是内外轮载荷，$X_{i,o}$ 是内外轮制动驱动力，$\ddot{x}$ 是纵向加速度，$\ddot{y}$ 是侧向加速度，h 是重心高，d 是轮距，g 是重力加速度。

接地载荷分配相等，左右分配驱动制动力，不仅使内外轮的轮胎负担均匀，前后载荷移动引起的转向特性变化也得以控制。

驱动力相对于路面 μ 而言较大时，容易引发驱动侧滑。图 3-23 所示为在雪地上时，不同驱动方式车辆自匀速环行转向状态下紧急加速 1s 后，纵向加速度与横摆率变化的比较结果。图中可以看出，车辆在摩擦系数低的路面上，加速旋转时的动作受驱动方式支配。前轮驱动车辆呈现不足转向倾向，后轮驱动车辆呈现过度转向倾向。四轮驱动车（4WD）上，前后的驱动力均等，车辆特性变化小。电子控制 4WD 可自动控制前后轮间的约束力，车辆特性设定的自由度更为扩展。驱动力控制系统（TCS）可防止过大的驱动侧滑，是有效制约驱动侧滑时转向特性变化的手段。

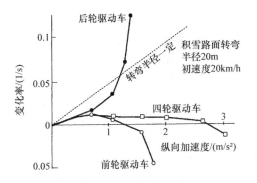

图 3-23　比较不同驱动方式加速转向时的车辆特性

转向加速时，在高输出功率的前轮驱动

车上，转向力的变化即汽车偏转这一车辆特性需要特别注意。转向力变化主要是由绕主销轴线转动的左右力矩差异引起的。左右力矩差异则是由差速器齿轮摩擦等直接导致的驱动力左右差与驱动轴的万向节夹角引起的二阶力偶构成的。通过缩短车轮中心上的主销内倾量，或使驱动轴左右等长，可制约前轮驱动力对转向力的影响。

3.4.2　转向制动时的车辆特性

从事故回避性能这一点上看，应该重视车辆在转向与制动复合输入时的特性变化。评价方法主要有在旋转半径固定的路线上，从稳态旋转状态迅速施加制动力，评价停车距离与修正转向盘转角的闭环试验，以及从转向盘转角固定的匀速环行状态施加一定的制动力，评价车辆特性的开环试验等。

图 3-24 所示为转向制动时，制动操作 1s 后的横摆率相对侧向加速度与纵向加速度的变化。针对转向制动，应留意车辆在高侧向加速度旋转过程中缓制动时被卷进旋转路线内侧的动作及强制动时的滑出动作。强制动区间内的滑出主要是因为四轮抱死，轮胎失去侧抗力，ABS 可确保此时的性能。另外，缓制动区间稳定性下降的主要原因是前后轮的侧抗力随载荷从后轮向前轮转移而增减，制动力引起定位变化，制动力引起向内旋转的自动回正力矩等。除车辆基本规格参数与轮胎特性之外，制动力分配与悬架特性也会影响到转向缓制动的车辆特性。

如果制动力的前后分配侧重前部，则可抑制后轮侧向力随制动力下降的现象，提升车辆稳定性，而如何权衡其与减速性能的关系是一个重要课题。制动力的左右分配控制效果很明显，若根据内外轮的接地载荷进行制动力分配，可抑制后内轮的侧向力下降与因制动力左右差产生的回转向力矩，提升稳定性。LSD 会限制左右间的车轮差动，不仅具备控制驱动力左右分配的功能，还具备控制制动力左右分配的功能，对转向制动时的车辆稳定性颇具效果。图 3-25 所示为应用电子控制 LSD，令后轮的左右制动力分配设置成为接近载荷分配的情况下，车辆的转向制动动作。

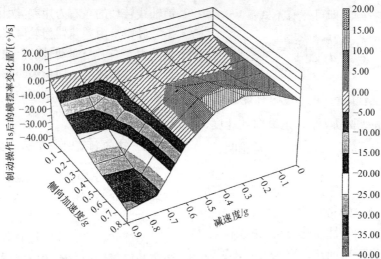

图 3-24　转向制动时的车辆特性

整理制动 1s 后横摆率相对纵向加速度、侧向加速度的变化，
侧向加速度大时，0.2～0.4g 缓制动时，有些区域的横摆率增大

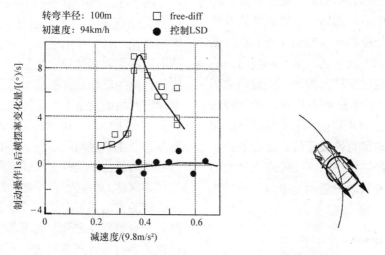

图 3-25　制动力左右分配对转向制动性能的影响

LSD 限制左右轮之间的差动，制动时转向外轮的制动力相对内轮增加，
产生向外力矩，转向缓制动时的横摆率增大得以控制

　　借助悬架特性提升转向制动稳定性的策略中，务必要考虑它与其他性能之间的冲突。为提高转向响应稳定性，而把后轮的侧倾不足转向设置过大，转向制动时，后轮因回调行程，束角变化使得侧向力降低，此时，如图 3-26 所示，后轮的侧倾不足转向越小，转向制动稳定性得到提升。从降低后轮定位变化角度考虑，需要抑制后轮悬架行程，这样抗上浮率会增加，瞬态载荷转移变快，有时反而无法取得预期效果。悬架的柔性偏向特性是根据制动力把前轮设置成负前束、后轮设置成正前束，这利于转向制动稳定性，但是会影响车辆车左右摩擦系数不同的路上的直行制动稳定性。

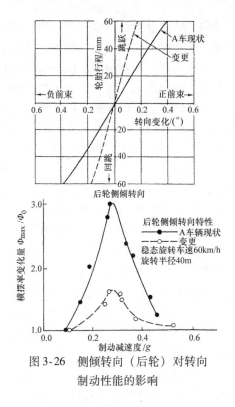

图 3-26　侧倾转向（后轮）对转向
制动性能的影响

3.4.3　制动驱动时的车辆姿态

车辆在加减速时的俯仰与上下运动等姿态变化同转向时侧倾姿态一样，对驾驶人的主观感觉影响极大。图 3-27 所示为针对制动时的车辆姿态变化，调查了对于驾驶人而言，最理想特性的事例。

采用的方法是使用独立主动悬架，分别独立改变纵摆角、车高，调查其与主观感觉的对应情况。调查结果表明大多数参与者表示纵摆角小，并且为适应减速力稍许降低车高度时，车辆具有减速感且易于控制，表现最佳。车辆在加减速下的姿态变化，通过设定车辆测试时的侧倾瞬间中心（抗前俯率、抗上浮率），能够控制车辆在加减速下的姿态变化（参考第 5.2.5 节）。

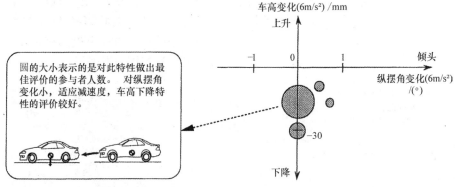

图 3-27　制动时车辆姿态变化与驾驶人感觉关系的研讨

3.5　极限附近的运动性能

从主动安全角度考虑，应该关注为规避障碍物进行紧急操作与路面摩擦系数下降等所引起的轮胎接地极限，以及车辆在驾驶人极限操作时的运动。

3.5.1　转向与转向的极限性能

车辆运动的转向极限依存于轮胎侧向力接地极限，只要前后轮其中一方的轮胎产生的侧向力达到摩擦椭圆半径（最大摩擦系

数），车辆就难以稳定回转。如果前轮达到接地极限，即使增大转向盘转角，转向半径也不会再变小，此现象称作过度转向。

另外，如果后轮达到接地极限，车身侧滑角剧增，车辆会向内打转，此现象称作不足转向。有人曾针对前后轮接地极限的条件，研讨轮胎侧向力的非线性特性，着眼于前后轮可能发生的侧向加速度，作过详细解析。在这里为便于理解，将试着利用线性 2 轮模型对其进行简化。在线性 2 轮模型中，输入转向角时，后轮侧滑角 α_r 相对前轮侧

滑角 α_f 的传递函数可表达为下式：

$$\frac{\alpha_r(s)}{\alpha_f(s)} = \frac{\dfrac{C_f}{C_r}}{1 + \dfrac{l}{V}s + \dfrac{l}{C_r g}s^2} \quad (3\text{-}27)$$

为力求简单，假设标准化横摆转动惯量 $I_n = 1$，如图 3-28a 所示，轮胎特性可由侧抗系数 C 与最大摩擦系数 μ 来决定。用 2 条折线近似表现出来，侧向力极限的侧滑角是前轮为 $a_f = \mu_f / C_f$，后轮为 $\alpha_r = \mu_r / C_r$，后轮与前轮的侧向力极限率的比值如式（3-29）：

$$\frac{\alpha_r(s)/\alpha_r}{\alpha_f(s)/\alpha_f} = \frac{\dfrac{\mu_f}{\mu_r}}{1 + \dfrac{1}{V}s + \dfrac{l}{C_r g}s^2} \quad (3\text{-}28)$$

传递函数的稳态增益 G_{0a}、固有频率 ω_{na}、衰减比 ζ_a 可用下式来表示：

$$G_{0a} = \frac{\mu_f}{\mu_r} \quad (3\text{-}29)$$

$$\omega_{na} = \sqrt{\frac{C_r g}{l}} \quad (3\text{-}30)$$

$$\zeta_a = \sqrt{\frac{l C_r g}{2V}} \quad (3\text{-}31)$$

转向力输入过大时，从式（3-28）的传递函数增益大于 1 或小于 1 能够判断出前后轮哪一方会先达到接地极限。稳态极限动作表现为过度转向或不足转向取决于稳态增益 G_{0a}，即前后轮的最大摩擦系数。式（3.3）表明线性稳态旋转时的不足转向、过度转向特性取决于前后轮的侧抗系数。两者本质上不同，注意切勿混同。也就是说，线性区域的旋转特性在 $C_f < C_r$ 时是不足转向，$C_f > C_r$ 时是过度转向。极限动作在 $\mu_f < \mu_r$ 时是过度转向，$\mu_f > \mu_r$ 时是不足转向。不言而喻，C_f、C_r、μ_f 和 μ_r 是基于悬架特性的等效前后轮侧抗系数和最大摩擦系数。通常多数车辆倾向于后轮的摩擦系数 μ_r 大于前轮的摩擦系数 μ_f，后轮先达到极限呈现过度转向。后轮先达到极限的条件是 ζ_a 变小时即增大高速时 ω_{na} 附近的转向频率。图 3-28b 所示为在车速与转向频率范围内，施加周期性的转向时，前后轮哪一方先达到侧向力极限。高速时快速回打转向盘，后轮容易先达到接地极限，在旋转中的一个方向上追加过量转向时，前轮容易先达到接地极限。

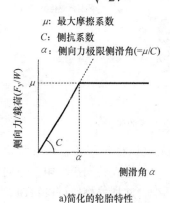

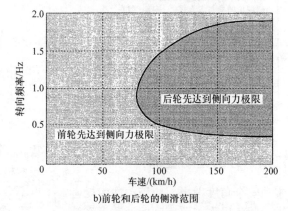

a)简化的轮胎特性　　　　　　b)前轮和后轮的侧滑范围

图 3-28　动态转向时的极限动作分析

侧向力－力矩方框图是理解稳态转向极限特性的有效表现方法。图 3-29 所示为利用 4 轮平带室内试验机的分析事例。方框图中以前后轮的侧滑角为参数，表明可能产生的侧向力与横摆力矩的关系。横轴与前后轮的侧向力极限曲线之间的交点是极限侧向加速度，通过与前或后的交叉情况，可知稳态旋转时的车辆极限动作表现为过度转向或不足转向。假如图形的纵长上极限曲线间隔宽，那么车辆的控制幅度宽，抗外部干扰能力也强。

利用状态平面解析，易于理解瞬态的极

限稳定性。针对"横摆率与侧滑角""前轮侧滑角与后轮侧滑角""侧滑角与侧滑角速度"等车辆运动状态中的 2 个状态量,在平面上取 2 轴,调查其状态轨迹。瞬态的极限车辆特性很大程度上依赖于轮胎侧抗特性,细微的特性差别也会对车辆特性产生巨大的影响。图 3-30 所示为对轮胎侧抗特性不同的 2 种轮胎,在高速时施加正弦转向时车辆状态轨迹的计算结果。利用侧滑角对侧抗力偏微分得出的值定义为扩展侧抗刚度,若轮胎相对此侧滑角变化极大,车辆特性变化也容易变大。最大摩擦系数是影响极限性能的轮胎特性,尚且无法认定为是决定性的特性,不过站在极限特性的立场上,此扩展侧抗刚度的变化确实是不可忽视的重要因素。

从事故规避性能方面来看,把握人-车系统的极限特性极为重要。多通过蛇行行驶试验与双车道变线等规定路线的闭环试验来评价。有时为调查驾驶人在紧急情况下的操作,会事先预设好不为驾驶人所知的障碍物突现装置,进行试验。

理论上,车辆特性应能实现接地极限高、动作变化平稳、控制性好,且极限易于预知。车辆运动性能主要取决于车辆的基本规格与轮胎的接地力,因此,车辆合理的基本参数与轮胎特性至关重要。此外,稳定控制系统通过 4 轮驱动力的主动制动控制与发动机输出控制,对车辆直接附加横摆力矩与减速力,有效制约了转向极限附近的侧滑。

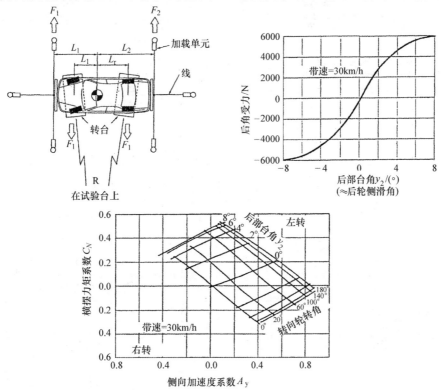

图 3-29 侧向力-力矩方框图的实际测量

3.5.2 低摩擦路面上的运动性能

图 3-31 所示为测量驾驶人在郊外路行驶时所产生加速度的事例,该事例中的加速度在 $3m/s^2$ 左右。干燥柏油路上,轮胎的接地力颇为充裕;冰雪路与高速湿路面等环境下,路面摩擦系数降低,轮胎接地力与行驶状态容易迫近。图 3-32 所示为水膜厚度对轮

汽车运动性能技术

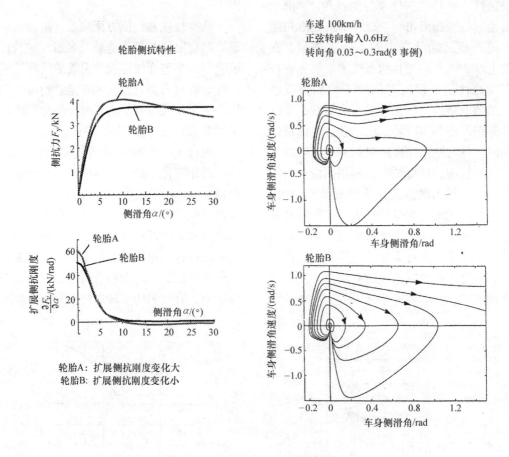

图 3-30　极限转向时的车辆响应

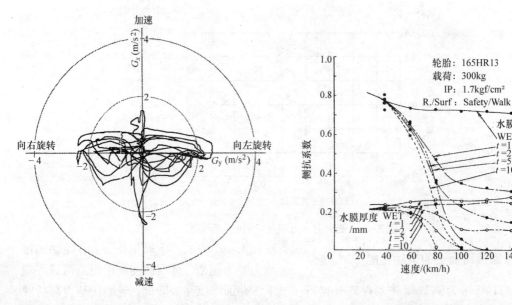

图 3-31　一般行驶时产生的车身加速度的测量事例

图 3-32　水膜对侧抗系数的影响

62

胎的侧抗系数以及最大侧向力系数（最大侧滑摩擦系数）的影响事例。高速行驶时，若水膜变厚，轮胎的接地力会急速下降，最终出现水膜效应。这种情况下，车辆运动性能很大程度上受制于轮胎的湿路面接地性能与排水性能。一般情况下，提升轮胎的湿路面接地性能与排水性能同降低滚动阻力与车外噪声等相互冲突，应该综合考量权衡，确保轮胎特性。

在湿路面与冰雪路面等易滑路面上，ABS 与 TCS 等抑制车轮纵向滑移的系统与抑制上述侧滑的稳定控制系统会更容易营造出易于车辆运动的环境，发挥出极大的作用。图 3-33 所示为在易滑路面上，侧方突现障碍物的双车道变线试验中，对各轮独立施加制动力，直接横摆力矩控制对车辆极限动作变化的抑制效果。

a) 无控制　　　　　　　　　　b) 4轮独立制动控制

图 3-33　假设进行紧急规避的双车道变线（湿路面）

[山 本 真 规]

参 考 文 献

[1] 古川修：運動力学的観点から見た操安性評価項目の体系化，自動車技術，Vol.38, No.3 (1984)

[2] 馬場文彦，鷲山達也，村山武美：ばね共振法車両慣性モーメント計測装置，自動車技術，Vol.49, No.3 (1995)

[3] W. Langer; Durability testing with Flat Surface Roadway Technology, IPC-8 Proceedings 9530977

[4] 原田宏：サスペンションおよびステアリング系のコンプライアンスを考慮した操安性理論，トヨタ技術，Vol.27, No.3 (1977)

[5] M. Mitschke: Dynamik der Kraftfahrzeuge, Springer Verlag (1971)

[6] 山本真規：予防安全のための車両運動性能について，自動車技術，Vol.47, No.12 (1993)

[7] 入江南海雄，芝端康二：リヤサスペンション特性が操安性向上に及ぼす影響，自動車技術，Vol.39, No.3 (1985)

[8] 安部正人：自動車の運動と制御，山海堂 (1992)

[9] W. Lincke: Simulation and Measurement of Driver-Vehicle Handling Perfomance, SAE Paper 730489

[10] D. H.Weir, R. J. Dimarco: Correlation and Evaluation of Drive/Vehicle Directional Handling Data, SAE Paper 78010

[11] 上原繁，白石修治，樋口実：ドライバフィーリングと操安性の関連，自動車技術，Vol.41, No.3 (1987)

[12] 酒井英樹，佐藤幸治：複素コーナリングパワーとその応用，自動車技術会 No.9311 シンポジウム AVEC'93 前刷集 (1993)

[13] 野崎博路：パワーステアリング付車のステアリング系剛性とステア特性について，自動車技術会論文集，No.30, Jun. (1985)

[14] 黒須高幸，鈴木健一：1Box車，RVの操縦安定性・乗り心地について，自動車技術，Vol.48, No.12 (1994)

[15] 宮田進：ジャッキングエッフェクトに関する考察，日産技報，第4号 (1968)

[16] Adam Zomotor: Fahrwerktechnik Fahrverhalten, Vogel (1987)

[17] トヨタのシャシーテクノロジー，Press Information (1993)

[18] Y. Hisaoka, M. Yamamoto, H. Fujinami: A Study on Desirable Steering Responses and Steering Torque for Driver's Feeling, Proceedings of AVEC'96 Symposium (1996)

[19] 前田和宏，酒井英樹：高速走行時の車両安定性に与える空気力学特性の解析，自動車技術会論文集，Vol.26 No.3 (1995)

[20] T. D. Gillespie: Fundamentals of Vehicle Dynamics, SAE Inc. (1992)

[21] M. Sanayama, K. Kobayashi, Y. Satoh, S. Awazu: Improvement of Ride Comfort on Motorway, IPC-8 Proceedings 9530977

[22] 三浦登，福田水穂：自動車設計と解析シミュレーション，培風館 (1990)

[23] 野沢孝司，鳥谷和史：FF車マイクロシェイクの解析，自動車技術会学術講演会前刷集 902268

[24] 田中忠夫，原徹，玉井裕之：乗用車の路面外乱安定性の評価方法について，自動車技術，Vol.45, No.3 (1991)

[25] 加藤康之，原口哲之理：轍路における制動時ハンドルとられ感の改善，自動車技術，Vol.48, No.12 (1994)

[26] 芝端康二，島田和彦，泊辰弘：ヨーモーメント制御による車両運動性能の向上について，自動車技術，Vol.47, No.12 (1993)

[27] 美辺暾，橋本利幸，山本真規：四輪駆動車の操安性について，自動車技術，Vol.40, No.3(1986)

[28] 山口博嗣，松本真次，井上秀明，波野淳：旋回制動時の車両安定性向上について，自動車技術，Vol.45, No.3 (1991)

[29] 田中亮，山本真規：左右輪間の差動制限による車両運動性能の向上，自動車技術会論文集，Vol.26, No.3 (1995)

[30] 小笹原哲，村田誠：旋回時の制動性能について，自動車技術，Vol.41, No.3 (1987)

[31] H.Sakai : Theoretical Consideration of Relation of Rear-Wheel Skid to Steering Inputs,SAE paper 970378

[32] 御室哲志，間所邦夫，安永弘道，鈴木聡明：室内試験機の検討，自動車技術会学術講演会前刷集 912153

[33] 山本真規：横すべり抑制のための車両安定性制御システム，自動車技術会 No.9602 シンポジウム，タイヤ-車両系の最新技術前刷集 (1996)

[34] 酒井秀男：タイヤ工学，グランプリ出版 (1987)

第4章　转向系统与车辆运动性能

转向系统一般具备两大功能：一是按照驾驶人的意图与操作，决定前轮的转向角，控制车辆运动；二是作为转向反作用力，将轮胎与车辆的运动状态反馈给驾驶人。这些功能的关联系统以及规格主要有轮胎的各类特性、与前悬架的转向主销轴相关的各特性、动力转向系统的转向反作用力特性与柔性特性等。在运动性能日益提升的今天，后悬架的各类特性与车身的刚性等涉及的影响也不容忽视（表4-1）。在现阶段，尚无法

表4-1　车辆性能与零件规格的关系

零件规格	车辆性能										
	转向力			车辆的操纵性/稳定性							
	转向盘操作力	行驶时的转向反作用力	转向复原性	转向响应性	稳定性	US/OS特性	制动时方向稳定性	转向性	直行性	游动性能	反冲特性
前悬架											
转向主销相关规格											
后倾拖距	◎			◎	○	○		○	◎	○	
主销后倾角		○	○	○	○	○		○	◎	○	
接地点的转向主销内置量等	◎						◎		○	○	
车轮转向主销内倾内置量										○	○
阿克曼特性			◎					○			
刚性/柔性											
转向系统的刚性		○		◎	◎	◎	◎	◎	○	○	○
悬架系统的刚性		○									
动力转向的规格	◎	◎									
轮胎特性	○	○	○		○	○	○	○	○	○	○
后悬架刚性/柔性											
车身刚性	○	○			○						

系统地阐明这些关系，但随着近年来仿真技术的进步及人－车系统解析技术的发展，今后解析技术会日趋先进。

本章中，首先讲解转向系统与转向力特性、车辆运动性能，再阐述现在乘用车常用的动力转向系统，进而阐明转向系统几何学与车辆运动性能的关联性。

4.1　转向系统与转向响应/转向反作用力

4.1.1　概要

转向系统的特性是指转向系统的刚性与动力转向系统的特性，直接关系到前轮的柔

性偏向特性等，对车辆的不足/过度转向特性（US/OS 特性）与车辆的转向响应性有极大影响。也就是说，如果转向系统的柔性增加，车辆就会呈现不足转向，转向的横摆率增益也会变大等，车辆转向响应性变差；相反，如果转向系统的刚性增大，路面的外部干扰与振动的传递就会变大，对车辆舒适性而言并不理想。哪怕只是改变转向系统的辅助特性，因等效的逆输入，转向刚性有所变化，故需要遵照车辆的特性，权衡操纵性与舒适性，调校转向系统的特性。

另一方面，转向系统把轮胎与车辆运动状况等转向反作用力传递给驾驶人，负责人 – 车系统的部分反馈系统。驾驶人基于高速低侧向加速度行驶时以转向反作用力作为控制输入的控制力，高侧向加速度转向区域内以转向盘转角作为控制输入的角度控制这一原则，进行车辆控制操作。在驾驶人控制车辆运动中，转向反作用力特性的作用至关重要。在调校转向系统的特性时，必须高度重视这些转向反作用力特性。

4.1.2　理想的转向响应/转向反作用力特性

下面，对各种工况下转向感觉上理想的转向反作用力特性与实车对应情况实例进行说明。

在低速、低侧向加速度区间内，适度的操作性（轻重度与总转向角）、转向复原性（低速复原性）很重要。人们期待用更小的转向角实现最小转弯半径要求的最大轮胎转向角。减小转向比，高速行驶时车辆的转向增益提升，会影响车辆的直行性、稳定性，为此，实际确定总转向比时会更多地考虑高速直行时的转向响应特性。降低低速时的转向力，主要以降低停车操作转向盘时的转向力为目标，设定动力转向系统的载荷能力，予以实现。车辆稳定性高的 4WS 车辆的总转向比设置得稍小于普通的 2WS 车辆。近年来，可变比率齿轮不断被应用，它可改变

转向器齿轮的直行与大转向角的齿轮比。利用可变比率齿轮，可保持直行时的适度总转向比，且降低大转向角区域的总转动角。在设计初期就应考虑如何通过转向主销轴线布置与横拉杆轴线布置，调整方向盘的回正性。

在车速比较高的高速低侧向加速度区间内，要重视车辆转向的响应正确性、车辆的直行性、外部干扰稳定性、转向力的响应性等项目。最为理想的是直行性良好、转向中心清晰、车辆运动与转向力的发生权衡得当、路面的外部干扰输入被适度阻断。改变前悬架的规格、特性与动力转向装置特性时，变更后悬架的特性时，该区间的转向力特性也会变化，为此要求微妙地调整与设定。

中高侧向加速度转弯时，从转向反作用力感知车辆的旋转侧向加速度与轮胎侧向力的大小、轮胎的接地情况尤为重要，为此，首先需要线性地感知车辆的旋转侧向加速度与转向反作用力。实际上，如图 4-1 所示，若数据上也是线性（图中 a 的特性），在高侧向加速度区间内，类似图中 b 的特性，转向感觉过于沉重，因此将动力转向机构的特性设定为当转向反作用力随着侧向加速度而趋于饱和（图中 c 的特性）。图中 d 的特性为在高侧向加速度区间，可感到转向反作用力较为轻盈。

特别是在高速低侧向加速度区间，测量驾驶人所感受到的转向反作用力数据并非易事。近期的转向力分析案例主要有：以平衡横摆角速度时间定值 T_r 与侧向加速度时间定值 T_y 为出发点，通过主观评价明确车辆响应性与车辆响应可靠感的指标（图 4-2）；转向反作用力时间定值 T_s 与车辆的转向响应性相对应，最优时间定值 T_s^* 与专业人员评价感觉极佳时相对应，若车辆响应变差，则需减少转向力迟滞，同时相比侧向加速度时间定值 T_y 而言，横摆角速度时间定值 T_r 越小、转向反作用力时间定值 T_s 越大则越

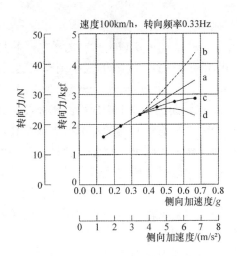

图 4-1　侧向加速度 - 转向力特性

好（图 4-3）。

在 $-1 \sim 1 N \cdot m$ 的范围。

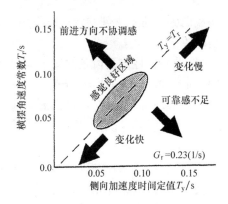

图 4-2　转向响应特性与感觉

驾驶人感受到的转向感分为"手感""转向盘回位感"和"转向力矩相位滞后感" 3 类。图 4-4 所示的解析事例验证了从蛇行行驶转向时的转向力曲线解读出的特性值与各种感觉是相对应的，其中 MA 是转向角，MT 是转向力矩，LA 是侧向加速度。表示手感的代用特性值为 $MA = 0$ 时的 MT 值①，表示转向盘回位感的代用特性值为 $MT = 0$ 时的 LA 值②，表示转向力矩相位滞后感的代用特性值为 $MA = 0$ 时的 MT 值与 $LA = 0$ 时的 MT 值之差（① - ③）。各代用特性值的合理取值是手感的特性值①在 $1 \sim 2 N \cdot m$，转向盘回位感的特性值②在 $0.10 \sim 0.13 g$，转向力矩相位滞后感的特性值（① - ③）

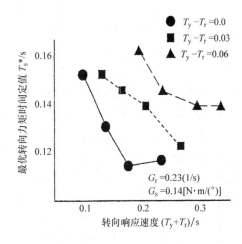

图 4-3　转向响应与最优转向力矩时间定值

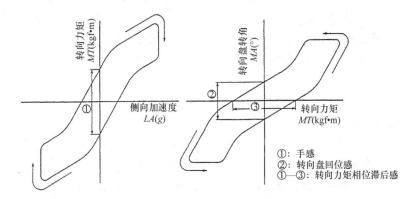

图 4-4　转向盘手感代用特性

67

4.1.3 转向反作用力的构成要素

构成驾驶人所感觉到的转向反作用力要素主要取决于:

1) 转向横拉杆以及齿条的输入。

2) 动力转向装置的助力特性。

3) 转向装置以及转向柱轴部的特性。

可分别整理如下:

1. 转向齿条的输入

打转向盘时,轮胎转矩与车重、轮胎的接地面反作用力、悬架侧的摩擦、轮胎及车轮的惯性力等通过转向横拉杆传递至轴向齿条。

转向齿条的输入主要有包含车辆停止在内的低速行驶时轮胎转向转矩与车重引发的所有举升力矩,以及从常规行驶到高速行驶时轮胎的接地面反作用力的影响。

(1) 打转向盘力矩 在车辆静止状态时转动车轮,轮胎作为弹性体会扭曲变形,之后整个接地面开始滑动,这时的力矩称为打转向盘力矩,会受接地载荷的影响,同时受轮胎气压的影响也很大,胎压低则打转向盘力矩变大。转向系统受到的转向力矩中,打转向盘力矩是最大的,而动力转向系统的最大助力能力也是以降低打转向盘时的转向力为目标设定的。打转向盘力矩随着车辆行驶过程中的轮胎转动而迅速变小,除极低速时以外,对行驶时的转向力无过多影响。

(2) 举升力矩 转向主销轴线相对车身固定,转向时车轮中心相对车身(转向主销轴线)在垂向上会发生相对位移。轮胎外倾角随转向操作而变化,车轮中心高度相对接地面而变化,因而,车身随着转向相对接地面上下运动,这时与势能增量相当的举升力矩作用在转向系统上。举升力矩对低速行驶时大转向角区域的转向复原性贡献极大。如果 θ 表示转向时的转向角,$\delta_o(\theta)$ 表示外轮侧车身举升量,$\delta_i(\theta)$ 表示内轮侧车身举升量,m_f 表示前轴簧上质量,势能增

量 U 则有表达式:

$$U = m_f g [\delta_o(\theta) + \delta_i(\theta)] \quad (4-1)$$

转向时的举升力矩 $T(\theta)$ 的大小则有表达式:

$$T(\theta) = \mathrm{d}U/\mathrm{d}\theta \quad (4-2)$$

(3) 侧向力、纵向力等轮胎输入 经由轮胎输入至前轮的力,全部换算成绕转向主销轴线转动的回正力矩后再合计,与转向臂半径相除后得出传递至转向横拉杆上的力及传递至转向齿轮的力。对作用在轮胎上的力及绕转向主销轴线转动的回正力矩的关系进行梳理,则有:

基于接地点侧向力 F_y 的回正力矩 M_y:

$$M_y = -F_y r_\tau \cos(\tau) \quad (4-3)$$

基于接地点纵向力 F_{xg} 的回正力矩 M_{xy}:

$$M_{xy} = -F_{xg} r_\sigma \cos(\sigma) \quad (4-4)$$

基于车轮中心纵向力 F_{xw} 的回正力矩 M_{xw}:

$$M_{xw} = -F_{xw} q_\sigma \cos(\sigma) \quad (4-5)$$

基于车轮中心垂向力 F_z 的回正力矩 M_z:

$$M_z = -F_z q_\tau \sin(\sigma)\cos(\tau) - F_z q_\sigma \sin(\tau)\cos(\sigma) \quad (4-6)$$

记号以及符号与图4-5所示的转向主销几何学相关参数相同。在这里,与纵向力和垂向载荷有关的回正力矩在左右轮上方向相反,力传递至转向系统时,需要考虑并处理左右轮上的相抵问题等。

2. 动力转向装置的辅助力

动力转向装置的辅助力主要传递至转向齿轮,余力传递至转向盘。调节助力转向系统可获得各种转向反作用力特性,后文会予以详细讲解。

3. 转向柱的摩擦与惯性力

从悬架传递至转向盘的力加上转向柱的摩擦与惯性力的效果构成了驾驶人所感知到的转向反作用力。转向柱与转向盘的惯性、摩擦有助于降低转向盘反冲等外部干扰输入,对打转向盘、转向盘回正时的转向感觉(轻重)、手感也影响较大。

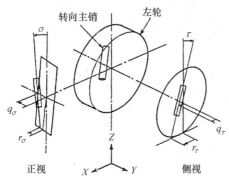

图 4-5　转向主销的几何结构

σ—转向主销倾角　τ—主销后倾角

r_σ—接地面转向主销内倾置量（磨胎）

r_τ—接地面主销后倾前置量（后倾拖距）

q_σ—车轮中心转向主销内倾内置量

q_τ—车轮中心主销后倾前置量（左轮时，图示全为正）

4.2　动力转向装置与转向力特性

接下来将简单阐述动力转向系统的机构与作用，其直接关系到转向力特性。

4.2.1　动力转向装置齿轮箱、控制阀

现在，轻量低成本且高刚性的齿轮齿条式转向装置成为乘用车上转向系统的主流形

式。对于动力转向装置而言，液压式系统是主流，动力转向机构与转向器采用一体式设计。在行星轮与转向轴的连接处设有控制阀，将此处产生的压力引导至齿条上的液压室，获得助力（图4-6）。

控制阀形式有结构精简且成本性极佳的扭杆反力型转阀与易于设定反力特性的液压反力型阀。液压系统的工作原理如图4-7所示。当无转向力矩输入时，转向油泵泵出来的工作液仅循环，而不产生助力。当有转向力矩输入时，扭杆扭转，工作液的流路集中，产生压力，在一边的齿条部分上产生助力。

转向力矩与辅助力（液压）的关系一般如图4-8所示。图中的A区是不产生助力的阀门盲区，若此盲区过小，即便是微小的转向力也会使得前轮转动，会让驾驶人感到转向响应过于敏感。依靠控制阀的倒角形状等调节图中 a – b 区间的上升特性，近年来，图中实线所示的直线性的上升特性得到青睐。图中 a 点附近具有倾斜上升的特性，会提升转向初始的刚性感，呈现出张弛的转向。并且，调低扭杆刚性，助力曲线整体宽度变窄，转向会变得更为轻盈。

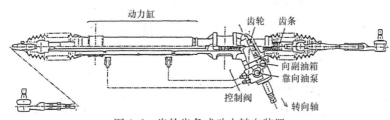

图 4-6　齿轮齿条式动力转向装置

理想的状态是低速时转向力轻盈，高速行驶时转向力具有适度的沉重手感。低速时要求动力转向装置的助力大，高速时要求动力转向装置的助力小。设计时可以利用电子控制，按照车速调整阀门特性，改变转向力矩与助力的关系。搭载灵敏度型可变阀门的速度感测式动力转向系统也已经投入使用。

4.2.2　油泵系统

油泵的作用是提供液压来供油液流动，

叶片泵是主流形式。油液的流量也会改变动力转向系统的助力，可利用流量调节阀来调整流量。

目前，低速时油液流量多，高速时油液流量少，转向力特性相对车速变化的流量控制方式的动力转向装置现已实现商品化。

4.2.3　动力转向装置新技术

在电动泵式液压动力转向装置中，油泵的驱动源已经实现电动化。其主要特征是油

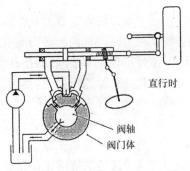

直行时

阀轴

阀门体

转向力为 0，即车辆直行时，PS控制阀拧紧部位全部打开，油液按照→标示的路径循环，无压力产生，因此动力缸不产生助力

动力转向装置的工作原理图(右转)

动力转向装置的工作原理图(左转)

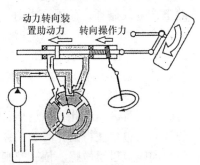

动力转向装置助动力　转向操作力

按照施加的转向力大小，阀轴向右转动，A部位的油路关闭，结果系统内的压力上升，此压力传递至配管，动力缸产生助力

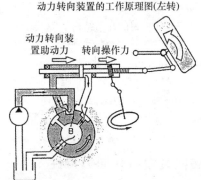

动力转向装置助动力　转向操作力

同向右转，若施加转向力，B部位关闭，产生左转的助力

图 4-7　动力转向系统的液压回路工作情况

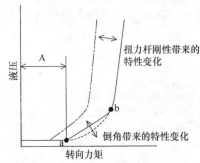

液压

A

扭力杆刚性带来的特性变化

b

a

倒角带来的特性变化

转向力矩

图 4-8　动力转向装置阀门的特性

泵系统的布置自由度高。

　　动力转向借助电动机产生助力，助力特性的设定自由度更高。

4.3　转向系统几何学与车辆运动性能

4.3.1　阿克曼特性

　　阿克曼特性是指内外轮转向角在大转向角区域有差值的特性。如图4-9所示，阿克曼转向几何学是指为避免极低速旋转时4轮

的转向角产生侧滑角，将内轮转向角设置为大于外轮转向角；平行转向几何学是指内外轮的转向角相等。因轮胎转向空间制约与转向传动机构的效率问题，轮胎的最大转向角存在极限，于是在阿克曼转向几何学里，外轮转向角小于内轮最大转向角，不易于减小最小转弯半径；另一方面，在平行转向几何学里，极低速旋转时，前轮带有侧滑角，转向复原性变差。对此权衡后，乘用车上内外轮转向角的差值多按照阿克曼原理设定为内外轮转向角差值的50%～70%。

　　另一方面，也有研究案例指出，借助更加趋于平行转向的内外轮转向角特性，可防止车辆在高侧向加速度区间的不足转向（图4-10）。

4.3.2　转向主销轴线相关参数与车辆运动性能的关系

　　转向主销轴线相关参数有主销后倾角和

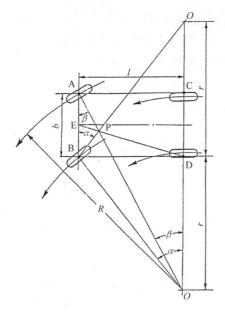

图 4-9 阿克曼转向

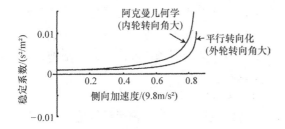

图 4-10 左右轮转向角差异对转向性的影响

后倾拖距，它们不仅决定转向时的前轮定位变化，同时也是决定轮胎力传递至转向系统时传递特性的重要参数。图 4-5 所示为各参数的定义，下面，概述一下各个参数与车辆运动性能的关系。

1. 后倾拖距 r_τ

后倾拖距令轮胎产生的侧向力起到减少轮胎实转角的作用，是确保转向复原性以及车辆行驶时静态方向稳定性的重要参数。换言之，后倾拖距决定了轮胎上的侧向力在绕转向主销轴线转动时产生的回正力矩的大小。通常后倾拖距长，高速直行性提升，转向力变沉，转向系统的刚性感下降。乘用车多设定在 10～40mm 之间。近年来，某些车型增加了车轮中心主销后倾前置量，也有单

独进行后倾拖距与主销后倾角设定的案例。

若是用侧向力 F_y（使侧抗拖距从接地点向后方偏置 t_p）表示轮胎的侧向力 F_y 与自动回正力矩 SAT，则可用式（4-7）：

$$T_s = (r_\tau + t_p)F_y \qquad (4-7)$$

概算出绕转向主销轴线转动的回正力矩的大小，旋转时转向保持力的轻重受回正力矩 T_s 支配。

一般地，在轮胎侧滑角大的区域，SAT 会减少，若侧滑角进一步变大，SAT 会变为负值，这与侧抗拖距 t_p 减少进而变为负值等效。若后倾拖距 r_τ 小，则侧抗拖距 t_p 的变化容易体现为回正力矩 T_s 的变化。在高侧向加速度的区域，驾驶人一般会通过感知转向反力的"脱落感"，感知到轮胎的极限，通过设定小的后倾拖距 r_τ，可更好地将高侧向加速度区域的 SAT 变化反映到转向力上，更容易感知到轮胎的极限。

2. 接地面转向主销内倾内置量 r_σ（磨胎）

接地点转向主销内倾内置量决定转向时的轮胎滚动量，同时也是决定制动力，即接地点纵向力作用时绕转向主销轴线转动的回正力矩的量。从降低打转向盘的转向力角度考虑，有时会附加适度的接地点转向主销内倾内置量，以保证轮胎在转向时的转动，而随着动力转向装置的普及，接地点转向主销内倾内置量的绝对值设计呈现缩小趋势。特别是若接地点转向主销内倾内置量大，由于路面变化与 ABS 工作等，当左右轮的制动力出现差异时，左右轮绕转向主销轴线转动的回正力矩就会出现不平衡，致使转向保持力变化，再者受转向系统的柔性影响，会引起轮胎的实转角变化，也是干扰车辆行驶的原因。因此近年来，接地点转向主销内倾内置量绝对值多会设定在 20mm 以内。

3. 车轮中心转向主销内倾内置量 q_σ

车轮中心转向主销内倾内置量是决定车轮中心纵向力作用时，绕转向主销轴线转动的回正力矩的量。与车辆运动性能的关系有

带防滑差速器（LSD）前轮驱动车的内外轮驱动力差异引起的转向盘跑偏以及受到强烈外部干扰时的外部干扰稳定性（转向盘反冲）等。可通过减小车轮中心转向主销内倾内置量来降低上述现象的程度与发生的频率。图 4-11 所示为在车轮中心主销内倾内置量小的多连杆式悬架与车轮中心主销内倾内置量大的撑杆式悬架上，以负的转向工作量为指标，比较高速时路面外部干扰稳定性的试验结果。

如图 4-12 所示，引入所谓的双旋转轴式思路，即用 2 根梯形布置的连杆构成下臂系统与上臂系统，在该连杆的延长线上配置虚拟转向主销轴线，旨在降低车轮中心主销内倾内置量的悬架纷纷出现。在第 5.4 节中会举出相关事例。

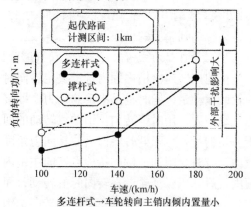

图 4-11 高速时的路面外部干扰稳定性

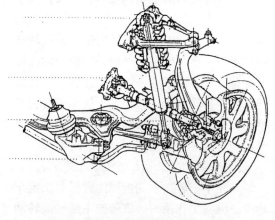

图 4-12 多连杆式前悬架（奥迪 A4）

4. 主销后倾角 τ

主销后倾角对车辆直行性的影响极大，一般认为主销后倾角越大，直行性越好。

转向主销倾角为 σ，转向 θ 时则产生转向外倾 $\gamma(\theta)$：

$$\gamma(\theta) = \theta\sin\tau + \theta(1 - \cos\sigma) \quad (4-8)$$

主销后倾角 τ 大，则可在转向时给予外轮（θ 为正向）负外倾，提高侧向加速度旋转时轮胎的接地性，提升车辆的旋转极限性能。

并且，主销后倾越大，打转向时的转向回正力矩，即所谓的举升力矩越趋于变小。

主销后倾角的大小一般是 $2° \sim 9°$，前轮驱动车一般比后轮驱动车偏小，其原因在于为降低转向时的驱动轴长度变化。在 FF 车侧视图上，转向主销轴设置为通过车轮中心附近；在后轮驱动车上为降低后轮旋转时载荷转移量，需要侧倾刚度分配倾向前轮，由于要力保前轮的接地外倾，需要附加主销后倾角。

5. 转向主销倾角 σ

转向主销倾角与车辆运动性能没有直接关系，但是存在以下影响。

若转向主销倾角大，在大转向角转向时，外轮、内轮外倾角都会朝正的一侧变化，车辆的旋转极限性能由此呈现出下降趋势，而举升力矩随着转向主销倾角的增加呈现增大趋势。在非虚拟转向主销轴线形式上，受布置上的制约，乘用车转向主销倾角多设定在 9° 到 14° 之间。

6. 转向横拉杆布置与束角变化特性

此项并非是与转向主销轴线有关的参数，但它会触及到前悬架的束角变化特性。车轮上跳行程的束角变化特性即侧倾偏向特性，对车辆的转向响应性影响极大，通常，在前悬架上，轮胎上跳时会设定为类似负前束的侧倾不足转向特性。

该车轮产生行程时的束角变化特性最好是相对于行程呈线性变化，如果非线性感强，则会让驾驶人感到车辆横摆（卷入弯道内侧的感觉）等不协调感。

为合理保证车轮运动时的束角变化特性，需要根据各种悬架形式的几何学条件，确定转向横拉杆的倾斜度与长度。图 4-13 所示为做出转向横拉杆的倾斜度与长度的图形，从几何学求解出双横臂式悬架上的上控制臂与下控制臂布置以及转向横拉杆内旋转轴或外旋转轴布置的事例。

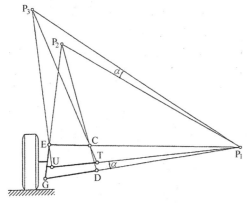

图 4-13　作图确定转向横拉杆布置

对于撑杆式悬架，若将转向齿条布置在较高位置上，转向横拉杆所需长度会变长，应加以注意。作为补偿技术，有些车型采用了转向器齿轮单元。

4.3.3　转向系统的柔性特性

通常，乘用车的转向系统的柔性特性是通过扭力杆、转向柱耦合器等实现的。该柔性特性是决定前轮的束角刚性、侧向力柔性偏向的主要因素。后倾拖距与侧抗拖距一般为正，在绕转向主销轴线转动时，旋转外轮上的侧向力起到负前束方向力矩的作用，使得前轮的侧向力柔性偏向呈现不足转向化，而该转向系统的柔性特性决定了它的大小。转向系统的柔性大，车辆呈现不足转向，车辆的响应性也下降。当 ABS 工作时，转向系统的柔性对纵向力输入时左右轮不平衡引起的束角变化与伴随的车辆方向稳定性也有着极大的影响。

另一方面，转向系统的柔性对于转向时

的车辆动作与转向力的响应性（例如"转向系统刚性感"）而言，是非常重要的特性。当驾驶人实施转向操纵后，前轮的转向角发生变化，产生轮胎力，车辆发生侧向运动，来自路面的反力传递至转向系统，在此过程中，一系列的响应会以转向的刚性感被驾驶人所感知。对于驾驶人而言，此刚性感是表现前轮相对转向实转角的随动性与轮胎反力传递正确度的指标之一，在高速行驶与高侧向加速度的运动型行驶中尤为重要。

4.4　其他与转向系统相关的车辆动作

下面将针对单侧倾斜流动、游动、偏离行驶等与转向系统关系密切的车辆运动进行阐述。

4.4.1　车辆跑偏

车辆进入匀速环行状态后，受路面倾斜与轮胎残余侧向力的影响，在无保舵力情况下，无法维持直线行驶的现象称为车辆跑偏（pull）。

可着眼于匀速环行时绕转动主销轴线回转的回正力矩的平衡，将车辆跑偏模块化，针对路面倾斜与轮胎的残余侧向力（NRCF）等进行灵敏度解析（图 4-14）。例如，若增大后倾拖距，与单向倾斜流动相关的路面倾斜的灵敏度会变大，若缩短后倾拖距，NRCF 的灵敏度会变大，应尽量平衡二者的性能以确定适宜的后倾拖距值。

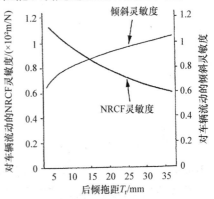

图 4-14　后倾拖距的影响

4.4.2　游动、偏离行驶

沿着路面的车辙行驶时，在车辙中振动性地扰乱车辆前进路线的现象称作游动。

车辆的轮距与悬架的规格、路面的形状、轮胎特性等对游动有着复杂的影响，难以系统地进行分析与试验。相关研究把路面形状做成简易模块（图4-15），导入描述车辆振动性动作的特性方程式，对游动现象进行分析，结果发现转向系统的刚性越高，后倾拖距越长，游动现象的稳定性就越高。图4-16所示是以制动时车辆向车辙明显的爬坡方向偏离行驶现象为例，梳理分析了此现象是否源于轮胎输入引起的绕转向主销轴线转动的回正力矩。分析以及试验结果显示，通过配置轮胎特性，实现外倾角作用下的轮胎接地载荷中心移动量变化小、转向反作用力的力矩小等，能够降低偏离行驶感。应在加深对高速道路车辆直行性重要度认识的同时，开展该领域的相关分析。

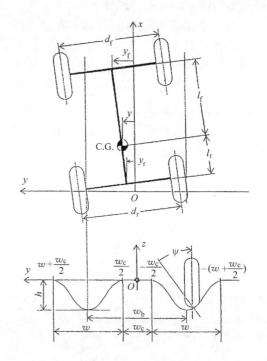

图 4-15　轮（轴）距的截面图

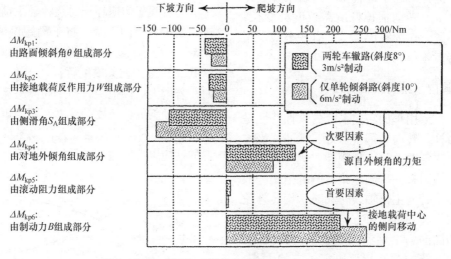

图 4-16　各力矩组成部分的比较：转向盘固定时

4.5　近期技术动向

下面简单介绍一下与车辆运动性能相关的转向系统的最新技术动向，特别是为了实现更加舒适且安全的驾驶，对转向系统与动力转向装置的智能化进行的各种尝试。

4.5.1　转向角控制

前轮基本上按照驾驶人的意图转向，主动控制前轮的轮胎转向角，抑制路面与侧风等外部干扰的影响，改善车辆的转向响应特性，可进一步提升车辆的主动安全性。

4.5.2 转向力控制

为提升人－车系统的能力，在转向力方面进行了各种尝试。

例如基于车辆的行驶工况与转向频率，利用模糊控制式电子控制动力转向系统（通过模糊规则决定最佳的转向助力量）与车辆模型，将预测的车辆运动状态反映在转向反作用力上，使得驾驶人更易于感知横摆率与侧向加速度等，达到提升操纵性的目的。也有人建议对各驾驶人的驾驶技能水平进行预测，采取相称的最佳转向力控制系统。

为使驾驶人感知自身的认知程度与外界轮胎气压等的变化，从主动安全的一面改变转向力等应用案例也值得考虑。

［笠原民良 宇野高明 村田诚］

参 考 文 献

[1] 藤波宏明ほか：操舵特性とドライバフィーリングの関係について，TOYOTA Technical Review, Vol.45, No.1 (May 1995)

[2] 佐藤博文ほか：操舵感に関わる操舵応答特性の考察，自動車技術，Vol. 44, No. 3 (1990)

[3] 宇野高明：車両運動性能とシャシーメカニズム，グランプリ出版(1994)

[4] 三好良ほか：可変バルブ感度型車速感応パワーステアリングシステムの開発，自動車技術会学術講演会前刷集，881 (1988)

[5] 山本真規：予防安全のための車両運動性能について，自動車技術，Vol. 47, No. 12 (1993)

[6] 田中忠夫ほか：操舵特性に関する一考察，自動車技術，Vol. 47, No. 12 (1993)

[7] J. Reimpell et al.: The Automotive Chassis: Engineering Principles, 4.6.3 p. 277

[8] 山田芳久ほか：カント路における車両流れの解析，自動車技術，Vol. 49, No. 12 (1995)

[9] 屋島広満ほか：タイヤ特性から見たワンダリング改良について，自動車技術会学術講演会前刷集，872101, p. 531-534

[10] 小池清隆ほか：わだち路面におけるワンダリング現象に関する研究第1報，自動車技術会学術講演会前刷集，912161, p. 1,169-1,172

[11] 永井正夫ほか：わだち路面におけるワンダリング現象に関する研究第2報，自動車技術会学術講演会前刷集，921025, p. 99-102

[12] 加藤康之ほか：轍路における制動時ハンドルとられ感の改善，自動車技術，Vol. 48, No. 12 (1994)

[13] 佐々木真司ほか：トラックのワンダリング現象解析，自動車技術会学術講演会前刷集，9305544, p. 101-104

[14] 西村浩二ほか：わだち路での自動車の挙動の解析，いすゞ技報，No. 78, p. 70-78 (1987)

[15] 見市善紀ほか：ファジー制御式電子制御パワーステアリング装置，特開平6-179372

[16] 伊藤健：操舵反力制御装置，特公平6-86218

[17] 浅沼信吉：車両操舵装置の制御装置及び運転技量推定装置，特開平7-47970

[18] 自動車技術ハンドブック 基礎・理論編 6章，p. 194 (1990)

[19] 同上 設計編 8章，p. 527

[20] 自動車工学全書（11巻，山海堂(1980)）

第 5 章　悬架与车辆的运动性能

5.1　悬架的功能

5.1.1　悬架的基本功能

悬架是车身与车轮的连接机构，它使车轮相对于车身只在垂向上运动，而在其他方向上保持固定。悬架具备下述 3 项基本功能：

1. 降低车身所受激励，实现舒适乘坐性能

悬架最基本的功能是应对凹凸不平的路面，使车轮在垂向上产生行程，减缓车身所受激励。无悬架的车辆，不仅垂向振动大，使人不舒服，车身各部位也会产生大的应力，易产生龟裂。

2. 抑制轮胎接地载荷的变化，实现稳定行驶性能

如果路面是纯粹的几何学平面，那么 4 个车轮胎会以均等的载荷接地，但是现实中路面并不平整，无悬架车辆的 4 个车轮无法同时均等接地，行驶在起伏路面时，轮胎的接地载荷变动随车速增高而增大。各轮胎确确实实地接地是车辆实现转向与制动等运动性能的基础。悬架则具有抑制轮胎接地载荷变动、实现稳定行驶性能的功能。

3. 在纵向力与侧向力作用下，保持车轮的稳定性

悬架在轮胎驱动力、制动力等纵向力与转向侧抗力等力的作用下，能够保持并且定位车轮。

5.1.2　悬架的具体结构与辅助功能

为实现上述基本功能，悬架由定位车轮的"导向机构""弹性元件"及"减振器"

组合而成（图 5-1）。进一步详细优化悬架基本结构后，其又具备了下述辅助功能。

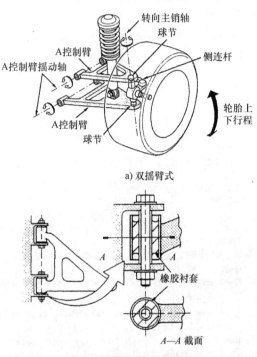

a) 双摇臂式

b) 控制臂摇动轴部的橡胶衬套

图 5-1　悬架结构事例

1. 降低来自路面的冲击、振动和噪声

实际的悬架结构中，多是在连杆摆动轴上使用橡胶衬套，并通过扭转实现承载功能。橡胶衬套的弹性与衰减能够降低传至车内的轮胎噪声等振动及噪声。车辆通过道路的突起时，不仅垂向会受到激励，纵向也会受到激励，而橡胶衬套的弹性可使悬架向后方弯曲，降低冲击。

2. 优化前轮的定位变化，实现卓越的操纵稳定性

束角、外倾角等前轮定位参数在悬架产生运动与轮胎受到外力时会发生变化。变化

特性由连杆配置的几何学结构要求（悬架几何学结构）与连杆衬套的刚性所决定。前轮定位的变化会使轮胎上的侧抗力与外倾横向推力发生变化，极大程度地影响了操纵稳定性能。优化悬架几何学结构与连杆衬套刚性，可实现最佳的前轮定位变化，提升操纵稳定性能。

3. 抑制动态车辆的姿态变化，实现稳定的运动性能

设定悬架几何学结构，可控制制动时的首倾（车头下扎）与举升、起步时的尾倾（车尾下坐）、转向时的侧翘与侧落等动态车辆姿态变化。应优化车辆动态姿态的变化，实现稳定的运动性能。

5.2 悬架特性与操纵稳定性能

5.2.1 束角变化与操纵稳定性能

1. 侧倾转向

悬架产生垂向运动时，轮胎的位置与倾斜取决于悬架连杆的几何学配置。产生运动时的束角变化称为"侧倾转向"或"车轴转向"，是对车辆的直行稳定性与不足转向（US）/过度转向（OS）有着极大影响的重要设计参数。转向时车身侧倾，外轮上跳，内轮下跳，如果此时束角发生变化，会产生疑似转向的效果。

例如，半纵臂式悬架中，控制臂摆动轴相对于车身中心倾斜，当车身产生垂向运动时，束角将发生图 5-2 所示的变化。

从图 5-3 可知，撑杆式悬架的束角基本由下连杆 A 与 B 的相对位置关系决定。例①中的下连杆 A 与 B 长度相等，且平行布置，束角不因行程发生变化；例②中的下连杆 A 与 B 不等长，束角因行程发生变化；若将后视时可见的平行布置改为非平行布置，束角则有例③中的变化特性。实际上束角还会受到支撑轴的位置、倾斜等影响，应以三维的几何学观点开展束角特性设计。

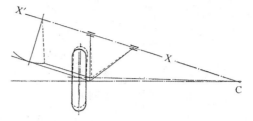

a) 悬架行程引起的束角变化

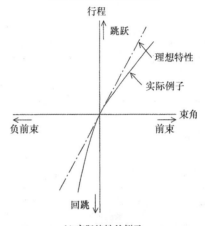

b) 实际特性的例子

图 5-2　侧倾效应（半纵臂式）

趋向负前束的束角变化会使侧抗力、虚拟的侧抗刚度减少，车辆前轮呈现不足转向、后轮呈现过度转向的转向特性。要使车辆表现出弱不足转向特性，多会选择把侧倾转向设定为前轮上跳时弱负前束变化，后轮 0 ~ 弱前束变化。然而侧倾转向过大会干扰车辆在起伏路面上的行驶方向。束角对应每 1° 车身侧倾角时的变化称为侧倾转向率，一般设定在 0 ~ 10% 的范围内。束角与行程的关系受悬架与转向布置的制约，也有呈曲线性的，但是车辆的转向特性最好不受不同装载重量下车高差异的影响，应尽量保证直线性的特性。

2. 柔性偏向

侧抗力等侧向力与制动力输入悬架时，有时橡胶衬套与连杆的弹性变形会引起束角变化。如图 5-4 所示，当侧向力与纵向力施加在纵臂式悬架上时，衬套以及控制臂自身将弯曲变形，束角将发生趋向负前束的变

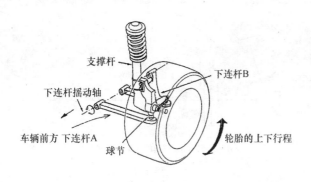

支撑杆

下连杆摇动轴

下连杆B

下连杆A

球节

车辆前方

轮胎的上下行程

	例①下连杆A与B等长，平行布置	例②下连杆A与B不等长	例③下连杆A与B非平行布置
正视图	前 aa′ A B bb′	前 aa′ A B bb′	前 a′a A B bb′
后视图	a′,b′ a,b	a′b a b	a′ b A a,b B
束角变化	跳跃 束角 回跳	跳跃 负前束 前束 回跳	跳跃 回跳

图 5-3 侧倾效应（撑杆式）

化。束角相对于侧向力的变化称作侧向力柔性偏向，束角相对于纵向力的变化称作纵向力柔性偏向，它们与侧倾转向一样，都属于操纵稳定性的重要设计参数。当车辆未受到制动等纵向力作用时，可用侧向柔性偏向与侧倾转向特性讨论操纵稳定性能，反之则还需考虑到纵向力柔性偏向并展开讨论。

侧向力柔性偏向与侧倾转向一样，是使车辆转向特性呈弱不足转向的有效手段，最为理想的束角特性是前轮弱负前束，后轮0~弱前束。图5-4所示的纵臂式结构中，无论怎样提升橡胶衬套与控制臂的刚性，也

只是减少负前束特性，无法实现0~前束特性。可通过悬架形式，设定橡胶衬套的刚性与布置连杆，实现负前束~前束特性。如图5-5所示，在撑杆式悬架中，作用在轮胎上的侧向力传至悬架连杆A与B上时，优化橡胶衬套刚性与连杆布置（a尺寸），若连杆A的衬套挠曲大于B，束角变化为前束①，反之为负前束②。

在实际的悬架设计中，三维计算作用在各连杆上的力与挠曲，不仅是橡胶衬套的挠曲，还要考虑铁与铝等连杆的刚性，设计柔性偏向特性。一般的特性设定范围是前轮0~负前束0.2°/980N，后轮−0.1~0.1°前束/980N。

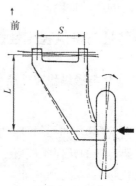

前

S

L

a) 侧向力柔性偏向

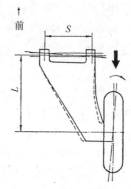

前

S

L

b) 纵向力柔性偏向

图 5-4 柔性偏向

3. 侧倾转向、侧向力柔性偏向与操纵稳定性能

（1）等价侧抗刚度 侧倾转向与侧向力柔性偏向使得轮胎的侧抗刚度等效增减。

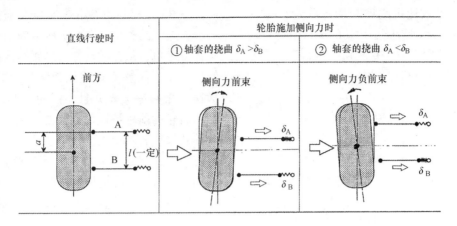

直线行驶时	轮胎施加侧向力时	
	① 轴套的挠曲 $\delta_A > \delta_B$	② 轴套的挠曲 $\delta_A < \delta_B$

图 5-5　侧向力柔性偏向

如图 5-6 所示，当转动中前轮 β_f、后轮 β_r 向前束变化时，实际侧滑角则变为前轮 α_f、后轮 α_r。虚拟侧滑角使前轮、后轮分别为 α_f'、α_r'。若实际侧抗刚度是 K_f，虚拟侧抗刚度是 K_f'，前轮的侧抗力 F_f 则有计算式：

$$F_f = K_f \alpha_f = K_f' \alpha_f' \quad (5\text{-}1)$$

梳理这些关系，针对虚拟侧抗刚度即等效侧抗刚度 K_f' 得出如下计算式：

$$K_f' = K_f \frac{\alpha_f}{\alpha_f'} = K_f \frac{\alpha_f}{\alpha_f - \beta_f} \quad (5\text{-}2)$$

同样，后轮的等效侧抗刚度为

$$K_r' = K_r \frac{\alpha_r}{\alpha_r'} = K_r \frac{\alpha_r}{\alpha_r - \beta_r} \quad (5\text{-}3)$$

式中，K_f、K_r 分别是前、后轮实际侧抗刚度，α_f、α_r 分别是前、后轮实际侧滑角。

稳态转向时，把相对稳态车身侧倾角的侧倾转向与相对侧抗刚度的柔性偏向之和考虑成为式（5-3）中的束角变化 $\beta_{f,r}$，利用式（5-5）可计算出此时的等价侧抗刚度：

$$K_f' = \frac{K_f}{1 - K_f \left[D_f + \frac{(l_f' + l_r')H}{l_r'G}R_f - \frac{(t_c + t_{pf})}{K_{st}} \right]}$$
$$(5\text{-}4)$$

$$K_r = \frac{K_r}{1 - K_r \left[D_r + \frac{(l_f + l_r)H}{l_fG}R_r \right]} \quad (5\text{-}5)$$

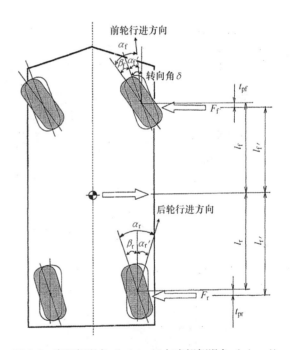

图 5-6　实际侧滑角（α_f，α_r）与虚拟侧滑角（α_f'，α_r'）

式中，D_f、D_r 分别是前、后轮柔性偏向系数（单位侧向力的束角变化），R_f、R_r 是侧倾转向系数（单位单体侧倾角的束角变化），G 是悬架侧倾刚性（前轮 + 后轮），t_c 是前轮后倾拖距，t_{pf}、t_{pr} 分别是前轮、后轮侧抗拖距，K_{st} 是转向刚性，l_f、l_r 分别是前轮、后轮到重心间距离，H 是重心到侧倾中心间距离，并且，$l_f' = l_f - t_{pf}$，$l_r' = l_r + t_{pr}$，然而，$l_f l_f' \approx l_f^2$，$l_r l_r' \approx l_r^2$，$l_f' + l_r' \approx l$。

（2）等效侧抗刚度与操纵稳定性　在车辆的侧向运动与横摆运动的 2 自由度运动模型中，可用式（5-6）和式（5-7）求解出稳态系数 K 和横摆共振频率 f_y。

$$K = \frac{M}{l^2}\left(\frac{l'_r}{K'_f} - \frac{l'_f}{K'_r}\right) \quad (5\text{-}6)$$

$$f_y \approx \frac{\omega_n}{2\pi} = \frac{1}{2\pi V}\sqrt{\frac{K'_f K'_r}{M I_z}(1 + KV^2)} \quad (5\text{-}7)$$

式中，V 是车速，ω_n 是横摆固有频率，I_z 是横摆惯性力矩，M 是车辆质量，l 是轴距。

用此式可计算出纵向等效侧抗刚度 K'_f，分析出 K'_f 与稳态系数 K 以及横摆共振频率 f_y 之间的关系。图 5-7 所示为小型乘用车计算事例，从此图可知，增减纵向的等效侧抗刚度，能够实现理想的稳态系数 K 与横摆共振频率 f_y。并且，前轮的负前束特性、后轮的前束特性均具有提升车辆稳态系数的效果。若希望维持稳态系数且增大横摆共振频率，就要增大后轮的等效侧抗刚度。如图 5-8 所示，决定横摆率阶跃响应特性的包络线特性 $\xi\omega_n$ 可用式（5-8）来表示：

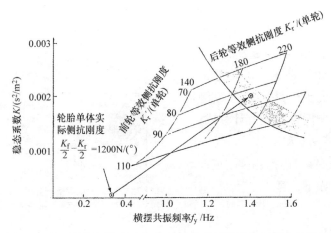

图 5-7　前后等效侧抗刚度与稳态系数以及横摆共振频率的关系

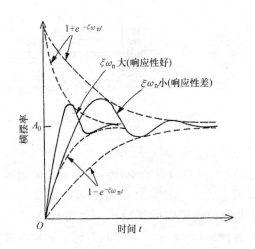

图 5-8　横摆率的阶跃响应特性与横摆响应参数的关系

$$\xi\omega_n = \frac{1}{2V}\left(\frac{K'_f + K'_r}{M} + \frac{K'_f l'^2_f + K'_r l'^2_r}{I_z}\right) \quad (5\text{-}8)$$

式中 ξ 是衰减率；$\xi\omega_n$ 是表示响应性的指标，它随速度增高而降低，转向响应性随之下降，要想提升高速时的转向响应性，就要增大该指标。为此，首先增大后轮的等效侧抗刚度 K'_r，在此基础上，确保稳态系数的同时，设定前轮的等效侧抗刚度 K'_f。

（3）瞬态特性　在稳态转向状态下，侧倾转向与柔性偏向为车辆运动性能带来的效果是相同的，但在瞬态侧倾运动时则是不同的。侧倾转向相对于车辆侧倾角、柔性偏向相对于侧向力几乎是同时发生的。车身侧倾角相对于侧向力因侧倾惯性而存在二次延迟的关系，侧倾转向相对于柔性偏向也会发生延迟。因此，在低侧倾刚性下，后轮过度上跳时，若设定为前束特性，横摆与侧倾的频率特性将变成共振性的。

在广泛采用半纵臂式悬架的时期，许多车辆的侧倾转向会设置得稍大一些，用以补偿侧向力柔性负前束，确保稳态系数。然而近年来，在悬架系统改良之后，则主要依托侧向力柔性实现前束特性，依托侧倾转向确保前束的情况在逐渐变少。

4. 纵向力柔性偏向

制动力等纵向力施加在悬架上时所产生的纵向力柔性偏向是影响转向中制动稳定性的重要特性（图5-4b）。

若转向中施加制动，受惯性力影响，载荷会从后轮向前轮转移，因轮胎对载荷的依存特性，前轮侧抗力增大，后轮侧抗力减少，结果车辆产生趋向过度转向的横摆力矩，稳定性通常会下降。此时，纵向力柔性偏向令前轮上产生负前束，后轮产生前束，于是产生趋向不足转向的力矩，能够减少稳定性的下降。然而，过大的束角变化会导致轮胎出现偏磨损，因此量值要适度。

纵向力柔性偏向通常设定为相对车轮中心侧向力是 OUT 0.5° ~ IN 0.5°/980N，相对接地点纵向力是 OUT 0.3° ~ IN 0.3°/980N 的范围内。

图5-9所示为利用纵向力实现前束特性的悬架结构事例。该结构形式称作 Weissach Axle（保时捷928，后悬架，1977），其结构是下纵臂前端通过橡胶衬套与短的控制臂、销子安装在车身上，后部横向连杆朝纵向弯曲，瞬态中心位于轮胎中心的外侧，无加速或制动时，束角趋向前束变化。

综上所述，纵臂式悬架无论面对侧向力还是纵向力，均呈现负前束特性，对于后轮而言，无法实现最佳的柔性特性（图5-4）。近年来，将后悬架多设计成为相对侧向力、纵向力均呈现 0 ~ 弱前束特性。在第5.4.2节中将会介绍相关事例。

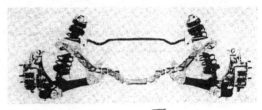

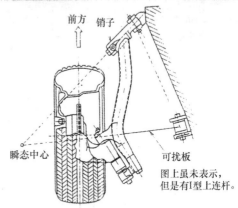

图5-9　Weissach Axle

5.2.2　轮胎产生运动时的接地点变化、胎面变化

1. 轮胎接地点变化、轮胎胎面变化

悬架产生运动时，因悬架连杆的几何学条件，轮胎的接地点会出现左右移动的情况，称为轮胎接地点变化，而轮胎胎面随着轮胎接地点变化而改变称为轮胎胎面变化。

如图5-10a所示，具有上控制臂与下控制臂的双横臂式独立悬架会随连杆长度的变化而发生轮胎接地点的变化。同样是独立悬架，图5-10b所示的纵臂式悬架却不会发生轮胎接地点的变化。

刚性轴上不会发生胎面变化，而作为承受侧向力的结构，使用潘哈德杆时会发生轮胎接地点变化，如图5-10c所示。

2. 轮胎接地点变化、轮胎胎面变化与操纵稳定性能

如图5-11所示，悬架产生运动时，接地点将侧向移动，轮胎上因此产生侧抗力。轮胎接地点的变化会引发类似侧滑角一样的变化（译者注：效果与侧滑角相当），与车

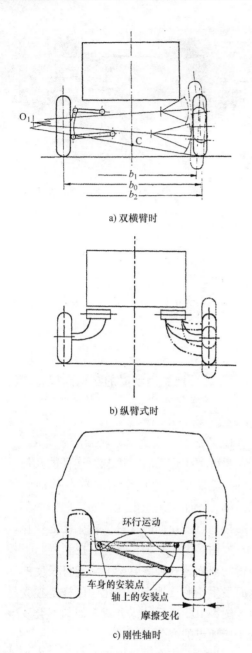

a) 双横臂时

b) 纵臂式时

c) 刚性轴时

图 5-10　悬架产生行程时的轮胎摩擦
变化与外倾角变化

身侧倾角速度属于同相位，相比同样是与车身侧倾角同相位的侧倾转向，其相位超前了90°。后轮上跳时朝向外的轮胎接地点变化加快了后轮侧抗力的产生，提升了后轮的接地感与车辆转向响应性。针对轮胎接地点变化对转向响应性的影响，使用复合 C_p 的思

路，可将其定型化。据此，轮胎接地点变化对高速时的横摆共振频率影响小，但其对于响应性（$\xi\omega_n$）有所影响，增大轮胎接地点的变化，可提升高速时的响应性（$\xi\omega_n$）。轮胎接地点变化过大会干扰在凹凸路面行驶时的稳定性，因此其大小要适度。

在独立式悬架上，轮胎接地点变化与侧倾中心高度变化特性存在紧密的联系，包括侧倾中心特性在内的实际特性，都应设定在合理的范围内。

通常，轮胎接地点变化是 $-5 \sim +5\,\text{mm}/50\,\text{mm}$ 跳跃（单侧轮胎）。

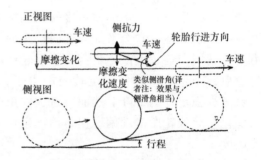

图 5-11　摩擦变化

5.2.3　外倾变化特性与操纵稳定性能

1. 悬架产生运动时的外倾角变化

悬架产生运动时，外倾角随悬架连杆的几何学条件而变化，其变化情况因左右独立悬架与刚性悬架而不同。

以双横臂式悬架为例，外倾角变化如图5-10a 所示，可借助上下控制臂的长度与布置改变外倾角变化特性。另外，同样是独立悬架，纵臂式悬架上基本无外倾角变化，如图 5-10b 所示。这些外倾角变化都是相对于车身而言。侧倾时，相对地面的外倾角变化如图 5-12 所示的独立悬架 A、B，需要修正车身侧倾角大小部分。

在刚性悬架上，对地外倾角将始终保持不变，而对车身外倾角变化取决于车身侧倾角，单侧轮胎跳跃时将影响另一侧车轮。

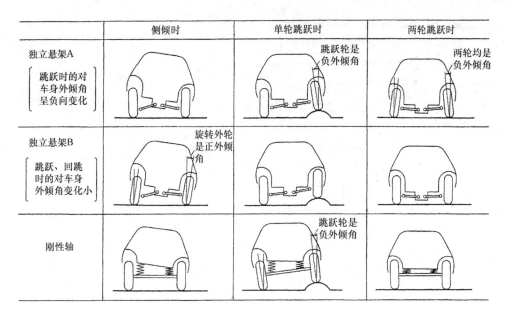

图 5-12 侧倾与跳跃时的外倾角变化情况

2. 外倾角变化特性与操纵稳定性能

轮胎上跳、下跳时，外倾角变化与束角变化一样，都会影响到车辆的直行稳定性、US/OS 特性，这是因为轮胎相对路面具有外倾角，轮胎在接地时会发生与外倾角相应的外倾横向推力。应依据对地外倾角变化考虑外倾角变化与操纵稳定性能的关系。

从增强侧倾时轮胎接地力与提升转向性能的观点出发，对地外倾角尽量为 0 是最理想的。在起伏路面直线行驶时，随外倾角变化产生的外倾横向推力是阻碍车辆直行性的主要原因，所以悬架产生运动时，外倾角变化不宜过大。出于对兼顾转向性能与直行性的考虑，外倾角变化特性存在适当范围。

转向中的外倾角不仅是上述悬架的几何学结构要求，还是出于对橡胶衬套与连杆挠曲会引起外倾角变化的考虑。外倾刚性是指外倾角发生单位角度变化所需的接地点侧向力，由侧向力引起的外倾角变化一般都是积极性的变化。一般来讲，外倾刚性越高越好。外倾刚性低，接地点随着接地点侧向力出现横向位移，会使侧抗力的瞬态上升滞后，操纵稳定性下降。基于此观点，外倾刚

性也是越高越理想。

5.2.4 悬架特性与侧倾运动

1. 悬架瞬时回转中心与侧倾模式

（1）悬架的正视瞬时回转中心与侧视瞬时回转中心 悬架有各种形式，全部都可看作是机构学上"在三维上具有假想的瞬时回转中心，在车轮运动方向具有 1 自由度的连杆机构"。悬架产生的运动时刻都在发生着变化，可把某一瞬间的轮胎中心与接地点的变化考虑成是以此假想瞬时回转中心轴为轴心的假想连杆的变化（图 5-13）。

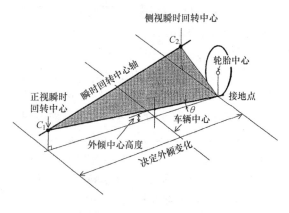

图 5-13 瞬时回转中心轴

通过此假想瞬时回转中心轴的位置与变化的方式，能够掌握前轮定位变化特性与动态车辆姿态变化特性的概况。例如，可通过此轴在轮胎中心位置的正视截面上的交点，即正视瞬时回转中心，理解轮胎接地点变化等前轮定位变化与侧倾模式（顶起或沉落），通过轮胎中心位置的侧视截面上的交点，即侧视瞬时回转中心，了解举升等动态车辆姿态变化的概况（后述具体情况）。

（2）各种悬架的瞬时回转中心　从连杆布置可求解出几何学上的正视瞬时回转中心以及侧视瞬时回转中心。以双横臂式悬架为例，如图 5-14 所示，正视瞬时回转中心 C_1 是上控制臂与下控制臂的延长线交点，侧视瞬时回转中心 C_2 是连接上下球节到上下臂各自摆动轴延长线与车轮中心截面交点的直线交点。

图 5-14 所示为代表性的悬架瞬时回转中心。

（3）顶起、沉落特性　车辆转向时，在发生侧倾运动的同时还伴有车辆中心的垂向运动。车辆中心垂向运动的大小是外轮上跳量与内轮下跳量的差值。车辆向上方移动且侧倾的模式称作顶起，向下方移动且侧倾的模式称作沉落，此特性与悬架的正视瞬时回转中心的变化特性密切关联。

综上所述，可认为轮胎接地点是通过以瞬间的正视瞬时回转中心为轴心的假想连杆而进行垂向运动。如图 5-15 所示，侧抗力的垂向分力作用在内轮与外轮上。若内、外轮的侧抗力为 CF_1、CF_2，假设连杆的对地面倾角为 θ_1、θ_2，那么内轮上的车身下降力为 $CF_1\tan\theta_1$，车身举升力为 $CF_2\tan\theta_2$。当车身举升力大于车身下降力时，侧倾运动表现为顶起，反之表现为沉落。但是，这只是某一瞬间的力的关系，还需要通过持续地把握随侧倾运动时刻变化的 $\tan\theta_1$、$\tan\theta_2$ 与 CF_1、CF_2，求出实际的侧倾模式。

（4）零顶起几何学结构　只要始终保

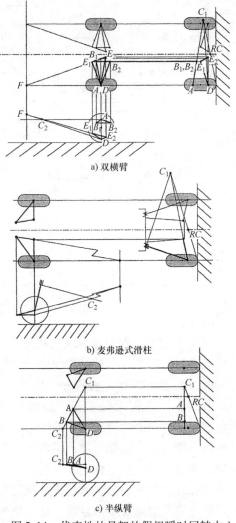

a) 双横臂

b) 麦弗逊式滑柱

c) 半纵臂

图 5-14　代表性的悬架假想瞬时回转中心
C_1—正视瞬时回转中心　C_2—侧视
瞬时旋转中心　RC—外倾中心

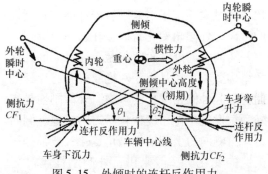

图 5-15　外倾时的连杆反作用力

持车身举升力与车身下沉力相同，即可实现零顶起的侧倾运动。具体来讲，设定悬架几

何学结构，使随悬架行程变化的 $\tan\theta$ 的特性与内外轮侧抗力变化相适应，则始终有

$$CF_1\tan\theta_1 = CF_2\tan\theta_2 \quad (5-9)$$

2. 侧倾中心与车身侧倾角

（1）侧倾中心　侧倾中心是指以正视接地点截面簧上部分侧倾方向的瞬时回转中心作为左右接地点共同的瞬时回转中心（连接左右轮接地点与正视瞬时回转中心直线的交点），能够在前轮与后轮上分别求出。

侧倾轴是连接前轮与后轮侧倾中心的直线。簧上部分在某一瞬间，以此轴为中心，进行侧倾运动（图5-16）。侧倾中心与侧倾轴随着侧倾运动而移动，通常提到的侧倾中心多指车身侧倾角为0时的侧倾中心。侧倾中心是悬架特性之一，在车身侧倾角较小的区间内具有意义。

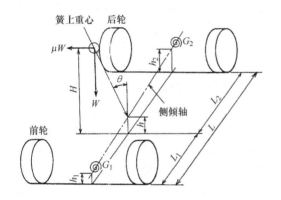

图 5-16　侧倾轴

（2）侧倾刚度　侧倾刚度是指绕侧倾中心转动产生单位角度侧倾所需的侧摆力矩。侧倾刚度的大小及其纵向分配同车身侧倾角的大小与 US、OS 特性关系密切。

若弹性常数 k 的 2 个弹性间隔为 b，使其上方受支撑刚体的角度仅倾斜 θ 的力矩为 M，则有侧倾刚度 G（图5-17a）：

$$G = M/\theta = 1/2\,kb^2 \quad (5-10)$$

在独立悬架上，若悬架弹簧与连杆橡胶衬套的弹性常数换算成接地点上的垂向弹性常数为 k_1，且稳定杆使左右轮逆向垂向运动时的接地点换算弹性常数为 k_2，二者之和为 k，轮距为 b，可用式（5-11）求解出侧倾刚度（图5-17b）。

$$G = M/\theta = 1/2\,(k_1 + k_2)b^2 \quad (5-11)$$

在刚性悬架上，虽然上跳运动时弹性常数 k_1 与弹性时间间隔 b_s 并无关联，但是侧倾时弹性间隔时间 b_s 会起到侧倾刚度的作用，用式（5-12）可求出侧倾刚度（图5-17c）：

$$G = M/\theta = 1/2\,(k_1 b_s^2 + k_2 b^2) \quad (5-12)$$

换言之，即便接地点弹性常数与独立悬架相同，但是弹簧部分的侧倾刚度因 $(b_s/b)^2$ 的比例要小于独立悬架。

车身整体的侧倾刚度是由前悬架与后悬架的侧倾刚度叠加而成的。

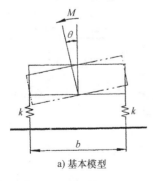 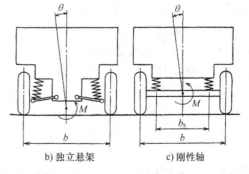

a) 基本模型　　　　　b) 独立悬架　　　　c) 刚性轴

图 5-17　外倾刚度

（3）车身侧倾角　侧倾轴与侧倾刚度确定后，可计算出车身侧倾角。

如图 5-16 所示，如果前后悬架的侧倾中心高分别为 h_1、h_2，侧倾轴重心的离地间隙为 h，且前后悬架的侧倾刚度分别为 G_1、G_2，相对向心加速度 μ 的离心力为 μW，

重心高为 H，那么在车身侧倾角 θ 较小的范围内，位于重心上绕侧倾轴转动的力矩平衡式为

$$\mu W(H-h) + W(H-h)\theta = (G_1 + G_2)\theta \quad (5\text{-}13)$$

据此，车身侧倾角 θ 为

$$\theta = \frac{\mu W(H-h)}{G_1 + G_2 - W(H-h)} \quad (5\text{-}14)$$

以 $0.5g$ 的向心加速度匀速环行时的车身侧倾角称为侧倾率，它是车身侧倾角大小的代表性数值，乘用车上通常设定在 $1°\sim 4°$ 范围内。

（4）侧倾刚性纵向分配与 US/OS 特性

车辆以向心加速度 μ 稳态旋转时，载荷会从内轮向外轮转移。用式（5-15）可求出前轮与后轮的载荷转移量 ΔW_1、ΔW_2：

$$\Delta W_1 = \frac{\mu W}{b}\left[(H-h)\frac{G_1}{G_1+G_2} + \frac{L_2}{L}h_1\right]$$

$$\Delta W_2 = \frac{\mu W}{b}\left[(H-h)\frac{G_2}{G_1+G_2} + \frac{L_1}{L}h_2\right]$$

$$(5\text{-}15)$$

若初期的前轮载荷为 W_1，后轮载荷为 W_2（$W_1 + W_2 = W$），可分别求出 4 轮轮荷。

前轮外轮载荷 W_{1o} 和内轮载荷 W_{1i} 为

$$W_{1o,i} = W_1 \pm \Delta W_1$$

后轮外轮载荷 W_{2o} 和内轮载荷 W_{2i} 为

$$W_{2o,i} = W_2 \pm \Delta W_2 \quad (5\text{-}16)$$

式中，$G_1/(G_1+G_2)$ 是侧倾刚度前轮分担率，$G_2/(G_1+G_2)$ 是侧倾刚度后轮分担率，"＋"是外轮载荷，"－"是内轮载荷。

从轮胎侧抗力特性对载荷依赖性可知，车辆在增加前轮的载荷移动量时会呈现不足转向倾向，相反增加后轮的载荷移动量则呈现过度转向倾向，因此，增加前轮分担的侧倾刚度呈现不足转向倾向，相反增加后轮分担的侧倾刚度呈现过度倾向。

5.2.5 悬架特性与加减速时动态车辆姿态变化

制动时的首倾（车头下扎）与加速时的尾倾（车尾下坐）会受悬架侧视瞬时回转中心的影响。

1. 抑制制动时动态车辆姿态变化

制动时受惯性力的作用，载荷从后轮向前轮转移，通常会导致前轮下沉，后轮举升。侧视时的假想连杆反作用力会使抗前俯力、抗上浮力起作用，动态车辆姿态变化幅度减少。

如图 5-18a 所示，若从前轮与后轮接地点侧视的假想连杆对水平面倾角为 θ_1 与 θ_2，前、后轮的制动力为 F_1、F_2，则前轮的抗前俯力为 $F_1\tan\theta_1$，后轮的抗上浮力为 $F_2\tan\theta_2$。受制动时的惯性力作用，当重心点高为 H，轴距为 L，从后轮至前轮的载荷转移 ΔW 为

$$\Delta W = FH/L \qquad F = F_1 + F_2 \quad (5\text{-}17)$$

如果以零前轮下沉与后轮举升为目的的假想连杆侧视倾角分别为 α_1、α_2，则有下面的表达式：

$$F_1\tan\alpha_1 = \Delta W \quad (5\text{-}18)$$

$$F_2\tan\alpha_2 = \Delta W \quad (5\text{-}19)$$

经整理后得出式（5-20）和式（5-21）：

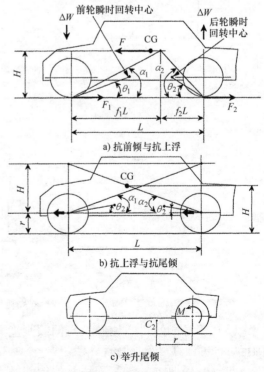

a) 抗前倾与抗上浮

b) 抗上浮与抗尾倾

c) 举升尾倾

图 5-18　动态车辆姿态的变化

$$\tan\alpha_1 = H/f_1 L \qquad (5\text{-}20)$$
$$\tan\alpha_2 = H/f_2 L \qquad (5\text{-}21)$$

式中，$f_1 = F_1/F$ 是前轮制动力分配，$f_2 = F_2/F$ 是后轮制动力分配，且 $f_1 + f_2 = 1$。

并且，抗前俯率与抗上浮率定义如下：

$$抗前俯率 = \frac{\tan\theta_1}{\tan\alpha_1} \qquad (5\text{-}22)$$

$$抗上浮率 = \frac{\tan\theta_2}{\tan\alpha_2} \qquad (5\text{-}23)$$

通过悬架的几何学设定，可减少制动时车辆姿态的变化。路面不平整时，轮胎受到的纵向输入力的垂向分力传至车身，因此，极端的抗前俯会对乘坐舒适性带来不良影响。

2. 抑制加速时动态车辆姿态变化

可用同样的思路考虑加速时车辆前部举升、后部下沉的姿态变化。

如图 5-18b 所示，要使前轮驱动车的前部举升为 0，从车轮中心到前轮侧视瞬时回转中心的倾角 θ_1 应为

$$\tan\theta_1 = \tan\alpha_1 = H/L \qquad (5\text{-}24)$$

要使后轮驱动车的后部下沉为 0，从车轮中心到后轮侧视瞬时回转中心的倾角应为

$$\tan\theta_2 = \tan\alpha_2 = H/L \qquad (5\text{-}25)$$

然而，考虑到实际的加速感觉，动态车辆姿态变化通常不为 0，多少会有所残留。

3. 抑制换档前俯

对自动档汽车施加制动，从 N 位换至 D 位时，悬架直接承受传动力矩反作用力，产生换位前俯。如图 5-18c 所示，增大侧视瞬时回转中心 C_2 与车轮中心之间的距离 r，可有效减少悬架垂向反作用力，抑制换档前俯。

5.3　悬架特性与乘坐舒适性

5.3.1　乘坐舒适性与悬架性能

乘客感受到的乘坐舒适性包括在凹凸路面上行驶时的振动与声音、车内的居住性、座椅的乘坐舒适度等所有诉诸于人的感受。其中，悬架特性对路面起伏引起的垂向振动、纵向振动的影响强烈，可利用研究弹簧质量的 2 自由度模型来理解与垂向振动有关的基本特性。纵向振动主要在越过路面接缝等突起时发生，与悬架的纵向刚性有着极强的关联性，可利用纵向刚性的大小对振动特性进行分析。

进一步详细探讨这些振动时，可应用图 5-19 所示的模型思索悬架的特性以及轮胎的包容性能、发动机悬置特性、座椅特性等，此处从略。

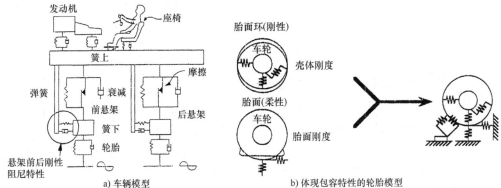

图 5-19　乘坐舒适性分析模型事例

5.3.2　上下振动特性

如图 5-20a 所示，2 自由度模型主要是考察簧上质量及轮胎、车轮、制动等簧下质量，具有簧上固有振动频率与簧下固有振动

频率 2 个固有振动频率。轮胎纵向弹力常数为 K_1，悬架刚度为 K_2，簧下质量为 M_1，簧上质量为 M_2。簧下固有振动频率 f_1 与簧上固有频率 f_2 可用式（5-26）和式（5-27）来计算。此振动系统在波长 L 的连续凹凸路面以

速度 V 行驶时，位移输入频率是 V/L。

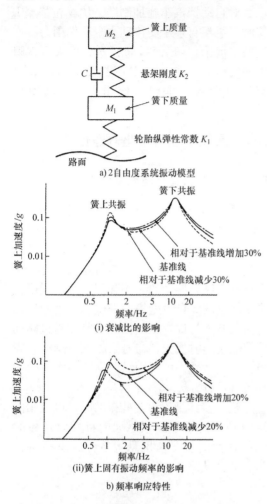

a) 2自由度系统振动模型

(i) 衰减比的影响

(ii) 簧上固有振动频率的影响

b) 频率响应特性

图 5-20　2 自由度模型的频率响应特性

$$f_1 \approx \frac{1}{\pi}\sqrt{\frac{K_1 + K_2}{M_1}} \quad (5\text{-}26)$$

$$f_2 \approx \frac{1}{2\pi}\sqrt{\frac{K_1 K_2}{M_2(K_1 + K_2)}} \quad (5\text{-}27)$$

$$\approx \frac{1}{2\pi}\sqrt{\frac{K_2}{M_2}}$$

簧上固有频率 f_2 对悬架刚度 K_2 与簧上质量 M_2 的影响巨大，簧下固有频率 f_1 对簧上质量 M_1 与轮胎的纵向弹力常数 K_1 影响巨大，在此模型中，假想的路面位移输入频率特性如图 5-20b 所示。（ⅰ）是改变基本衰减比时，簧上加速度随频率而增加或减少的区域。（ⅱ）是簧上固有频率越低，以低频

率区域为主的簧上加速度就越小，乘坐舒适性表现更优。也就是说，悬架刚度 K_2 越小，则簧上的振动水平越小，乘坐舒适性表现更为出色。然而，如果 K_2 过小，车高变化会随着乘客与载荷等装载条件而变大，故 K_2 的大小应当适宜。通常以簧上固有频率在 $1.0 \sim 2.0 \text{Hz}$ 之间为前提条件设定 K_2。

簧下的固有频率通常在 $10 \sim 20 \text{Hz}$，剧烈的簧下振动，不仅会导致乘坐舒适性变差，还是轮胎接地性变差进而使转向性能、制动性能变差的主要原因。设定衰减比时，对于簧上加速度与簧下振动都要加以考虑。通常，衰减比 C/C_C 设定在 $0.2 \sim 0.8$ 之间。在权衡乘坐舒适性与操纵稳定性能后，确定出合理数值。

实际的悬架系统除上述的弹性要素、衰减要素外，还含有摩擦要素。在位移输入小的区域，摩擦会对铺装良好道路的乘坐舒适性带来较大影响，一般而言，低摩擦的舒适性更佳。可用等效衰减力来评价摩擦对垂直振动传递特性的影响。

实际的摩擦要素有减振器的密封垫、活塞滑动部分及球节的滑动部分等，针对这些部位常选取低摩擦结构。悬架连杆滑动轴的橡胶衬套滞后也会对垂向振动特性带来负面影响，为此优化橡胶的物理性能、加长连杆长度以降低衬套的滞后影响都会有所助益。

5.3.3　跃振与悬架特性

1. 通过突起时的输入

汽车通过铺装路接缝等路面时，轮胎因众多频率构成的位移而激振，此时车轴承受的力因突起形状、车速而不同，与垂向同等水平的力也会作用在纵向上。悬架承受垂向与纵向的力，车身发生跃振的振动。弹力常数低且轮胎包容特性（接地面变形，包围路面凹凸的特性）出色的轮胎，跃振表现优异。通常斜交轮胎的包容特性优于子午线轮胎，跃振表现更优。

2. 跃振与悬架特性

越过突起时，弹簧、减振器可降低悬架

振动输入时的垂向输入。常利用橡胶衬套的挠曲将悬架纵向刚性设置为低值，以减少纵向输入。较低的悬架纵向刚性可减少纵向振动的发生，跃振表现优异。

5.4　悬架的类型与特性

5.4.1　悬架的基本类型与特性

悬架大致分为由 1 根车轴连接左右轮的非独立悬架（车轴式）与左右轮独立产生运动的独立悬架。

非独立悬架结构简单且成本低廉，但是簧下质量会阻碍乘坐舒适性与接地性，并且束角与外倾角变化特性等性能设计自由度低，主要应用在商用车上，乘用车除越野 4WD 等以外，几乎很少使用。

独立悬架结构复杂，成本昂贵，但是簧下质量轻，接地性极佳，并且束角与外倾角变化特性等性能的设计自由度高，对提高操纵稳定性颇有成效，其左右轮无连接车轴，发动机与地板可实现较低布置，室内与行李箱得到扩大。

悬架基于这 2 大分类，拥有众多形式，具体形式与特性详见表 5-1。

表 5-1　主要悬架的特性

区分	分类	简略图 C：侧倾中心 ←：车辆行进方向	主要使用车型	主要特性的设计自由度			车辆应用上的特征
				定位变化	瞬时旋转中心的设定	乘坐舒适性	
刚性轴式（车轴式悬架）	由弹簧来决定车轴的位置	1. 纵置板簧式	载货车、公共汽车的前后轮，商用车后轮	低 • 自由度极差 • 伴有车轴转向 • 侧向刚性差	• 侧面旋转中心的自由度相当低 • 侧倾中心变高	簧下质量大，由于板间摩擦，乘车舒适性差	• 结构简单且坚固，多用于重型车（货车、客车）上 • 弹簧兼作车轮的定位连杆，使用软弹簧时，易造成刚性不足
		2. 横置板簧式	目前不常采用				• 有时也另外设置决定车轴位置的拉杆
	由连杆来决定车轴位置	3. 后摆拉杆式 万向轴管	乘用车后轮，客车前后轮（车轴式经常用结构）	• 侧倾偏向（车轴转向）有自由度 • 柔性偏向的自由度差 • 轮胎胎面变化，对地外倾不变	• 侧倾中心取决于侧向定位连杆 • 侧面旋转中心的自由度比较高	弹性常数可设置得很低，在车轴式之中比较有优势，但是与独立悬架式相比，簧下质量大是劣势	• 在平面图上倾斜布置拉杆（4 连杆式），做出 A 连杆，决定侧向位置。有时也使用5、6的侧向定位拉杆
		4. 瓦特拉杆（纵向）	乘用车后轮（目前不常采用）				• 侧向定位是 5、6 拉杆的适宜组合
		5. 潘哈德杆（侧向）	乘用车后轮，客车前后轮（车轴式经常使用的构造）	• 侧向的定位刚性高 • 轮胎胎面变化，对地外倾不变（但是潘哈德杆式会产生摩擦变化） • 柔性偏向的自由度差	• 侧倾中心稍高		• 侧向定位是使用3、4拉杆 • 侧倾偏向（车轴转向）由此纵向定位拉杆决定
		6. 瓦特拉杆（侧向）	乘用车后轮（目前不常采用）				
	变形	7. De·Dion 式（驱动轮用）	乘用车后轮（目前不常采用）	• 取决于车轴定位的拉杆形式	• 取决于车轴定位的拉杆形式	相对于1~6车轴式，簧下质量小，接地性、乘坐舒适性很好	相对于3~6拉杆式，把主传动固定在车身上。驱动单元，传动轴无垂向运动，地板位置可设置较低

（续）

区分	分类	简略图 C：侧倾中心 ←：车辆行进方向	主要使用车型	主要特性的设计自由度			车辆应用上的特征
				定位变化	瞬时旋转中心的设定	乘坐舒适性	
独立式	摆臂式	8. 摆动车轴 C	目前不常采用	• 伴随着上下运动，外倾变化，轮胎接触面变化过大	• 侧倾中心高，车身顶起大	簧下质量小，乘车舒适性良好	• 在低侧向 g 区域，外轮正外倾如果达到高 g，车辆会出现顶起现象，变成负外倾，容易造成交变转向特性
		9. 主动	乘用车前轮（目前不常采用）	• 横向力前束特性 • 没有对车体外倾变化	• 前轮的抗前倾效果值得期待		
	连杆式	10. 从动 双向从动	乘用车前后轮（最近不用于前轮）	• 横向力、前后力的后束特性 • 没有对车体外倾变化（发生对地外倾变化）	• 侧倾中心比较低，接近地面附近 • 后轮产生抗上浮、抗尾倾效果	侧向刚性和纵向刚性存在冲突，一般汽车平顺性差 但是通过设定副车架，可以避免这种冲突	• 通常节省空间，能够扩大车内空间。还能与扭杆弹簧组合，降低地板高度
		11. 半纵臂式悬架 正面图 上面图	乘用车前后轮（最近不用于前轮）	• 横向力、前后力的后束特性 • 有对车身外倾变化（有侧倾效应特性设定的自由度）	• 侧倾中心、侧视旋转中心的自由度比较高。但是一般在布置上会做成顶起模式		• 通常节省空间，能够扩大车内空间
		12. 麦弗逊撑杆式	乘用车前后轮	• 侧倾效应、柔性偏向的设定自由度非常高 • 伴随着车轮上下运动，对地外倾变化很大	侧倾中心、侧视旋转中心的自由度比较高。但是一般在布置上会做成下沉模式	通常很好地向支撑杆输入弯曲力，摩擦力也会变高，可通过弹簧布置来解决	• 高水平满足各种性能与空间要求，并且价格低廉，是目前的主流之一
		13. 双横臂式 C	乘用车前后轮 载货车客车前轮	• 侧倾效应、柔性偏向外倾变化的设定自由度非常高	• 侧倾中心、侧视旋转中心的自由度比较高	通常良好	• 可获得理想的特性，但是因精度和零件数量等造价相当昂贵，最近多用于乘用车
		14. 多连杆式	乘用车前后轮				• 性能自由度比双横摆式更高，是目前自由度最高的形式

（续）

区分	分类	简略图 C：侧倾中心 ←：车辆行进方向	主要使用车型	主要特性的设计自由度			车辆应用上的特征
				定位变化	瞬时旋转中心的设定	乘坐舒适性	
独立式	变形	15. 扭转梁式 (1) 前桥梁式前方横梁 前方 (2) 旋转轴梁式前方横梁 前方 (3) 双梁式前方横梁 前方	乘用车后轮	• 前桥梁式无对地外倾变化，旋转轴梁式无对车身外倾变化 • 双梁式的特性介于两者之间。双梁式在跳振时与全从动式一样，侧倾时与半从动式一样	• 侧倾中心：前桥梁式比较高，旋转轴式比较低，双梁式介于两者之间 • 具有抗上浮的效果	良好	• 节省空间，能够扩大车内空间。比较廉价，常用于前轮驱动车的后轮上
		16. 滑柱式	乘用车前轮（目前不常采用）	• 没有对车体外倾变化 • 主销后倾角无变化	• 侧倾中心低	摩擦力大，一般较差	

5.4.2　悬架的发展趋势

在第 5.2 节与 5.3 节中曾介绍过与提升操纵稳定性和乘坐舒适性相关的悬架系统特性。悬架开发要求集诸多性能于有限空间内，且实现轻量、低成本。然而，这些性能要求却普遍存在对立关系，例如，想要实现高性能化，机构就会复杂沉重且成本增加。单纯审视这些性能要求，不难发现类似操纵稳定性提升会造成乘坐舒适性下降等各性能之间错综复杂的关系。因此，如何高水准地实现诸多对立性能是悬架技术的重要课题。

在这里，将集中介绍近年来乘用车悬架的高性能化发展趋势。

1. 前悬架

近年来，乘用车前悬架的主流形式是撑杆式悬架，采用双横臂式独立悬架的车辆也有所增加，并且多连杆化趋势也有所显现。

撑杆式悬架结构简单且成本低廉，以往存在摩擦力大等缺点，但现在已得到改善，性能方面也无重大的缺点。不过在发动机舱盖较高而车身低矮的车辆上，应权衡好发动机舱盖与悬架行程之间的关系。双横臂式独立悬架有效地降低了发动机舱盖高度，且进一步优化了外倾变化特性。双横臂式独立悬在不同的上控制臂布置方案下存在多种形式，图 5-21 所示为上连杆布置在轮胎的上部，上下球节采取大间距的形式，这易于确保前轮定位精度，且利于兼顾大的纵向柔性与高主销后倾角刚性等，性能设计自由度高，是今后的主流形式。

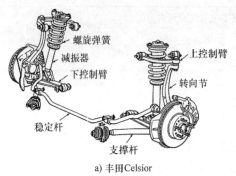

a) 丰田Celsior

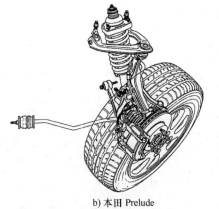

b) 本田 Prelude

图 5-21　前双横摆臂式悬架

传统结构上，上连杆布置于车轮高度内，以此进一步降低发动机舱盖高度。图 5-22 所示的是为避免纵向柔性与主销后倾

刚性的此消彼长，设置柔性枢轴的事例。此结构虽使上下球节同时向后方位移，但却限制了造成主销后倾刚性下降的反向位移。

最近，相比双横臂式独立悬架，出现了采用设计自由度更高的多连杆式悬架的趋势。如图 5-23 所示，该悬架形式增加了第三连杆，不考虑上控制臂，设置转向主销轴线，在严苛的布置条件下，缩小了转向主销内倾内置量并确保适宜的控制臂长度。大的转向主销内倾内置量会破坏制动时的稳定性，短的上控制臂会导致侧倾运动时悬架侧翘，对此应设法改善。

如图 5-24 所示，为缩小接地点的转向主销内倾内置量及车轮中心的转向主销内倾内置量，将下 A 控制臂或是上及下 A 控制臂分割为 2 个连杆，构成虚拟转向主销轴线。此转向主销轴线的内倾内置量大致设为 0。该形式旨在解决前轮驱动车加速时纵向力在不同的路面状况产生侧向驱动力差，进而产生令人不快的绕转向主销轴线转动的力矩的问题。多连杆化的效果在于借助把控制臂分割成多个连杆，提高瞬时回转中心轴的设定自由度。

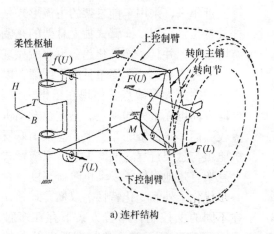

a) 连杆结构

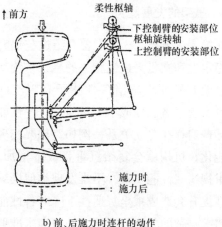

b) 前、后施力时连杆的动作

图 5-22　兼顾主销后倾角刚性与纵向刚性的事例（本田 NSX，前部）

以上是前悬架形式的发展趋势，在实际布置中，宽度方向的布置空间通常十分严

苛，需要潜心考量，特别是在发动机横置的前轮驱动车中，车宽小的小型车居多，并且

发动机舱宽度大，情况相当严峻。在这样的制约下，充分确保轮胎宽度尺寸、轮胎转向角、悬架行程、外倾特性是极其困难的，往往要遵从车辆的设计目的，选取重要度高的特性，布置与之相符的悬架形式。

2. 后悬架

后轮驱动车后悬架的主流形式是双横臂式独立悬架与多连杆式独立悬架。在双横臂式独立悬架上，近年很少采用上下设有一对A控制臂的通用型悬架，多是采用把上下某个控制臂分解为2个连杆的形式。现阶段，多连杆式与双横臂式并无明显差异，本章中均看作是多连杆式悬架。

后悬架的多连杆化，对于实现理想的车辆动态姿态变化特性与柔性偏向特性效果明显。

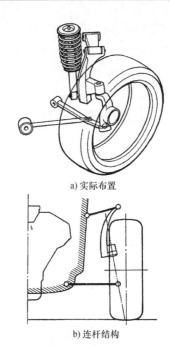

a) 实际布置

b) 连杆结构

图 5-23　多连杆式悬架事例

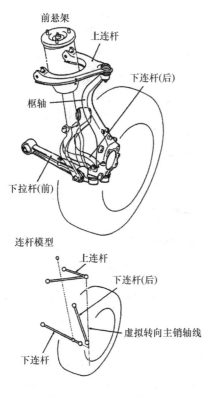

a) 下控制臂分割为 2 个连杆的例子

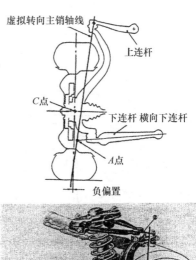

b) 上下控制臂分割为 2 个连杆的例子(奥迪A4，前部)

图 5-24　前多连杆式悬架事例

（1）动态姿态变化特性设计自由度的扩大　以采用抗上浮几何学结构与抗下沉几何学结构时的侧视瞬时回转中心为例，半纵臂式悬架形式在布置上需要调高外侧控制臂枢轴，这同后排乘客的落座位置存在相互制衡的关系。但是，在双横臂式与多连杆式悬架上，如图5-25所示，侧视瞬时回转中心并非真实的枢轴，而是定义成了虚拟的点，因此不存在制衡关系，能够自由设定性能。

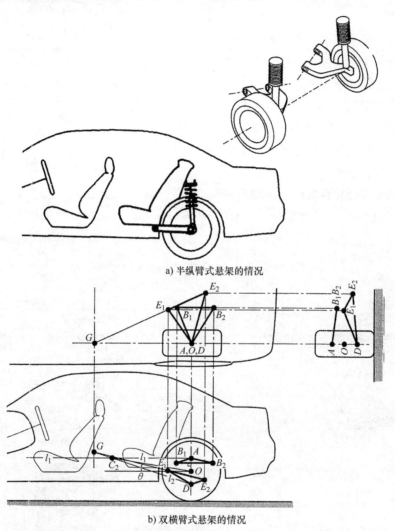

a) 半纵臂式悬架的情况

b) 双横臂式悬架的情况

图5-25　侧视瞬时回转中心

（2）柔性偏向设计自由度的扩大　在纵臂式悬架与传统的双横臂式悬架等具有下A控制臂的悬架形式上，针对纵向力与侧向力，柔性偏向基本上都是负前束特性，无法实现正前束（图5-4、图5-26a）。然而，多连杆化之后，针对纵向力与侧向力的任何一个，均可设定为束角变化为0～正前束的理想特性。

如图5-26b所示，其结构由倾斜布置的A控制臂与侧拉杆组合而成，针对纵向力、侧向力的任何一个，均可实现束角变化从0～正前束的理想特性。图5-27所示的结构由梯形布置的2个下连杆与1个推杆构成。施加纵向力时，衬套挠曲，产生负前束变化

（图 5-27a 左）。另外，在纵向力作用下，轮胎中心向后方位移，此时 No.1 下连杆比 No.2 连杆要短，且后倾布置，根据几何条件，No.1 连杆的车轮枢轴 A 相比 No.2 的枢轴向车辆内侧位移，结果发生几何学式的前束变化（图 5-27a 的中间图形），左图中衬套部分的变形消除了负前束变化，可实现零束角变化（图 5-27a 的右图）。并且，在侧向力的作用下，No.1 连杆的衬套挠曲大于 No.2，可实现正前束特性。

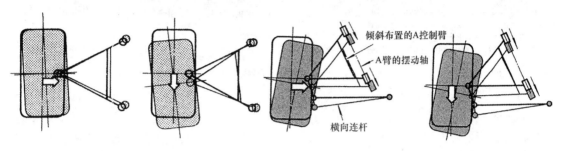

a) 具有普通下A控制臂的悬架柔性偏向　　　b) 倾斜A控制臂系统的柔性偏向

图 5-26　各种悬架的柔性偏向特性

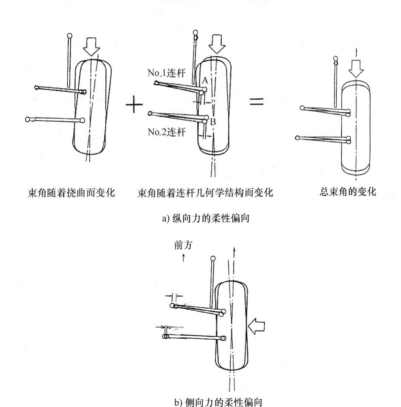

a) 纵向力的柔性偏向

b) 侧向力的柔性偏向

图 5-27　通过梯形连杆布置控制柔性偏向特性

综上所述，在纵臂式悬架上，优化柔性偏向只能提高衬套刚性，而在多连杆式悬架上，优化连杆构成即便是为提升各连杆对衬套振动、声音的绝缘性能而采取低刚性化设计，仍能够实现最佳的柔性偏向。

下面介绍一下优化接地点输入与车轮中

心输入时的纵向力柔性偏向事例。图 5-28a 所示是传统的双横臂式悬架，由上下一对 A 控制臂构成。接地点上的制动力与越过突起时车轮中心的纵向力使得绕转向主销轴线转动的回转力矩发生作用，在纵向力作用下会产生趋向负前束的柔性偏向。优化此形式悬架的柔性偏向，能提高衬套刚性，减少衬套位移，与声音、振动的绝缘特性相互制衡；图 5-28b 所示是将下 A 控制臂分为 2 个连杆，构成虚拟转向主销轴线，在制动力产生趋向前束的力矩，在车轮中心纵向力作用下产生趋向负前束的力矩。

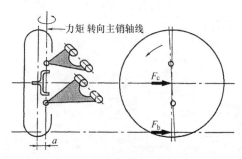

a) 传统的双横臂结构

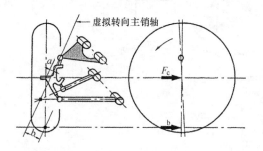

b) 下A控制臂分解为2个连杆悬架的运动情况

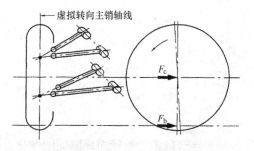

c) 上A控制臂分解为2个连杆悬架的运动情况

图 5-28　通过多连杆化优化纵向力柔性偏向的事例

图 5-28c 所示也是将上 A 控制臂置换成 2 个连杆，虚拟转向主销轴线与车轮中心线保持一致布置，无论是在制动力还是车轮纵向力的作用下，均可实现束角零变化的特性。这样的布置，即使是为提升振动绝缘性而降低刚度，也能够实现最佳的纵向力柔性偏向特性。

前轮驱动车用后悬架的主流形式是撑杆式悬架与扭力杆式悬架。近年来，采用双横臂式悬架与多连杆式悬架的车辆日渐增加。相比后轮驱动车，它所使用的后悬架更倾向于重视空间效率。虽然后悬架不承担驱动与转向，但是其对底盘运动性能的作用，高性能化的方向、具体解读与后轮驱动车的后悬架并无区别。

5.4.3　悬架与底盘控制技术

综上所述，悬架技术应当高水准权衡众多性能并不断进步，而在机械式悬架的基础上引入控制技术，能够大幅提升悬架的性能。譬如减振器的衰减力可变控制会大幅提升乘坐舒适性与操纵稳定性的平衡点，而借助 4WS 会增加悬架束角控制的自由度，大幅提升操纵稳定性能。

这些机械式悬架技术与控制技术在相互竞争中不断进步。以衰减力可变机构为例，最初它只是利用电动机切换气阀的简单结构，目前已发展成为基于行程位置与频率切换衰减力的机械式减振器。控制技术正在朝着更为先进的主动控制与半主动控制的方向发展。提升操纵稳定性的 4WS 初期也是源于使前后轮同相转向，在机械式悬架整体控制的自由度扩展过程中，4WS 向着相位反转控制等动态控制演化，更趋高性能化。

以这类控制技术为前提条件，机械式悬架性能的自由度也可用于其他的性能，并且可能会逐步衍生出更加高性能的系统。机械式悬架与控制技术的优势互补推动了整体性能的提升。

第 5.5 节将针对主动悬架、第 6 章将针对 4WS 展开介绍。

5.5　主动悬架

5.5.1　概要

传统悬架是由弹性元件与减振器构成的，不含有控制要素，面对路面干扰与侧倾运动时的行程，只会消极被动地进行反应。主动悬架则利用独自的能量进行积极主动的控制。主动悬架的主要目标是改善垂向振动传递特性以提升乘坐舒适性与接地性，保持各种装载条件下的车高固定不变或是适应车速变化控制车高，抑制首倾、尾倾等车辆动态姿态变化，借助侧倾刚性纵向分配的优化控制以提升操纵稳定性等。主动悬架实现了传统悬架无法企及的水平。

主动悬架采用了类似可变减振器等控制装置。除此之外还开发了简易版的主动悬架，即无须能量的半主动悬架，用于控制振动系统，改善垂向振动特性与抑制动态姿态变化等。

5.5.2　垂向振动控制原理

1. Skyhook 控制（空钩式控制）

Skyhook 控制（空钩式控制）是通过执行机构，产生与车身绝对速度成正比的控制力，理想地降低车身振动的手法。下面将应用车辆单轮单自由度模型进行说明。

被动悬架的弹性元件、减振器不含控制要素（图 5-29c），其运动方程式可表达为

$$M_2 \ddot{X}_2 + C_2 (\dot{X}_2 - \dot{X}_1) + K_2 (X_2 - X_1) = 0 \tag{5-28}$$

振动传递特性为

$$\frac{X_2}{X_1} = \frac{2\omega_2 \zeta_2 s + \omega_2^2}{s^2 + 2\omega_2 \zeta_2 s + \omega_2^2} \tag{5-29}$$

式中，M_2 是簧上质量，C_2 是减振器衰减质

量，K_2 是弹簧弹力常数，ω_2 是簧上固有频率，ζ_2 是簧上衰减比。

在此振动系统上，增大衰减 C_2，能够抑制簧上共振时类似轻飘飘感觉的振动，当高于此频率时，振动绝缘率会变差，因路面的不平整，乘坐舒适性会呈现出凹凸不平感。减小衰减 C_2 则会与此相反。被动悬架上，通过这种利弊消长的权衡，可抑制振动绝缘的极限，共振点上的传递比为

$$\left| \frac{X_2}{X_1} \right|_{\omega = \omega_2} = \sqrt{1 + \frac{1}{4\zeta_2^2}} \tag{5-30}$$

Skyhook 控制则如图 5-29d 所示，减振器位于簧上质量与空间上的假想平面之间，以此控制簧上的共振。此模型的运动方程式为

$$M_2 \ddot{X}_2 + C_2 (\dot{X}_2 - \dot{X}_1) + K_2 (X_2 - X_1) + C_s \dot{X}_2 = 0 \tag{5-31}$$

振动传递特性为

$$\frac{X_2}{X_1} = \frac{2\omega_2 \zeta_2 s + \omega_2^2}{s^2 + 2\omega_2 (\zeta_2 + \zeta_s) s + \omega_2^2} \tag{5-32}$$

式中，C_s 是 Skyhook 衰减常数。

共振点上的振动传递比为

$$\left| \frac{X_2}{X_1} \right|_{\omega = \omega_2} = \frac{\sqrt{4\zeta_2^2 + 1}}{2(\zeta_2 + \zeta_s)} \tag{5-33}$$

从此式可知，Skyhook 的衰减比 ζ_s 设定为较大值时，共振点上的传递比能够设定在 1 以内。此条件可变化为下面的不等式：

$$\zeta_s > \sqrt{\zeta_2^2 + 1/4} - \zeta_2 \tag{5-34}$$

此时，高频的振动绝缘不会变差，能够抑制簧上共振。在实际的车辆上，悬架无法布置在簧上质量与空间上的假想平面之间，而 Skyhook 控制利用传感器检测出簧上质量的垂向加速度，通过与之成正比的控制力 $F_s = C_s \dot{X}_2$ 来抑制悬架的伸缩，能够取得相同的效果。

	结构	等效模型	特性
被动减振器	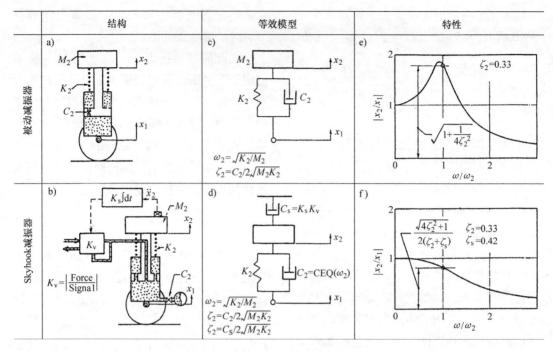		
Skyhook减振器			

图 5-29　Skyhook 减振器的结构与特性

2. 预知控制

预知控制是指检测出前轮的簧下输入，预知路面向后轮的输入，控制后轮执行器产生的力的一种前馈控制，它具备 Skyhook 控制等反馈控制无法实现的降振效果。

图 5-30 所示为控制系统概略图，此图是车辆侧面 1/2、4 自由度模型，由 Skyhook 控制与预知控制构成。作为推断前轮的簧下输入速度 $\dot{X}_{1f}$ 的方法，此处由一种低通滤波器构成。图 5-31 所示为系统结构。通过预知控制得出的后轮执行器产生的力的大小为

$$F_p = -(C_{2r}\dot{X}_{1r} + K_{2r}X_{1r}) \quad (5-35)$$

补偿器 $\exp(-\tau_2)$ 的对象是车速（V）与轴距（L）产生的从前轮到后轮的输入延迟 $\tau_1 = L/V$ 与液压系统的延迟。通过补偿器来抵消后轮簧下输入速度 $\dot{X}_{1r}$ 产生的向车身的传递力。图 5-32 所示为理想的可完全抵消的控制结构，理论上后悬架的路面输入可以为 0。

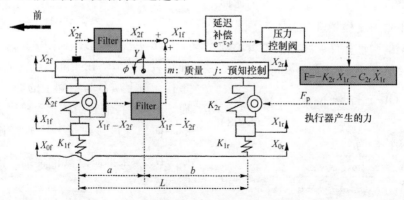

图 5-30　预知控制系统

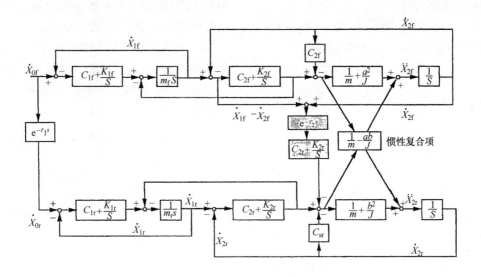

图 5-31　预知控制结构

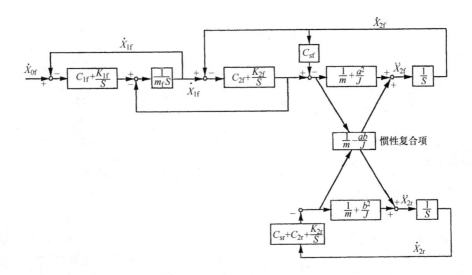

图 5-32　理想的预知控制结构

3．半主动控制

半主动控制是指仅用可变减振器实现接近主动悬架 Skyhook 控制特性的控制，其控制效果比主动悬架有所下降，但能够大幅度降低能源消耗量，系统构成也很简单。

主动悬架的 Skyhook 控制所产生的控制力 F_s 能够抑制与簧上绝对速度成正比的振动，而在半主动悬架中，簧上与簧下相对速度成正比，控制衰减力的衰减系数。图5-33

所示是 Karnopp 倡导的控制方法概念图，即在图 5-29c 所示的模型中，将以下面的思路控制式（5-28）中的衰减系数。

$$C_2 = C_0 \qquad \dot{X}_2(\dot{X}_2 - \dot{X}_1) > 0$$

$$C_2 \approx 0 \qquad \dot{X}_2(\dot{X}_2 - \dot{X}_1) \leqslant 0 \quad (5\text{-}36)$$

此方法在路面输入消失后的响应完全与 Skyhook 系统相同，但是在越过类似簧上固有振动频率半波一样的突起时却无法取得

Skyhook 系统的特性。

为进一步提升控制效果，可以利用如下的切换衰减常数的方法，现已经商品化。

$$C_2 = C_x; \dot{X}_2(\dot{X} - \dot{X}_1) > 0 \quad (5\text{-}37)$$

但是，C_x 成为 $C_x(\dot{X}_2 - \dot{X}_1) = C_s\dot{X}_2$，则要连续性地切换为

$$C_2 \approx 0; \dot{X}_2(\dot{X}_2 - \dot{X}_1) \leq 0$$

这是一种模型规范控制，可取得比式（5-36）控制方法更好的效果。

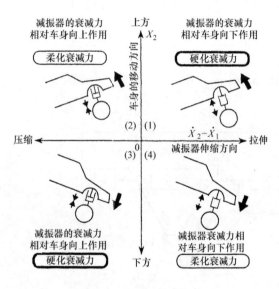

图 5-33　控制方法概念图

5.5.3　姿态控制、转向特性控制

主动悬架能够自由控制行程，可实现车高在不同装载条件下固定不变或随车速而改变，能够应对制动时首倾（车头下扎）、起步时尾倾（车尾下坐）等动态车辆姿态（俯仰）变化。系统利用传感器检测出纵向加速度，利用前后轮产生的力消除导致俯仰的惯性力，抑制姿态变化（图5-34）。

主动悬架对于侧倾的处理也是一样的，它能够完全消除侧倾或使侧倾向相反的方向发生。但是，一般都会配合驾驶人的感受，控制上稍微残留一些侧倾。主动悬架对侧倾

控制中的左右载荷转移的纵向分配加以控制，以控制高速行驶时的稳定性等转向特性。

半主动悬架主要是控制衰减力，无法控制车高等稳定状态，但是可以控制瞬态特性，对首倾、尾倾等车辆的动态姿态变化的控制效果也很出色。

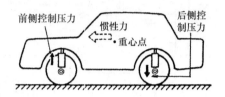

图 5-34　俯仰控制（制动时）

5.5.4　主动悬架的类型与特性

目前为止已开发的代表性系统大致如图5-35 所示。

类型 A 组合了双动型气缸与高响应流量控制阀，系统的控制能力极高，能够控制簧上共振与簧下共振区域。但是在坏路行驶等加振频率、振幅比较大的区域内，要求系统以控制力的形式吸收路面全部的输入，并且根据状态量产生控制力，由此一来，系统的能量消耗有变大的趋势。

类型 C 组合了蓄能器与液压缸，系统利用流量控制阀进行主动控制，能够控制 2~3Hz 以内的低频，超出该范围的高频输入，会利用蓄能器的气动弹簧被动响应。在起伏路面行驶及蛇行行驶时，需要把工作油液送入蓄能器与气缸，能量消耗变大。

类型 B 是为应对上述消耗能源增大而开发的，系统由压力控制阀与液压缸以及小的蓄能器构成。类型 A 能够对气缸上下室进行加压、减压控制，相比之下，类型 B 仅能够对气缸上室进行压力控制，拉伸行程是对上室加压，压缩行程是对上室减压。针对坏路行驶等比较高频的输入，可借助蓄能器简单吸收输入，因控制系统不工作，减少了控制流量，抑制了能量消耗。

面干扰的传递。

衰减机构由压力控制阀 C_v、衰减阀 C_a 以及蓄能器构成。图 5-36b 所示为此系统的等效模型，其传递特性为

$$\frac{F}{\dot{X}_1 - \dot{X}_2} = C_v \frac{C_a j\omega + K_a}{(C_v + C_a)j\omega + K_a}$$

(5-38)

设 $H(\omega)$ 为上式中的右侧部分，此系统的等效衰减常数 $C_{eq}(\omega)$ 则有表达式：

$$C_{eq}(\omega) = |H(\omega)|\cos(\angle H(\omega))$$

(5-39)

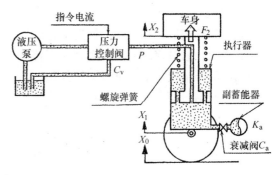

a) 系统概要

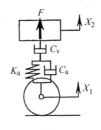

b) 频率感应型衰减机构的等效模型

图 5-36　压力控制系统

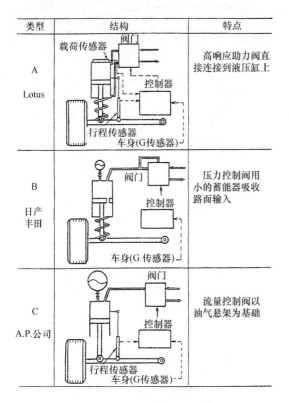

类型	结构	特点
A Lotus		高响应助力阀直接连接到液压缸上
B 日产丰田		压力控制阀用小的蓄能器吸收路面输入
C A.P.公司		流量控制阀以油气悬架为基础

图 5-35　主动悬架的基本类型

5.5.5　实际系统案例

下面，介绍一下实际的系统，此系统由 Skyhook 控制与频率依存衰减特性组合而成，用于有效衰减簧上共振与簧下共振，减少了路面传至车身的外力。

1. Skyhook 控制系统概要

如图 5-36a 所示，压力控制系统由液压泵、压力控制阀和执行器构成。压力控制阀对从泵中送出的高压液体进行加压、减压控制，用于推动执行器的工作。

执行器会根据控制输入（译者注：此处指的是指令电流）产生相应的力。理想状态是对路面干扰不产生任何反作用力，然而实际上压力控制阀作为调节要素会发挥作用，执行器更是路面干扰的传递要素。为此，配备了简单吸收路面干扰的衰减机构，并且利用液压操作型压力控制阀用于减少路

此系统可通过液压系统的设计参数来调节，因此，簧上与簧下的衰减比 ζ_2、ζ_1 能够分别单独设定。实际上，配合 Skyhook 减振器的效果充分衰减簧上共振，则要求 $\zeta_2 = 0.33$ 左右，并且在确保轮胎接地性的范围内，极力减少路面的振动传递，则要求 $\zeta_1 = 0.17$ 左右。

此控制系统的代表特性是与控制电流相应的气缸响应特性、与假定路面干扰时气缸加振速度相应的气缸所产生的力的特性。图5-37所示为这两种特性的试验结果，仅供参考。图中的参数 P_0 是气缸的中性压。

2. 上下振动特性改善效果

图5-38所示为利用2自由度模型，针对由Skyhook控制与频率依存型衰减机构组合而成的主动悬架模型与普通的被动悬架模型，对路面输入速度 X_0 时的簧上加速度 X_2 的振动传递特性进行比较的结果，可知簧上共振降低会阻断路面干扰。

3. 系统整体构成

系统整体构成是在各轮上设置上述的压力控制系统，通过控制器对多个加速度传感器检测出的车辆变化信息进行演算处理，然后通过控制信号使系统工作（图5-39）。

a) 气缸产生的力　F_2/控制输入 i 的特性

b) 气缸产生的力　F_2/气缸加振速度的特性 $(\dot{X}_1-\dot{X}_2)$ 的特性

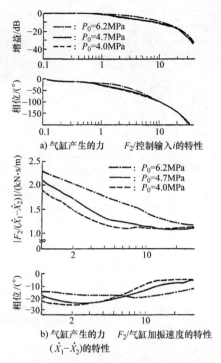

图5-37　液压控制系统特性事例

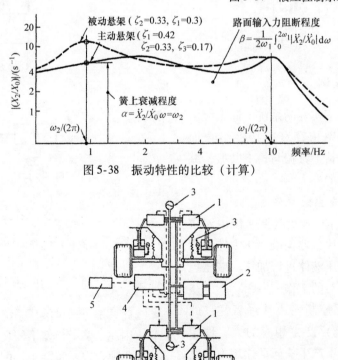

图5-38　振动特性的比较（计算）

图5-39　系统构成

1—压力控制阀　2—径向柱塞泵（10MPa）　3—蓄能器（自由活塞式）

4—控制器（16位微处理器2个）　5—G传感器

参 考 文 献

[1] 宇野高明：車両運動性能とシャシーメカニズム，グランプリ出版 (1994)

[2] 入江南海雄ほか：リヤサスペンション特性が操安性向上に及ぼす影響，日産技報，Vol.19，p.22-40 (1983)

[3] 自動車技術ハンドブック 2. 設計編，自動車技術会 (1991)

[4] 酒井秀樹ほか：リヤサスペンション特性と車両運動性能の解析，自動車技術会論文集，Vol.26，No.3，p.80-85 (1995)

[5] 町田ほか：サスペンション要素が乗心地におよぼす影響，

[6] 佐藤潤一ほか：タイヤ＋サスペンション系の過渡応答シミュレーション事例，自動車技術会　学術講演会前刷集

(1995)

[7] 平尾収ほか：理論自動車工学，山海堂，p.230 (1958)

[8] 福島直人：乗心地要因としてのサスペンションフリクションの解析，日産技報，vol.14，p.64-75 (1979)

[9] 武林文明：小型乗用車のハーシュネスについての一考察，自動車技術会論文集，No.18 (1979)

[10] 福島直人：油圧アクティブサスペンション，p.1-7，自動車技術会シンポジウム (1990)

[11] 赤津洋介：アクティブサスペンションによる車両振動制御，自動車技術会 No.9202 セミナー，p.23-29 (1992)

[12] 平井敏郎ほか：アクティブ・ダンパー・サスペンションの開発，日産技報，No.35 (1994)

第6章 4WS 系统与车辆运动性能

6.1 4WS 系统的目的与原理

汽车诞生于 100 多年前，转向机构通常只前轮安装，这种机构是从马车发展而来的。根据该基本结构，还衍生开发出了各种有利于提升汽车操纵性与稳定性的技术。特别是轮胎性能的改善与悬架技术的发展为操纵性与稳定性的提升产生了巨大作用。

从车辆运动力学的观点来看，仅仅依靠前轮转向机构提升操纵性与稳定性存在一定的局限性，原因在于包括横摆运动与侧滑运动的车辆侧向运动与操纵性和稳定性密切相关，而仅通过前轮转向装置直接控制车辆运动的外力输入，无法自由调整车辆 2 种运动自由度的转向响应。

因此前后轮都参与转向的 4WS（四轮转向）应运而生，该系统能利用前后轮的转向输入，自由控制车辆 2 种运动自由度。借助 4WS，转向响应性的自由度增加，实现了普通前轮转向（下文称为 2WS）车辆无法实现的转向响应性。本节先从基本力学原理阐述 4WS 在改善车辆侧向运动方面的具体表现。

6.1.1 前馈型 4WS

减少高速行驶时车辆相对于驾驶人转向操作所表现出的侧向加速度响应延迟是 4WS 最重要的目的，它能够实现后轮与前轮在同一方向上成正比地转向。图 6-1 所示是车辆转向响应示意图，虚线所示的信号传递路径可使 4WS 的后轮与前轮成正比地转向。

普通 2WS 没有这个信号传递路径，所以当驾驶人操作转向盘，前轮会立即产生轮胎侧偏角及由该侧偏角引起的前轮侧向力，但后轮却不会出现。在前轮侧向力的作用下，会产生横摆力矩，一旦车辆开始旋转，就会联动产生后轮的侧偏角与车身侧偏角。

2WS 的工作过程如下：驾驶人打转向盘→前轮产生侧向力→车身开始横摆运动→后轮产生侧向力。后轮侧向力的出现晚于转向盘转向，这种延迟会导致在前后轮总侧向力作用下而产生的侧向加速度响应延迟。尤其是随着车速升高，与横摆角速度相应的车辆侧偏角反馈增益下降，与转向盘转向相应的车辆侧向加速度响应延迟会增加。

如果此时车辆侧向加速度响应延迟较大，那么驾驶人将很难预测车辆未来的运动。高速或是在冰雪路面等行驶工况下，驾驶人进行转向操作后，由于后轮产生侧向力要晚于前轮，车辆后部将首先出现朝与行进路线相反方向的移动摆尾现象，这时，虽然车辆的朝向发生变化，但行进方向却迟迟没有变化，因此驾驶人常会以为是转向操作未起作用而导致转向过度。随后，当行进轨迹发生重大改变时，驾驶人又会大幅度修正转向盘。这样一来，车辆响应延迟越严重，驾驶人为了保证车身轨迹与目标路线一致，预判车辆运动轨迹就愈发困难，所以，这给驾驶人转向时带来了极大的身心负担。简而言之，车辆侧向加速度响应相对于转向盘转向的延迟，对于驾驶人的转向操作而言并非乐事。

另外，在图 6-1 所示的示意图上增加虚线部分后，就表示为 4WS 的响应。驾驶人进行转向操作，当前轮产生侧偏角时，后轮也同时产生侧偏角。也就是说，4WS 没等出现车身的侧偏运动，前后轮就会同时产生侧向力，因此与 2WS 相比，基于总侧向力的车辆侧向加速度延迟会大幅减少。

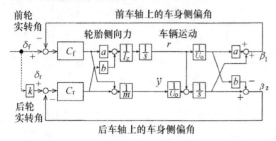

前轮实转角

前车轴上的车身侧偏角

轮胎侧向力　　车辆运动

后车轴上的车身侧偏角

后轮实转角

图 6-1　表示车辆转向响应的方框图

由此可见，前后轮同方向成正比转向时，能够减少车辆侧向速度响应延迟。转向响应特性有利于驾驶人为保证行进轨迹与目标路线做出预测，而且负担也小。

根据前轮转向，使后轮与前轮能够同步转向的 4WS 方式就是前馈型 4WS。采用全新的调整横摆角速度与侧向加速度匹配的控制手法是前馈型 4WS 的定位。

6.1.2　反馈型 4WS

车辆在直行中，各种外部干扰时常会作用在车身上，扰乱行进路线，为此，驾驶人会轻微修正转向盘转角以保证行进轨迹与目标路线一致。而车辆替代驾驶人控制部分转向修正的功能就是反馈型 4WS。

反馈型 4WS 根据横摆角速度传感器等检测车身运动，控制后轮转向角，减少驾驶人对于外部干扰采取的转向修正。

实际上，2WS 也具有对外部干扰的自动修正功能。从图 6-1 所示示意图可知，2WS 受到外部干扰时会产生横摆角速度，前后轮会产生侧偏角，该侧偏角会作用在外部干扰引起的横摆角速度方向上。反馈型 4WS 则能够进一步增强 2WS 原有的车身稳定性。

因此，尽管反馈型 4WS 相比传统车辆没有新增功能，但是却能够人为地改变传统车辆在行驶条件约束下的稳定程度。反馈型 4WS 在会导致稳定性下降的行驶条件下，

依然能够维持高稳定性。

6.1.3　低速小转弯半径型 4WS

在狭窄甬道上的转弯操作是令人感到烦琐的操作之一，这时，转弯半径小的车辆在运动表现上更加自如。当 4WS 的后轮与前轮呈逆向转向，最小转弯半径将变小且内轮差会降低，转小弯时的性能可得以提升。如图 6-2 所示，后车轴的延长线与前轮轮胎垂线的交点 O_2 是前轮转向车辆的转弯中心，而交点 O_4 则是后轮与前轮同步转向车辆的转弯中心，是后轮轮胎垂线与前轮轮胎垂线的交点。正是凭借这种几何学关系中转弯中心的移动，4WS 才得以实现 2WS 所无法企及的行驶轨迹，令人在低速行驶时倍感轻松愉悦。而且，4WS 在高速行驶工况下，如果前后轮转向为同一方向，那么横摆率与侧向加速度的稳态响应增益就会变小。因此，要想确保稳态增益与 2WS 相当，应将前轮实转角速比设置成较小的值，这样一来，低速时转向盘从一个极限位置到另一极限位置的转动角可以做到较小，相同转弯半径下的转向盘操作量也小于 2WS。

综上所述，低速下 4WS 的转弯半径得以减小。最初设计的 4WS 都是后轮与前轮呈逆向转向的类型，其目的在于优化最小转弯半径。如果前后轮只呈逆向转向，那么高速工况下，转向时的侧向加速度的响应延迟会变大，因此，除了应用到特殊专用车型上，并未实际普及。

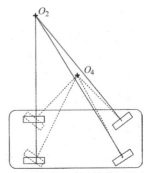

图 6-2　极低速行驶时的车辆转弯中心

6.2 4WS 运动学理论

用传递函数描述 2WS 的前轮转向角 δ_f 相应的横摆率 r 与侧向加速度 $\ddot{y}$ 的响应,可得出下式:

$$G_{\delta_f}^r(S) = G_{\delta_f}^r(0) \frac{1 + T_r S}{1 + \frac{2\zeta}{\omega_n}S + \frac{1}{\omega_n^2}S^2} \quad (6\text{-}1)$$

$$G_{\delta_f}^{\ddot{y}}(S) = G_{\delta_f}^{\ddot{y}}(0) \frac{1 + T_1 S + T_2 S^2}{1 + \frac{2\zeta}{\omega_n}S + \frac{1}{\omega_n^2}S^2} \quad (6\text{-}2)$$

式中:

$$G_{\delta_f}^r(0) = \frac{U_0}{l(1 + KU_0)}; \ G_{\delta_f}^{\ddot{y}}(0) = \frac{U_0^2}{l(1 + KU_0)}$$

$$T_r = \frac{ma}{C_r l}U_0; \ T_1 = \frac{b}{U_0}; \ T_2 = \frac{I_z}{C_r l}$$

$$\frac{2\zeta}{\omega_n} = \frac{(C_f a^2 + C_r b^2)m + (C_f + C_r)I_z}{C_f C_r l^2} \cdot \frac{U_0}{1 + KU_0^2}$$

$$\frac{1}{\omega_n^2} = \frac{I_z m}{C_f C_r l} \cdot \frac{U_0}{1 + KU_0^2}; \ K = \frac{C_r b - C_f a}{C_f C_r l^2}m$$

式中,各符号代表的含义如下:U_0 是车速,C_f、C_r 是前、后轮轮胎的侧抗刚度(左右之和),a、b 是从车辆的重心到前、后车轴的距离,l 是轴距,ζ 是侧向运动的衰减系数,ω_n 是侧向运动的固有振动频率,K 是稳定系数,m 是车身质量,I_z 是横摆惯性力矩,T_r 是相对横摆角速度前轮转向角的超前时间常数,T_1、T_2 是相对横摆角速度后轮转向角的超前时间常数,S 是拉普拉斯算子。

当侧偏角介于横摆率 r 与侧向加速度 $\ddot{y}$ 之间时,则有

$$\ddot{y} = U_0(r + \dot{\beta}) \quad (6\text{-}3)$$

围绕前轮转向时的响应与后轮转向时的响应进行线性加法运算,即前后轮均转向时的车辆转向响应,相对后轮实转角 δ_r 的横摆率与侧向加速度的响应为

$$G_{\delta_r}^r(S) = -G_{\delta_r}^r(0) \frac{1 + T_r' S}{1 + \frac{2\zeta}{\omega_n}S + \frac{1}{\omega_n^2}S^2} \quad (6\text{-}4)$$

$$G_{\delta_r}^{\ddot{y}}(S) = G_{\delta_r}^{\ddot{y}}(0) \frac{-1 + T_1' S + T_2' S^2}{1 + \frac{2\zeta}{\omega_n}S + \frac{1}{\omega_n^2}S^2} \quad (6\text{-}5)$$

式中:

$$T_r' = \frac{mb}{C_f l}U_0; \ T_1 = \frac{a}{U_0}; \ T_2' = \frac{I_z}{C_f l}$$

前后轮同时转向时,利用线性加法运算式(6-1)、(6-2)、(6-4)和式(6-5),可得出下式:

$$\begin{bmatrix} R \\ S^2 Y \end{bmatrix} = \begin{bmatrix} G_{\delta_f}^r(0)\dfrac{1+T_r S}{1+\frac{2\zeta}{\omega_n}S^2} - G_{\delta_r}^r(0)\dfrac{1+T_r' S}{1+\frac{2\zeta}{\omega_n}S+\frac{1}{\omega_n^2}S^2} \\ G_{\delta_f}^{\ddot{y}}(0)\dfrac{1+T_1 S+T_2 S^2}{1+\frac{2\zeta}{\omega_n}S+\frac{1}{\omega_n^2}S^2} \ G_{\delta_r}^{\ddot{y}}(0)\dfrac{-1+T_1' S+T_2' S^2}{1+\frac{2\zeta}{\omega_n}S+\frac{1}{\omega_n^2}S^2} \end{bmatrix}\begin{bmatrix} \Delta_f \\ \Delta_f \end{bmatrix}$$

$$(6\text{-}6)$$

式中:

$$R(S) = L[r(t)]; \ S^2 Y(S) = L[\ddot{y}(t)]$$
$$\Delta_f(S) = L[\delta_f(t)]; \ \Delta_r(S) = L[\delta_r(t)]$$

图 6-3 所示的是式(6-6)的方框图。

车辆的转向响应接近中性转向时,式(6-6)中的 T_r 与 T_r' 基本相等,同前后轮分别对应的横摆率响应的极点与零点的位置大体一致。由此可见,当后轮与前轮成正比转向时,只有稳态增益出现变化,横摆率响应基本没有相位变化。换言之,前后轮成正比的 4WS 无法大幅改善横摆率响应。

另外,由于式(6-6)中前轮实转角与后轮实转角的传递函数的零点一致,可以利用该线性结合,改变侧向加速度的响应相位。尽管只是单纯地控制后轮与前轮成比例转向,也能够减少转向时侧向加速度的响应延迟,如上文所述,其原因在于后轮从转向初期就开始产生侧向力。

制定出 4WS 的控制法则后,利用式(6-6)可预测出车辆的转向响应特性。而

且，可以根据式（6-6）的关系，确立出满足控制目的的控制系统设计方法。

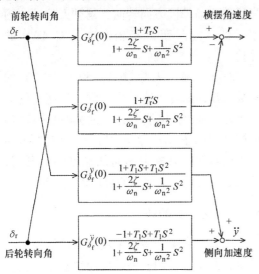

图6-3　前后轮转向时的车辆响应方框图

6.3　控制方法的分类与基本控制方法概要

6.3.1　前馈型4WS

前后轮以比率 k 同方向转向时，车辆的转向响应为

$$\delta_r = k\delta_f \qquad (6\text{-}7)$$

应用式（6-6）后，则有以下公式：

$$G_{\delta_{sw}}^r(S) = \frac{1-k}{n}G_{\delta_f}^r(0)\frac{1+(1+\lambda_r)T_rS}{1+\dfrac{2\zeta}{\omega_n}S+\dfrac{1}{\omega_n^2}S^2} \qquad (6\text{-}8)$$

$$G_{\delta_{sw}}^y(S) = \frac{1-k}{n}G_{\delta_f}^y(0)\frac{1+(1+\lambda_1)T_1S+(1+\lambda_2)T_2S^2}{1+\dfrac{2\zeta}{\omega_n}S+\dfrac{1}{\omega_n^2}S^2} \qquad (6\text{-}9)$$

式中：

$$\lambda_r = \frac{k}{1-k}\times\frac{T_r-T_r'}{T_r}$$

$$\lambda_1 = \frac{k}{1-k}\times\frac{T_1+T_1'}{T_1}$$

$$\lambda_2 = \frac{T_2+T_2'}{T_2}$$

如果车辆的转向响应特性接近中性转向特性，可看作 $K=0$，则

$$\lambda_r = 0；\lambda_1 = \lambda_2 = \frac{2k}{1-k}\equiv\lambda$$

$$G_{\delta_{sw}}^r(S) = \frac{1-k}{n}G_{\delta_f}^r(0)\frac{1+T_rS}{1+\dfrac{2\zeta}{\omega_n}S+\dfrac{1}{\omega_n^2}S^2} \qquad (6\text{-}10)$$

$$G_{\delta_{sw}}^y(S) = \frac{1-k}{n}G_{\delta_f}^y(0)\frac{1+(1+\lambda)T_1S+(1+\lambda)T_2S^2}{1+\dfrac{2\zeta}{\omega_n}S+\dfrac{1}{\omega_n^2}S^2} \qquad (6\text{-}11)$$

从式（6-8）和式（6-9）可知，后轮转向的影响仅体现在分子上，特征方程式所给出的分母部分与2WS完全相同。在此类型的4WS与2WS上，开环系统的稳定性是同等的，当不存在来自驾驶人的转向输入时，4WS不起作用。传递函数的分子在 $K>0$（后轮与前轮同方向转向）情况下，相位超前项增加，侧向加速度响应延迟减少。利用这些公式解析计算频率响应，可得出图6-4所示的特性。

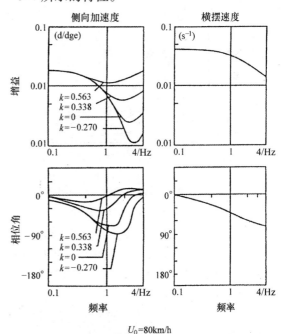

$U_0=80\text{km/h}$

图6-4　前后轮成比例转向控制4WS的转向响应（计算结果）

汽车运动性能技术

后轮与前轮同方向转向时，侧向加速度响应在高频范围内的增益下降与相位延迟会减少。假定车辆是完全的中性转向特性，那么横摆率特性不会出现任何变化。

为了确保稳态响应增益在改变转向角比 k 时固定不变，可以改变并调整车辆的总转向比 n。

前后轮转向会引起侧向加速度响应的变化，采用搭载机械式可变前后转向角比的试验车，明确它对闭环系统的人 - 车控制性能的影响。具体方法是使用前后转向角比可变的试验车，根据式（6-10）保持横摆响应固定不变，然后再根据式（6-11）改变超前时间常数 λ，在鼓式侧向运动试验台上进行一系列的闭环试验，最终调查出侧向加速度相位延迟对驾驶人控制效果的影响。对拥有高水平驾驶技能的驾驶人进行路线随动试验与变线试验后，其结果可用图 6-5 来表示。

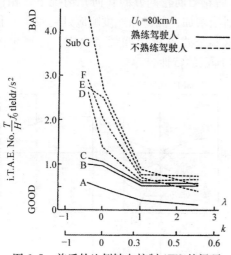

图 6-5　前后轮比例转向控制 4WS 的闭环试验结果（变线试验中的控制结果）

1）后轮相对前轮以 0.3 的比率同方向转向，侧向加速度的相位延迟减小。尽管横摆响应不变，但是驾驶人的客观控制效果与主观评分会提升。

2）上述影响在驾驶技能不熟练的驾驶人身上体现得要比技术熟练的驾驶人更为显著。

使用另一种方法，同样也可以证实此结果。从线性逆推模型计算出随动转向轨迹，当后轮与前轮同方向转向，驾驶人的转向频率变低，转向变得轻松，这是对 4WS 的评价。

2WS 方面，从式（6-1）和式（6-2）的常数可知，随着车速变高，侧向加速度的响应延迟呈现出比横摆率更强的逐渐变大趋势。前馈型 4WS 在高速行驶时后轮与前轮同方向成正比转向，只减少侧向加速度响应延迟，该做法是符合力学原理的合理控制方法。

6.3.2　反馈型 4WS

图 6-6 所示为考察了反馈车辆横摆率的后轮转向系统，用 p 表示反馈增益，后轮实转向角为

$$\delta_r = pr \qquad (6-12)$$

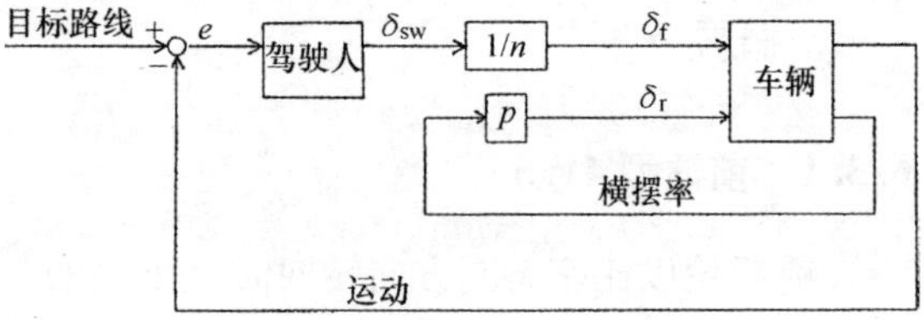

图 6-6　横摆率反馈型 4WS

使用式（6-6），转向时的横摆响应与侧向加速度响应分别为

$$G^r_{\delta_{SW}}(S) = \frac{1}{n}G^r_{\delta_f}(0)$$

$$\frac{1+T_rS}{1+pG^r_{\delta_f}+\left(\frac{2\zeta}{\omega_n}+pG^r_{\delta_f}(0)T'_r(0)T'_r\right)S+\frac{1}{\omega_n^2}S^2} \qquad (6-13)$$

$$G^{\ddot{y}}_{\delta_{SW}}(S) = \frac{1}{n}G^{\ddot{y}}_{\delta_f}(0)$$

$$\frac{1+(T_1+p)S+T_2S^2}{1+pG^r_{\delta_f}(0)+\left(\frac{2\zeta}{\omega_n}+pG^r_{\delta_f}(0)T'_r\right)S+\frac{1}{\omega_n^2}S^2} \qquad (6-14)$$

从公式可知，反馈型 4WS 的转向响应

特性方程式发生变化时，车辆的开环特性也随之变化。反馈 p 为正，特征根则向实轴的负方向移动，这比车辆开环特性更加稳定。

反馈型 4WS 最初是通过反馈后轮的轮胎侧偏角来控制后轮实转角的 4WS 系统。通过数学模型解析可知，车身侧偏角比 2WS 的小，操纵性与稳定性都有所提升。

有报告曾从理论上导出可以利用前后轮实转角的动态前馈补偿与横摆率以及前后轮侧向力反馈补偿的配合协调，把车辆在所有车速下的转向响应传递函数从二阶滞后改进至一阶滞后。

综上所述，通过反馈车辆运动状态来控制后轮实转角，车辆稳定性得以增强。后轮转向时车辆响应特征方程式与前轮转向时的完全一致，因此，后轮所采取的反馈控制应用在前轮的转向控制上时，能够获得相同的效果。式（6-6）表明基于侧向加速度的后轮的稳态项与瞬态项的符号不同，在转向初期，响应与稳定状态呈反方向，故对前轮进行反馈控制才是自然的控制。但是前轮实转角的反馈控制会使得转向机构变得复杂，实际上对此并未做过尝试。

6.4　控制方法的实际情况

6.4.1　横摆率响应延迟的改进对策

在后轮与前轮同方向转向的前馈型 4WS 中，若车辆表现出较强的不足转向，根据式（6-8）$K>0$ 的影响，则 $\lambda_r<0$，转向时的横摆率响应延迟相比 2WS 会变大。4WS 控制方式正是根据此观点来减少侧向加速度响应与横摆率响应的相位延迟，使后轮相对前轮转向有所延迟。

图 6-7 所示为后轮相对前轮的转向延迟对于横摆率的频率响应的影响，此方法中，侧向加速度在高频的响应延迟减少的效果变弱。

此外，还有一种称为 HICAS 的系统，

它主要是通过测出的转向力来控制后轮实转角，属于比较实际的控制方法。若从反馈前轮侧向力的角度看待该系统，那么可以界定为是反馈型 4WS。

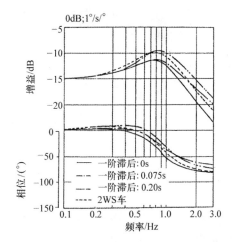

图 6-7　后轮相对前轮的转向延迟影响

6.4.2　车身零侧偏控制

从式（6-3）可以看出，侧向加速度是由代表旋转运动的横摆率与代表并进运动的车身侧偏角构成的。随着车速变高，侧向加速度的响应延迟会变得比横摆率还要大，这是因为此时车身侧偏角的稳态增益从正值减少至负值，也可视作是因为车身侧偏角速度的超前时间常数的减少。前馈型 4WS 的后轮与前轮会同方向成正比转向，使得侧向加速度的响应延迟减少，这相当于是减小为负值的车身侧偏角的绝对值。由此可见，车身侧偏角的稳定值应当尽量接近 0。围绕 4WS 的控制展开全方位的研讨，得出前轮实转角下的车身侧偏角响应如下：

$$B = G_{\delta_f}^{\beta}(0)\frac{1+T_{\beta}S}{1+\dfrac{2\zeta}{\omega_n}S+\dfrac{1}{\omega_n^2}S^2}\Delta_f +$$

$$G_{\delta_r}^{\beta}(0)\frac{1+T'_{\beta}S}{1+\dfrac{2\zeta}{\omega_n}S+\dfrac{1}{\omega_n^2}S^2}\Delta_r \quad (6\text{-}15)$$

式中：

$$B = L[\beta]$$

$$G_{\delta_f}^{\beta}(0) = \frac{b - \dfrac{ma}{C_r l}U_0}{l(1 + KU_0^2)}$$

$$G_{\delta_r}^{\beta}(0) = \frac{a + \dfrac{mb}{C_f l}U_0}{l(1 + KU_0^2)}$$

$$T_{\beta} = \frac{\dfrac{I_z}{C_r l}U_0}{b - \dfrac{ma}{C_r l}U_0^2}$$

$$T'_{\beta} = \frac{\dfrac{I_z}{C_f l}U_0}{a + \dfrac{mb}{C_f l}U_0^2}$$

用 k 表示前馈型 4WS 中的前后转向比，则车身侧偏角的转向响应可表达为

$$G_{\delta_{SW}}^{\beta}(S) = \frac{1}{n}$$

$$\frac{G_{\delta_f}^{\beta}(0) + kG_{\delta_r}^{\beta}(0) + [G_{\delta_f}^{\beta}(0)T_{\beta} + kG_{\delta_r}^{\beta}(0)T'_{\beta}]S}{1 + \dfrac{2\zeta}{\omega_n}S + \dfrac{1}{\omega_n^2}S^2}$$

$$(6\text{-}16)$$

车身侧偏角的稳态增益可表达为

$$G_{\delta_{SW}}^{\beta}(0) = \frac{1}{n}[G_{\delta_f}^{\beta}(0) + kG_{\delta_r}^{\beta}(0)]$$

$$= \frac{1}{n} \frac{\left(b - \dfrac{ma}{C_r l}U_0^2\right) + k\left(a + \dfrac{mb}{C_f l}U_0^2\right)}{l(1 + KU_0^2)}$$

$$(6\text{-}17)$$

把该式设为 0，求解 k，则有

$$k = \frac{-b + \dfrac{ma}{C_r l}U_0^2}{a + \dfrac{mb}{C_f l}U_0^2} \qquad (6\text{-}18)$$

根据式（6-18），利用车速函数决定前后转向比 k，理论上能够维持车身侧偏角在所有车速下均为 0。该系统称作是车速感应型 4WS，不同车速下的前后转向比如图 6-8 所示。

为了满足横摆率与侧向加速度在 0.5 ~

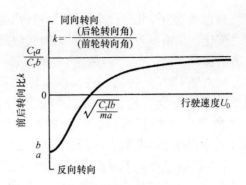

图 6-8　稳态车身侧偏角为 0 时的前后转向比

1Hz 频率范围内的相位延迟基本一致，车速感应型 4WS 应运而生，它的前后转向比随车速可变。式（6-3）说明它的条件等效于车身侧偏角为 0。

式（6-18）和式（6-16）的稳态项设置为 0，按照此公式，在前后转向比为正比的转向控制中，车身侧偏角的瞬态响应未必会维持在 0 不变。按此观点考虑式（6-16）的 S 项，当设置为 0 时，求解出下面的前后转向 k：

$$k(S) = \frac{\Delta_r(S)}{\Delta_f(S)} = \frac{-b + \dfrac{ma}{C_r l}U_0^2 - \dfrac{I_z}{C_r l}U_0 S}{a + \dfrac{mb}{C_f l}U_0^2 + \dfrac{I_z}{C_f l}U_0 S}$$

$$(6\text{-}19)$$

根据此公式，以动态关系控制后轮相对前轮的转向，车身侧偏角包括瞬态响应在内都始终是 0。

另一种控制方法是前后转向比可变，其出发点是：

1）驾驶人急打转向时，后轮与前轮反方向转向，转向的敏感度增加。

2）驾驶人缓打转向时，后轮与前轮同方向转向，运动的稳定性增加。

$$k(S) = \frac{\Delta_r(S)}{\Delta_f(S)} = K_{\delta} - \frac{KS}{KS + 1}$$

$$(6\text{-}20)$$

整理式（6-20）后，得出与式（6-19）构成相同的传递函数。

可在配备视觉系统的旋转式驾驶模拟器上进行闭环试验,以确定式(6-20)的效果。

在公式中再加入横摆率的反馈补偿,通过利用驾驶模拟器展开的试验与运用驾驶人转向模型的分析,确认了增加前轮转向比例、动态特性的前馈方式及反馈控制方式等各种后轮转向方式之间的效果差异。此处的4WS控制方式主要是着眼于闭环系统的特征根,在有外部干扰时,合理配置支配车辆回正动作前半程变化的特征根与后半程变化的特征根。

积极控制前后轮,就可以把横摆率与侧向加速度这两个自由度设定成任意的响应特性,例如,前轮与后轮相对转向角:

$$\Delta_{\mathrm{f}}(S) = \frac{1}{n}\left(1 + K_{\mathrm{OP}} + \frac{C_{\mathrm{r}}}{C_{\mathrm{f}}}T_{\mathrm{OP}}S\right)\Delta_{\mathrm{SW}}$$

$$\Delta_{\mathrm{r}}(S) = \frac{1}{n}\left(K_{\mathrm{OP}} - T_{\mathrm{OP}}S\right)\Delta_{\mathrm{SW}}(S)$$

$$(6\text{-}21)$$

式中:

$$K_{\mathrm{OP}} = \frac{amC_{\mathrm{f}}U_0^2 - blC_{\mathrm{f}}C_{\mathrm{r}}}{l^2 C_{\mathrm{f}}C_{\mathrm{r}} + (C_{\mathrm{r}}b - C_{\mathrm{f}}a)mU_0^2}$$

$$= \frac{-b + T_{\mathrm{r}}U_0}{l(1 + KU_0^2)}$$

$$T_{\mathrm{OP}} = \frac{C_{\mathrm{f}}I_z U_0}{l^2 C_{\mathrm{f}}C_{\mathrm{r}} + (C_{\mathrm{r}}b - C_{\mathrm{f}}a)nU_0^2}$$

$$= \frac{T_2 U_0}{l(1 + KU_0^2)}$$

假如进行如下控制,如图6-9所示,那么转向时的横摆率与侧向加速度的相位延迟理论上都可为0。

根据式(6-6),从转向盘转向时的横摆率与侧向加速度的传递函数始终呈现稳定值的公式可反推出式(6-21),并求出前轮实转角与后轮实转角的关系,结果与式(6-19)完全一致。若把式(6-21)中前轮与后轮的控制方法解读为后轮相对前轮的控

制方法,则与竹内等所提出的控制方法完全一致。

横摆率与侧向加速度相位一致则等效于车身侧偏角始终为0。

6.4.3 低速行驶时的驾驶性能提升

为提升低速时的驾驶性能,很早以前就在特殊用途车辆上应用了前后轮呈反方向转向的4WS。前后轮呈反方向转向可提升低速行驶时的小转弯特性,但是侧向加速度响应延迟却会变得更大,不适用于高速行驶。因此,如何兼顾提升低速驾驶性能与高速运动性能就发展成了该领域的技术课题,围绕该课题,4WS历经多次突破,终于可在普通的乘用车上付诸应用。

一种系统方案是式(6-18)表达出的前后转向比随车速可变的车速感应型4WS。最小转弯半径与内轮差是支配极低速时驾驶性能的主要性能评价指标,这些都由后轮的最大转向角所决定。通过对15名试验者展开的U形弯与驻车难易度试验可知,对提升发动机排量2L级别的乘用车低速驾驶性最为合适的后轮最大实转角为5°左右。

另一种系统方案是转向角感应型4WS,可兼顾提升低速驾驶性能与高速运动性能。如图6-10所示,此系统的前后转向比随转向盘转角大小可变。驾驶人的转向量少时,后轮与前轮同方向转向;驾驶人大幅操纵转向盘时,后轮与前轮反方向转向。

该系统在高速行驶时,驾驶人对转向盘的转向操作极其轻微,后轮与前轮同方向转向;在低速行驶时,驾驶人对转向盘的转向操作幅度较大,后轮与前轮反方向转向。由于无须直接检测车速,单纯由机械零部件构成,运用简单的硬件即可兼顾实现提升低速驾驶性与高速运动性能。

控制系统	函数	A_f	A_r
(A) 前轮转向	(———)	0	0
(B) 比例转向	(----)	0	K_r
(C) 1阶延迟	(----)	0	$K_r/(1+T_rS)$
(D) 1阶超前	(-·-·-)	0	$K_r - T_rS$
(E) 前轮和后轮	(-··-)	$K_f + T_fS$	$K_r - T_rS$

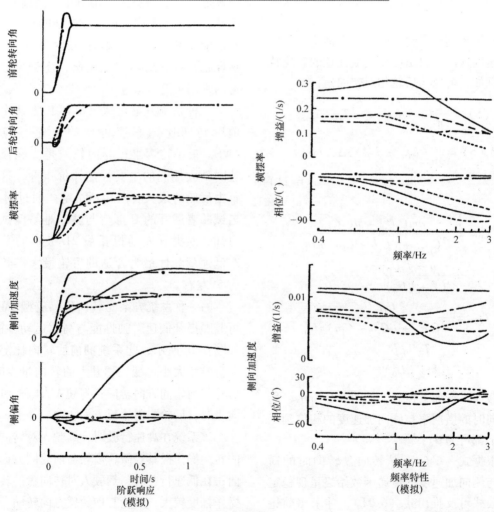

图 6-9 相位超前和相位延迟控制对转向响应的影响

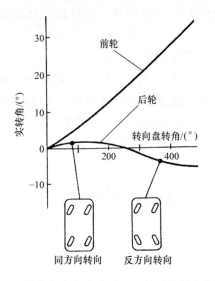

图 6-10　转向角响应随动型 4WS 的后轮转向角控制

此外，还有一种系统方案则是采用前馈补偿，随着车速增高，通过产生的车身侧偏角的大小来反馈横摆率，并且对侧偏角与后轮实转角进行加法计算，车辆的前后轮轨迹差值始终为 0。

反馈型 4WS 的系统效果是车辆特征方程特征根的改变，增强了稳定性。对车辆受到侧风干扰的运动情况进行模拟计算发现，4WS 的侧向位移小于 2WS，如图 6-11 所示。

6.4.4　理想转向响应的实现

1. 最佳控制、模型随动控制

曾有人基于最佳控制理论，提出了可将车身侧摆角控制在最小限度的控制设计方法。

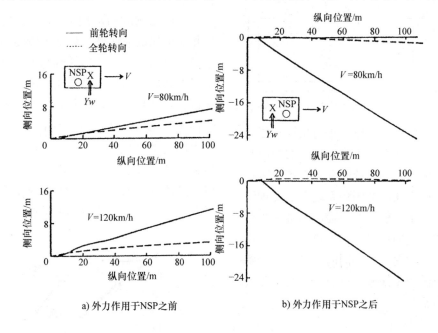

a) 外力作用于 NSP 之前　　　　　　　b) 外力作用于 NSP 之后

图 6-11　横摆角速度反馈型 4WS 对侧风干扰时的响应

该方法中的 4WS 由前馈补偿与横摆率以及车身侧偏角的反馈补偿构成，在该 4WS 上应用最优的调节器，利用计算机仿真，能够保持车身侧偏角在瞬态响应时始终为 0。

出于对优化闭环系统控制性能的考虑，也有人建议尝试在驾驶人 4WS 系统上应用最优调节器，并指出 4WS 可拓宽驾驶人控

制参数的适宜范围。

为了保证横摆率及侧向加速度的转向响应特性与预先设定的标准模型一致，人们还研讨过在 4WS 的后轮转向控制系统上应用模型随动控制。现阶段，在反馈补偿中，车辆运动特性大幅变动时的稳定性问题与人进行转向盘操作同制动系统之间的干涉问题尚

不明确，实际应用上存在不确定因素，因此，仅对前馈补偿实行模型随动控制更加行之有效。

如图 6-12 所示，导入横摆率与侧向加速度的线性结合量 $D^{※}$，此 $D^{※}$ 构成了标准模型输出的 4WS 控制系统，利用数学模型与试验者确认效果后，可知使用该控制方法能够获得所期望的横摆率响应或侧向加速度响应。

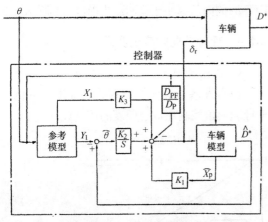

图 6-12　$D^{※}$ 模型随动控制

有报告提出对前后轮均进行反馈补偿与前馈补偿，使横摆率与车身侧偏角的响应与虚拟车辆模型的控制系统联动。在该学术报告中，对包括人在内的闭环系统开展了理论分析，比较了单纯前馈补偿控制与进一步增加反馈补偿控制的构成，指出进行反馈补偿后，直行稳定性提升了。同时，又进一步解析了车辆的模型化误差，以及车辆与驾驶人参数变化的影响。

2. 自适应控制

为了消除车辆载重状态与轮胎气压变化、路面状态等环境变化、控制系统设计误差，研讨在 4WS 上应用自适应控制系统。有学者建议在 4WS 上应用自动校正控制器（STC）方案，并在试验车上进行效果确认。

此外，还有学者提出在 4WS 上应用模型标准型自适应控制系统（MRACS）的设计手法，自适应控制横摆率、侧向加速度以及 $D^{※}$ 的系统设计方法。尝试把轮胎的侧抗刚度作为不确定参数，推导出车辆的运动模型。

3. 鲁棒控制

伴随 $H_∞$ 优化控制、$μ$ 设计方法等的发展，人们围绕该领域内的 4WS 控制系统设计展开了热烈讨论。通过仿真与实车试验，证实了 $H_∞$ 优化控制的设计方法适用于 4WS 并确认了效果。

6.4.5　非线性运动区域控制

随着转弯侧向加速度的增大，轮胎与路面的摩擦力逐渐趋向饱和，轮胎的侧抗刚度随之下降，因此，车辆在直行时与转弯时的转向响应不同。

转向角响应随动型 4WS 主要是利用后轮相对前轮的非线性函数来进行转向，有学者曾通过分析某一较大侧向加速转弯状态下，对转向盘施加微量转向时的车辆响应情况调查过 4WS 的效果。分析结果表明，非线性 4WS 随着转向盘转角的增加，后轮相对于前轮的转向比会变小，相比 2WS 及前后转向比一定的线性 4WS，能够在更高的侧向加速度下，更大程度上维持横摆率响应增益，如图 6-13 和图 6-14 所示。

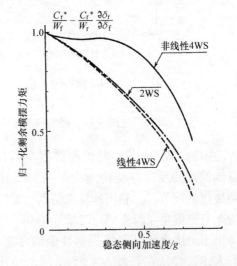

图 6-13　表现匀速环行时与微量转向相对应的横摆运动余力的残余横摆力矩

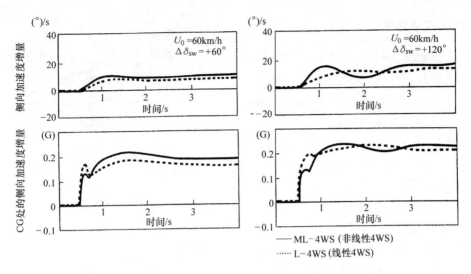

图 6-14　$0.6g$ 匀速环行状态下的 lamp step 响应（计算机仿真）

当车辆以较大转向侧向加速度与纵向加速度运动时，对前后轮胎的驱动力与制动力以及接地载荷的变化进行分析，能够导出等效侧抗刚度。有学者曾提出考虑这种非线性的力学特性，修正 4WS 控制参数的控制方法。利用计算机仿真，该控制方法的效果得以确认，如图 6-15 所示。

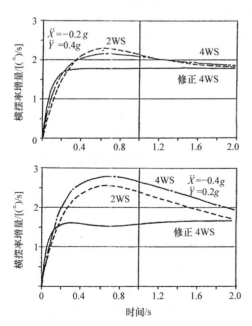

图 6-15　制动转弯过程中的转向瞬态响应

另有学者提出用观察器监视路面的摩擦系数的变化，改变 4WS 控制方法的手法。该方法通过利用计算机模拟不同摩擦系数路面，确认出该观察器的效果。

6.4.6　4WS 与其他底盘控制的协调控制

业界对 4WS 与驱动系统、制动系统、悬架系统等其他底盘控制的协调控制开展了广泛的研究。有学者提出在 4WS 与 4WD 的综合控制系统之中，针对轮胎的非线性特性进行线性化，用 μ 设计法构建控制系统的手法的建议。经过实车验证，得出该手法可提升易滑路面稳定性的试验结论。

4WS 在线性的运动领域效果显著，在轮胎与路面附着力接近饱和极限时的非线性领域效果却会下降。因此，与采用左右驱动与制动分配控制的直接横摆力矩进行协调控制，弥补相互不足之处的系统备受瞩目。

最近有学者还提出了测量轮胎的侧向力，从运动力学的观点，构建控制算法的协调控制手法。

6.4.7 其他控制应用研究

有学者提出按照权衡 4WS 调节器响应的最佳设计思路，来解析理论与实车上的最佳参数。考量调节器上响应时间与运算处理时间，进而再权衡距离目标路线的偏差以及修正转向角各自的平方根，作为闭环系统的操纵稳定性指标，由此得出理论与实际的最佳增益一致的结论。

也有学者提出把反馈型 4WS 的设计方法作为解耦车辆横摆运动与侧向运动的手段。通过反馈横摆率与前车轴上的侧向加速度，在车辆重量、车速、轮胎侧向力特性不明确的情况下，仍然可以构成鲁棒控制系统，获得理想的横摆运动响应特性。

6.5 4WS 的各种结构

6.5.1 全机械式控制

如图 6-16 所示，有学者提出转向角随动型 4WS 的机械装置，这是一种完全由机械结构所构成的 4WS。在图 6-17 所示的系统中，后轮转向齿轮箱是由曲轴机构与行星齿轮机构构成的，输入输出的齿轮比会随着输入大小而发生变化。图 6-18 模式化地表现了该基本结构。如图 6-19 所示，两个偏心轴借助于啮合在内齿轮上的行星轮协调工作，从而合成不同的信号曲线，决定输出特性。

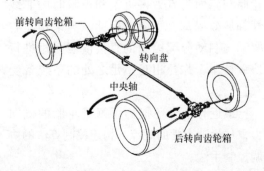

图 6-16 转向角响应随动型 4WS 系统的构成

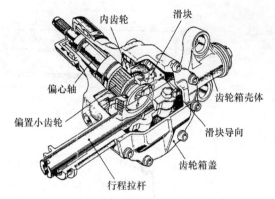

图 6-17 转向角响应随动型 4WS 的后轮转向机理

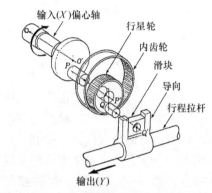

图 6-18 转向角响应随动型 4WS 的结构模式图

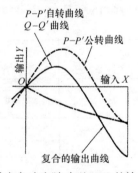

图 6-19 转向角响应随动型 4WS 的输入输出特性

6.5.2 可变齿轮机构电子控制

在车速感应型 4WS 中，前后转向比随车速是可变的，这仅凭机械结构难以实现，通常会选择将可变齿轮比的机构布置在后轮转向齿轮箱内，再由电动机设定齿轮比。图 6-20 所示的是后轮转向齿轮箱内置可变齿轮机构事例，不仅巧妙地进行了三维空间的连杆构建，而且使得转动轴随车速而倾斜，成功实现了输入输出的齿轮比可变。

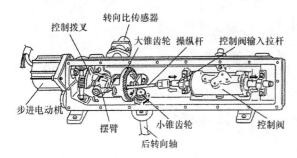

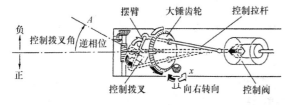

a) 逆相位(车速不足35km/h)

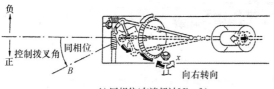

b) 同相位(车速超过35km/h)

图 6-20　车速感应型 4WS 的可变比机构

6.5.3　电气–机械综合控制

图 6-21 所示为采用电气–机械综合控制方式的 4WS 系统的构成。如图 6-22 所示，该系统通过机械式电缆与前轮转向机构连接，后轮转向齿轮箱内置用于设定齿轮比的电动机，采用根据驾驶人的转向盘转向使后轮与前轮成反方向转向的前馈控制，并对横摆率进行反馈，合成用于消除转动的主动控制，后轮转向机构利用液压进行动力辅助。

6.5.4　纯电气式控制

最近仅靠电动机来控制后轮实转角的方式也有所增加。图 6-23 所示的是其中一个事例。遇到故障时，后轮实转角会通过内置的回位弹簧自动回到中立状态。

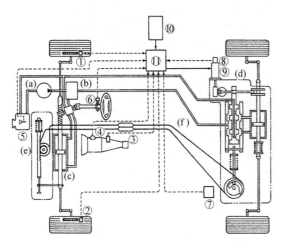

(a) 液压泵
(b) 流量分配器
(c) 前部动力转向
(d) 后部转向执行器
(e) 后控制V带带轮组件
(f) 缆索组件
① RH,ABS速度传感器&转子
② LH,ABS速度传感器&转子
③ 速度传感器
④ 空档起动开关
⑤ 油位感应开关
⑥ 转向传感器
⑦ 横摆率传感器
⑧ 电动机转动角传感器
⑨ 转向控制电动机
⑩ ABS&主动控制悬架计算机
⑪ 主动型4WS计算机

图 6-21　电气–机械综合控制方式 4WS

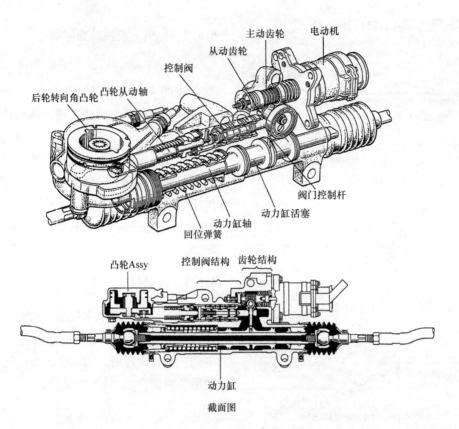

图 6-22　后轮转向齿轮箱

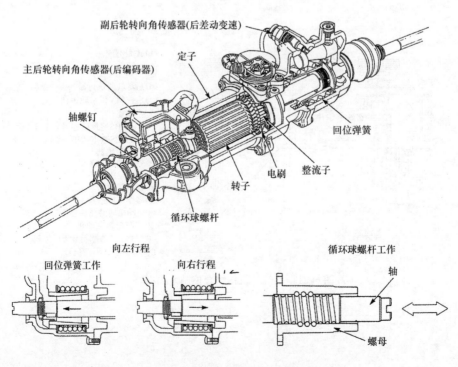

图 6-23　纯电动式后轮转向齿轮箱

6.6 4WS 技术展望

以上讨论了 4WS 为车辆运动性能所带来的提升。由于 4WS 在线性领域比较易于理论性地处理，一直被视为是合适的控制设计对象。在线性领域，依靠后轮与前轮的前馈型控制就可以获得显著的效果，但是如果想要再获得更好的效果，恐怕即使控制理论（控制设计法）达到一定的高度，也难以获得对等的提升。

在这种情况下，闭环系统评价体系及轮胎接近极限的非线性运动区域内的控制或将成为目前的主要研究课题与思考事项。而这两个课题却都是难以具体化的，部分研究学者似乎倾向于应用模糊控制与神经网络解决该难题。想要从这样的研究中得到有效的见

解，要求研究人员付出加倍努力。

此外，草率应用类似鲁棒控制等高级控制理论，容易造成在存在不明因素的状态下进行控制设计，无法获得显著效果。由此可见，要解决该领域的课题，就要踏实地创建出覆盖驾驶人特性与车辆非线性运动区域的理论体系。最近，与虚拟现实有关的技术迅速发展，今后将有望开发出更为有效的驾驶模拟器，推进该课题的基础性研究。

4WS 在非线性运动区域的控制存在极限，因此人们对直接横摆力矩控制的协调控制寄予厚望，这部分内容将在下一章中阐述。同时，也希望能进一步考虑轮胎非线性力学特性，并通过反复实践摸索出控制系统设计的有效方法。

〔古川　修〕

参 考 文 献

[1] S. Sano et al.：Effect of Improved Vehicle Dynamics on Drivers Control Performance, International Technical Conference on Experimental Saftey Vehicles, Paris (1979)

[2] Y. Furukawa et al.：A Review of Four-Wheel Steering Studies from the Viewpoint of vehicle Dynamics and Control, Vehicle System Dynamics, Vol.18, No.1-3, p.151-186 (1989)

[3] S. Sano et al.：Influence of Vehicle Response Parameters on Drivers Control Performance, FISITA 18th International Congress, Hamburg (1980)

[4] M. J. Vanderploeg et al.：Evaluation of Four-Wheel Streering Path Following Performance Using a Linear Inverse Vehicle Model, SAE Paper 880644 (1988)

[5] 岡田ほか：自動車の操縦安定性に関する一考察，自動車技術，Vol.11, No.3 (1964)

[6] 井口雅一：4輪操舵車の前・後輪協調制御方式に関する一考察，自動車技術会学術講演会前刷集，861030 (1986)

[7] 芝端ほか：リアサスペンションのステア特性が操縦安定性に及ぼす影響，自動車技術会学術講演会前刷集，852115 (1985)

[8] Irie et al.：HICAS-Improvement of Vehicle Stability and Controllability by Rear Suspension Steering Characteristics, FISITA 21st International Congress (1986)

[9] S. Sano et al.：Four Wheel Steering System with Rear Wheel Steer Angle Controlled as a Function of Steering Wheel Angle, SAE Paper 860625 (1986)

[10] Takiguchi et al.：Improvement of Vehicle Dynamics by Vehicle-Speed-Sensing Four-Wheel Steering System, SAE Paper 860624 (1986)

[11] 竹内真一：過渡応答試験のデータ解析についての一考察，自動車技術，Vol.39, No.11, p.1265-1269 (1985)

[12] K. Fukui et al.：Analysis of Driver and a Four Wheel Steering Vehicle System using a Driving Simulator, SAE Paper 880641 (1988)

[13] 林靖亨ほか：特性根による人間-自動車系の解析，自動車技術会講演会前刷集，862094 (1986)

[14] Y. Fukunaga et al.：Improved Handling and Stability using Four Wheel Steering, 11th International Technical Conference on Experimental Safety Vehicles, Washington D. C. (1987)

[15] 佐野ほか：後輪舵角をハンドル角の関数で制御する四輪操舵システム，自動車技術会論文集 No.35 (1987)

[16] 佐野ほか：舵角応動型4WSの制御原理が操舵応答に及ぼす影響，自動車技術会講演会前刷集，882104 (1988)

[17] H. Sato et al.：Dynamic Characteristics of a Whole Wheel Steering Vehicle with Yaw Velocity Feedback Rear Wheel Steering, I Mech E, C124/83 (1983)

[18] A. Higuchi et al.：Optimal Control of Four Wheel Steering System, Vehicle System Dynamics Vol.22, No.5-6 (1993)

[19] 原田宏：人間-自動車系の操縦安定性限界と操縦安定性評価，自動車技術会論文集，Vol.23, No.3 (1992)

[20] 伊藤健ほか：四輪操舵の新しい制御法，計測自動制御学会論文集，Vol.23, No.8 (1987)

[21] 永井正夫ほか：仮想モデル追従制御による四輪操舵制御の研究，自動車技術会講演会前刷集，872086 (1988)

[22] 永井正夫ほか：仮想モデル追従制御による四輪操舵制御の研究（2報），自動車技術会講演会前刷集，881042

[23] N. Yuhara et al.：A Robust Rear Wheel Steering Control System for Handling Improvement of Four-Wheel-Steering Vehicle, Vehicle System Dynamics, Vol.20 (1992)

[24] 金井喜美雄ほか：四輪操舵の適応型ヨーレイト，横加速度およびD*制御系の設計，計測自動制御学会論文集，Vol.24, No.4 (1988)

[25] S. Horiuchi et al.：Two-Degree of Freedom H∞ Controller Synthesis for Four-Wheel Steering Vehicle, Vehicle System Dynamics, Vol.24 (1996)

[26] Y. Furukawa et al.：Effects of Non-linear during Higher Lateral Acceleration cornering, 11th IAVSD Symposium, Kingston (1989)

[27] 安部正人：大きな旋回横加速度と前後加速度を伴う車両の運動性能の解析とその前後輪アクティブ操舵車両への応用，自動車技術会講演会前刷集，882103 (1988)

[28] P. Lugner et al.：Theoretical Investigations on the Behavior of a Car with additional Four-Wheel Steering at μ-split Conditions, I Mech E. C440/88 (1988)

[29] Y. Hirano et al.：Non-linear Robust Control for an Integrated System of 4WS and 4WD, AVEC' 94, No.9438178 (1994)

[30] M. Abe et al.：Comparison of 4WS and Direct Yaw Moment Control (DYC) for Improvement of Vehicle Handling Performance, Avec' 94, No.9438196 (1994)

[31] Y. Furukawa et al.：On-Board-Tire-Model Reference Control for Cooperation of 4WS and Direct Yaw Moment Control for improving Active Safety of Vehicle Handling, AVCE' 96 Aachen (1996)

[32] 原田 宏：システムの応答性を考慮したアクティブ後輪操舵制御則，自動車技術会春季学術講演会前刷集，9433100 (1994)

[33] Jurgen Ackermann：Yaw Rate and Lateral Acceleration Feedback for Four-wheel Steering, AVEC' 94, No. 9438204 (1994)

[34] 古川修：舵角応動タイプ，ホンダ4輪操舵システム，自動車研究，Vol.9, No.4 (1987)

[35] カペラ新型車の紹介，マツダ株式会社市場サービス推進室発行 (1987)

[36] トヨタソアラ修理書，上巻，62124，トヨタ自動車株式会社サービス部発行 (1991)

[37] ホンダプレリュードサービスマニュアル構造編，本田技研工業整備資料課発行 (1991)

第7章 驱动力及制动力控制与车辆运动性能

7.1 驱动力与制动力的控制定位和目标

相对于转向时轮胎的侧向力控制，驱动力与制动力控制属于轮胎的纵向力控制。驱动力与制动力在引起加减速运动的同时，对于轮胎特性中的侧向力特性也有所影响，对于车辆运动而言，属于一种外部干扰。因此，合理地控制各轮的驱动力与制动力，尽量减少这些外部干扰的不良影响是驱动力与制动力的首要目标，近来又成为底盘控制技术的关键，即从主动安全与舒适性角度考虑，积极打造符合需求的理想车辆特性。

7.1.1 驱动力与制动力的控制定位

1. 驱动与制动时的轮胎基本特性（详细内容参考第 1 章）

分析侧向与纵向运动可知轮胎上的驱动力与制动力，使得车辆产生加速与减速，通常从轮胎摩擦圆与轮胎的 $\mu - s$ 特性能够看出轮胎的纵向力，它对轮胎的侧向力特性影响极大，也就是说：

① 轮胎转动方向上产生的驱动力与制动力同侧向力的合力不得超过用轮胎接地面的摩擦（附着）系数与载荷的乘积表示的摩擦圆。

② 当轮胎的滑转系数过大时，驱动力与制动力以及侧向力均会减少。特别是决定侧向运动的侧向力，随着滑转系数的增大会显著下降。车辆的运动依赖于这些轮胎特性，应利用驱动力与制动力的控制来控制适宜的车辆运动。

2. 加速与减速时的车辆转弯特性

讨论车辆的运动性能时，需要考虑以下两个前提条件。

① 车辆的质心高于力（纵向力、侧向力和垂向力）所作用的轮胎接地面。

② 轮胎产生的力受限于轮胎接地载荷与接地面的摩擦系数乘积所表示的摩擦圆。

伴有加减速运动的情况下，①引起的纵向载荷转移对车辆转弯特性有较大影响。②由于伴有加减速运动，需要驱动力与制动力。综上所述，这些对轮胎的侧向力特性影响极大。

下面就介绍一下各个因素影响车辆转弯性能的典型事例。

首先，因素①引起的加减速时载荷转移，使前后轮的轮胎摩擦圆大小分别变化，前后轮的侧抗刚度大小出现不平衡，转弯特性呈现出以下特征：

● 加速时，载荷从前方向后方转移，前轮侧抗力减小，后轮侧抗力增大。

● 减速时，载荷从后方向前方转移，表现出与加速时相反的过度转向（OS）。

这些车辆运动情况如图 7-1a 所示。质心高度较高的车辆与轴距短的车辆，其载荷转移随加减速而变大，进一步强调了这些特性。

其次，关于②，前后轮之一会主要分担起加减速运动所需的驱动力与制动力，转向特性表现出以下特征：

● 前轮的驱动力与制动力分配比例大的情况下，伴随前轮侧滑，前轮侧抗力下降，呈现出不足转向趋势。

● 后轮的驱动力与制动力分配比例大的情况下，后轮侧抗力下降，呈现出过度转向趋势。

这些特性如图 7-1b 所示。特别是在冰雪路面等湿滑路面上，轮胎的摩擦圆变小，侧向力减少率因驱动力与制动力而相对变大，这些特性表现得很显著。

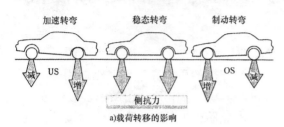

a) 载荷转移的影响

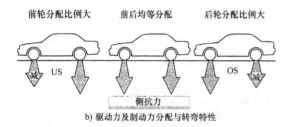

b) 驱动力及制动力分配与转弯特性

图 7-1 加速与减速时的转弯特性

7.1.2 驱动力与制动力的控制目标

1. 在优化车辆运动上的应用

车辆的加减速运动涉及车辆参数与驱动方式，与驱动力和制动力的关系密切。对于驾驶人而言，巧妙地控制这些力往往能够使得加减速时本来难以操控的车辆运动优化成为易于操控的特性。优化方法考虑如下：

① 在轮胎的摩擦圆内的接地范围内，利用各轮前后或左右的驱动力与制动力之差，优化车辆运动。

② 抑制轮胎摩擦圆极限过度的驱动力与制动力，优化车辆运动。

归根结底，驱动力控制、制动力控制的目标是立足车辆的运动性能，确保 4 轮轮胎侧抗力并优化其平衡性。

2. 驱动力与制动力控制的分类

着眼于控制对象，整理驱动力与制动力控制内容可分为以下 3 类：

（1）驱动力与制动力分配控制　保持合力的同时，仅在前后或左右轮间控制分配，它同中央差速器和差速限制差速器等的驱动力分配控制与制动力的前后及左右分配控制相当。

（2）总驱动力与制动力控制　控制驱动力与制动力的总量，它同驱动力过大时抑制轮胎滑移的牵引力控制与制动力过大时防止轮胎打滑的防抱死制动系统相当。

（3）分配＋总量控制　在 4 轮的一部分上附加驱动力或制动力，控制车辆横摆，它同近来已实际应用的利用制动力控制车辆稳定性的做法相当。

7.2　驱动力与制动力的前后分配控制

通过控制驱动力与制动力的前后分配，可以优化前后轮轮胎载荷的分配，因而提高了加速及减速极限与转弯极限，车辆变化趋于稳定。

7.2.1　直行时的加速与减速性能

加速与减速所需的驱动与制动力是利用轮胎与路面间所产生的摩擦力，因而其极限特性受摩擦系数与驱动轮的接地载荷支配。从重量分担与加减速时的前后载荷变动可以求出前后轮的动态接地载荷，它们同路面 - 轮胎之间的摩擦系数 μ 的乘积，决定了驱动力与制动力极限。驱动力与制动力的前后分配固定时，当前后轮中某一个轮达到极限时（车轮空转或是抱死），将无法获得更大的加速或减速。根据车辆参数来决定（前后载荷分配比，重心高/轴距比）前后轮的驱动力及制动力分配比，使用与总驱动力及制动力相对应的后轮驱动及制动力分配比 R_r，可推导出直行时的极限加速度及减速度 G_{xmax} 的表达式为

加速时：

① $R_r \leqslant W_R/W + \mu H/L$ 时（前轮先于后轮空转）

$$G_{xmax} = \mu W_F/W/(1 - R_r + \mu H/L)$$

$$(7-1)$$

② $R_r > W_R/W + \mu H/L$ 时（后轮先于前轮空转）

$$G_{xmax} = \mu W_R/W/(R_r + \mu H/L) \quad (7\text{-}2)$$

减速时（制动时）：

① $R_r \leqslant W_R/W - \mu H/L$ 时（前轮先于后轮空转）

$$G_{xmax} = \mu W_F/W/(1 - R_r - \mu H/L)$$
$$(7\text{-}3)$$

② $R_r > W_R/W - \mu H/L$ 时（后轮先于前轮空转）

$$G_{xmax} = \mu W_R/W/(R_r - \mu H/L) \quad (7\text{-}4)$$

使用式（7-1）与式（7-2），利用 R_r 与 G_{xmax} 的关系，可求出加速时实现各种路面 μ 上所能够产生的最大加速度的前后分配比。加速时，产生最大 G 分配比是 $R_r = W_r/W + \mu H/L$，这与纵向载荷移动量所决定的动态载荷的分配一致（减速时 $R_r = W_r W - \mu H/L$）。直列 4WD 的前后轮回转速度相同，前后轮会同时达到摩擦极限，因而加速及制动性能均可获得与路面 μ 相同的最大值。

7.2.2　转弯时的加速、减速性能

1. 基于轮胎摩擦圆计算稳态特性

应用摩擦圆的概念，表示车辆参数与前后轮间的驱动力及制动力分配比，以及静动态极限的关系（动态四方形）是宏观地掌握加减速下直线以及回转运动特性的手法之一。利用 2 轮模型，基于下面所示的假设进行研讨。

1）行驶过程中，重心点的位置保持不变。

2）加速度与减速度取决于作用在前后轮上的驱动力与制动力的合力。

3）轮胎相对地面始终处于垂直状态，轮胎摩擦圆的大小同载荷与摩擦系数（路面 μ）的乘积成正比。

4）最大侧向加速度是从前后轮摩擦圆上残存的侧向力与前后轮静载荷分布（质量）分别计算出极限侧向加速度中取值较

小的那个。

图 7-2 所示为在上述前提条件下，假定前轮分担重量比 = 0.6、质心高度/轴距 = 0.2 的乘用车在路面 $z = 1.0$ 上行驶时的计算结果。

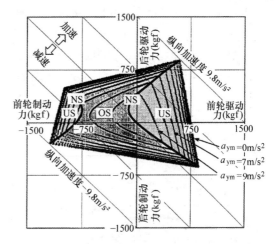

图 7-2　动态四边形计算实例 1

图 7-2 扩展了传统的驱动力方框图（第 1 象限）与制动力方框图（第 3 象限），表现出车辆加减速与转弯时的轮胎分担，纵轴表示后轮，横轴表示前轮，从原点起正数一侧是驱动力，负数一侧是制动力。在右下 45° 的线上，前后轮的合力固定，因而加速度与减速度也固定。第 2 象限与第 4 象限表示前后轮上同时产生驱动力与制动力。

举例来讲，第 2 象限表现的是对后轮驱动车加速并采取主动制动，制动力作用在前轮，驱动力作用在后轮的状态；第 4 象限表现的是对前轮驱动车加速并使后轮驻车制动器工作的状态。图 7-2 中各四方形群表示的是在规定的加速度及减速度与驱动力及制动力的条件下，可能产生的最大侧向加速度的等加速度线。在最外侧的四方形上，轮胎力全部消耗在驱动力及制动力上，没有富余的侧向力，车辆因此无法转弯或提高车速。转弯能力自外侧的四方形向内侧（原点）提升，在原点处能够以与路面 μ 相等的侧向加速度转弯。

并且，后轮在这些等侧向加速度线的纵线上，前轮在横线上达到摩擦圆的极限，通过这些线群，还能够表现出 US/OS（不足转向/过度转向）特性。NS（中性转向）线表示前后轮同时达到转弯极限的状态，从图 7-2 中能够知晓在 NS 线上可获取的最大侧向加速度。

这种用四方形表示出车辆运动极限的方法叫作动态四方形。针对动态四方形中所表现出的车辆特性，可列出多种驱动方式，计算结果可结合图 7-3 来进行说明。

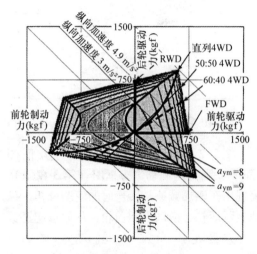

图 7-3　动态四边形计算实例 2
（各种驱动方式的比较）

2. 加速时的特性

通过原点的右下 45°直线上方范围表示加速状态，适用在实际车辆上时，用第 1 象限来记述，前轮驱动车用横轴来表示，后轮驱动车用纵轴来表示，四轮驱动车用由横轴与纵轴所包围的区间（译者注：第 1 象限黑色图形部分）来表示。

（1）纵向加速度在 0.3g 以内的范围

为了提高转弯极限，向加速时载荷移动产生富余的后轮分配驱动力的驱动方式更为有利。加速度为 0.3g 时，后轮驱动车的转弯极限接近 0.9g，相对于此，50∶50 分配的4WD、直列 4WS（驱动力分配＝动载荷分配）、60∶40 分配的 4WD（驱动力分配＝静载荷分配）的转弯极限依次变低，前轮驱动车的转弯极限在 0.8g 以下。

（2）纵向加速度在 0.3～0.5g 的范围　后轮驱动车在 0.3g 以内的加速转弯极限最高，因加速所需的驱动力增加超过载荷转移时后轮能力增加，表现出过度转向特性，转弯能力急剧下降。以 0.5g 加速时，后轮能力达到极限，无法转弯，也无法再加速。

使用这种计算的参数，以 0.5g 加速时，前后的动载荷分布为 50∶50，这时前轮驱动车的前轮能力也达到极限，无法转弯，也无法再加速。而直列 4WD 车，如果其驱动力分配比与动载荷分配比一致，那么以 0.5g 加速时的驱动力分配比与 50∶50 分配的4WD 一致。

（3）纵向加速度在 0.5g 以上的范围　转弯极限、加速极限均是按照直列 4WD、50∶50 分配 4WD、60∶40 分配 4WD 依次升高。随着加速度的增大，直列 4WD 逐渐接近 NS 线，直行状态下，可以加速至与路面 μ 相等的 1.0g。

3. 减速时的特性

通过原点的右下 45°直线下方范围表示减速与制动状态，适用在实际的车辆上时，用第 3 象限来记述。减速可借助：

1）发动机制动。

2）行车制动器或是驻车制动器。

发动机制动与加速范围一样，其运动特性取决于不同驱动方式的负向驱动力分配特性；制动器的运动特性取决于制动力分配特性。当直列 4WD 前后轮间的转弯约束力非常强，前后轮的滑移比变得相同，因而制动器制动力也是接近动载荷来分配。

发动机制动时，前轮驱动车用横轴来表示，后轮驱动车用纵轴来表示，四轮驱动车用由横轴与纵轴所包围的区间来表示。采用行车制动器时，依据制动力分配，用纵轴表述驻车制动器。

（1）发动机制动工作时的特性 第 3 象限内，前轮驱动车用横轴表示，后轮驱动车用纵轴表示，四轮驱动车用由横轴与纵轴所包围的区间来表示。加速时，载荷向前轮转移，后轮制动能力降低，其制动力降低了转弯极限，导致强过度转向特性。特别是当减速度在 $0.5g$ 以内，所有的规格都呈现出过度转向特性，强度按照后轮驱动、50：50 分配 4WD、60：40 分配 4WD、直列 4WD、前轮驱动顺次排序。考虑发动机制动中，通常不会产生 $0.5g$ 以上的减速度，在此无须论及。

转弯过程中，抬起加速踏板时，发动机制动力引起的车辆急速驶入旋转圆内侧的现象称作内倾转向，其发生的主要原因是向后的力引起悬架的转向变化，可考虑如下：

① 载荷向前方转移，前轮侧抗力骤增，后轮侧抗力骤减。

② 驱动力和制动力变化，轮胎的侧抗力变动。

③ 加速踏板复位之前的转向角、车身姿态（重心点，侧滑角）的状态。

① 描述的是减速时车辆的基本变化；② 与驱动方式和轮胎特性有关，也就是说，前轮驱动车使用制动时侧抗力增大特性轮胎以及后轮驱动车使用制动时侧抗力减少特性轮胎都会助长内倾转向；③ 则是强不足转向特性车辆，转向角相对速度往往过大，容易导致内倾转向。重心侧滑角增大，车身在向内状态下，即使加速踏板复位，也容易产生内倾转向。

在接近转弯极限的区域，突然复位加速踏板时，必然会发生内倾转向，有时在横摆角速度还未结束时，就已经打滑，陷入无法操作的境地。后轮驱动的车辆，随着发动机制动而发生载荷转移，驱动轮（后轮）的侧抗力下降明显，通常相比前轮驱动车与四轮驱动车会呈现出更强的内倾转向。

（2）行车制动器、驻车制动器的特性 为防止行车制动器的制动力分配出现后轮先抱死，在原本设定的偏重前轮的分配特性基础上，通常安装压力调整阀（PCV）以减少制动压力增大带来的后轮分配量。极限制动时，前轮先抱死，实现不足转向特性。用纵轴上负的区间来表示施加驻车制动时的特性，同后轮驱动车施加发动机制动时一样，表现出极端的过度转向特性。不过，直列 4WD 因其前后轮的滑移比相同，故不受这些制动力分配的影响，当制动力递增，最终可获得与路面 μ 相等的 $1.0g$ 的最大加速度。

4. 车辆参数、路面 μ 的影响

下面，我们利用动态四方形来考察一下车辆参数与路面 μ 变化时的影响。

（1）前后载荷分配的影响 首先，假定前轮载荷分配变更至 0.5，分析前后载荷分配的影响。这相当于研讨车辆从前轮驱动车变更为发动机中置后轮驱动车，这时，静载荷分配前后均等，动态四方形加速与减速对称，后轮分担载荷相对增加，在加速区间，偏向后轮的驱动力分配更为有利。

（2）质心高度的影响 其次，假定质心高度/轴距从 0.2 变更为 0.3，分析重心高的影响。这相当于研讨车辆从三箱变更为 RV 车等车高较高的车辆。加速时，向后轮的载荷转移量增大，偏重后轮的驱动力分配更为有利；减速时，前轮载荷相反会变得过大，对偏重前轮的制动力分配极为有利。

（3）路面 μ 的影响 最后，假定路面 μ 从 1.0 变更为 0.3，分析路面 μ 的影响。这相当于研讨路面从干燥柏油路变更为积雪压实路面，这时，摩擦圆大幅度减小，动态四方形的面积也随之大幅减小，这说明在低 μ 路面上，车辆的运动范围极度受限。在这样的路面上驱动与制动时，容易引发轮胎侧滑，车辆的运动性能相比载荷转移的影响，更加受制于轮胎侧滑的影响。

7.2.3 驱动力前后分配控制与车辆变化

1. 驱动力前后分配与加速转弯性能

如图7-4a所示，为了更加简明直观地表达出前后分配的影响，对纵向加速度进行参数化，描述出了图7-2所示中第1象限的前后驱动力分配与回转能力的关系。图7-4所示的横轴表示后轮驱动力与总驱动力的比例，即后轮驱动力分配比 R_r；纵轴表示代表转弯能力的最大侧向加速度 G_{ymax}。从图7-2中可知，提高加速过程中转弯极限所需的驱动力分配。

各纵向加速度曲线顶点位置的分配表示最高回转极限的分配，由图7-2可知，这些分配较之直列4WD（接近体现载荷转移的动载荷分配的驱动力分配）更加偏重于后轮分配。后轮驱动车（$R_r = 1.0$）在缓加速范围内更是表现出了最高转弯极限特性。即使是在转向特性方面，由于直列4WD的强不足转向特性，偏重后轮的驱动力分配也得到了改善。通常，4WD车的不足转向特性强，不易转弯，加上前后轮间存在约束力，很大程度上受制于这些驱动力分配的影响。

图7-4b所示为 $\mu = 0.3$ 时的具体情况，用以研讨低 μ 路面上的理想驱动力分配。在低 μ 路面上，驱动力引起的侧向力变化相应变大，接近直列4WD，即前后轮滑移比相等，能够实现理想特性的分配。

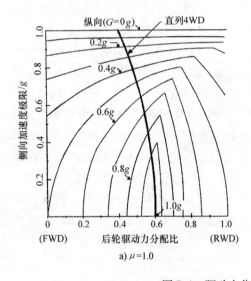

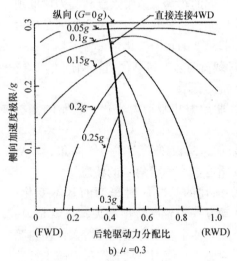

a) $\mu = 1.0$ b) $\mu = 0.3$

图7-4 驱动力分配比与转弯性能

2. 驱动力前后分配控制与加速转弯性能

如果给出车辆参数与路面 μ，那么可用动态四方形来提高加速转弯极限，这就要求驱动力前后分配特性适当。根据上述解析，要想提升高 μ 路面的转弯加速性能，在缓加速区域分配为后轮驱动，随着加速度的增大，缓慢向前轮分配驱动力。在低 μ 路稳态转弯时，偏重后轮的驱动力分配较为理想，在加速区域内，接近直列4WD的驱动力分配较为理想。可通过下面的两种方法来实现：

1）基于后轮驱动，必要时，通过转弯限制离合器，向前轮传递驱动力。

2）基于对后轮分配较大驱动力的不等分配中央差速器，必要时通过离合器限制前后轮间的差速。

下面，用具体事例来阐明这些系统。

（1）基于后轮驱动的4WD控制系统

图7-5a所示为基于后轮驱动，通过离合器向前轮传递驱动力的4WD系统概念图。来

自发动机的驱动力直接传递至后轮,其中部分用于控制前后轮之间离合器的转弯限制力,再传递至前轮。在后轮的转动速度快于前轮时,传至前轮的转矩与离合器的压紧力成正比,因而在离合器打滑期间,能够获得期望的设定值。

接下来,阐述一下基本控制的思路。假若已知路面μ,则可以预先设定与之相应的合理驱动力分配。而在实际路面上,测量路面μ却并非易事,故在现实层面,一般会根据轮胎反馈出的滑移情况监测路面μ。总之,要想控制正常行驶中后轮驱动时后轮随驱动力增大而发生过大的滑移,应根据前后轮转动速度差,向前轮分配驱动力。当车身产生的侧向加速度较大时,将与前后轮转动速度差相对应的驱动力增益设定为较小值,在高μ路转弯时,能够实现比低μ路更加偏重后轮的驱动力分配。因此,根据侧向加速度,对前轮驱动力的增益进行可变控制,则可间接实现适于转弯的驱动力分配。应用这些控制,可用图7-5b所示表示出加速转弯时的车辆轨迹。后轮驱动车最终会打滑,无控制的4WD车会表现出强的不足转向特性,相对于此,具有控制的车能够追随目标路线并且稳定地转向。

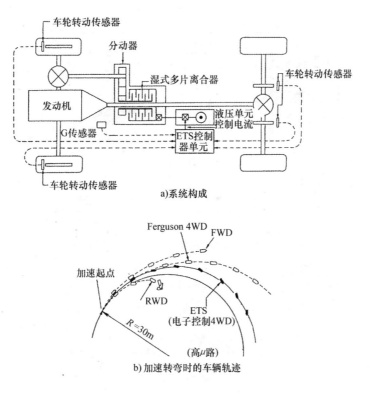

a)系统构成

b) 加速转弯时的车辆轨迹

图7-5 基于后轮驱动的4WD

应用感应转动速度差的转矩传递机构,可不依赖于高度的电子控制,更为简便地实现偏重后轮的分配。转矩传递机构的转矩容量必须要大,以确保能向前轮传递足够的驱动力。另外,为规避4WD车所固有的转弯制动现象,需要把低差速转弯速度区域的传递转矩特性设定得较小。图7-6所示为液压联轴器的特性,主要目的是确保4WD车要求的转矩容量,控制低差速转弯速度区域的转矩特性,抑制转弯制动现象,由此联轴器特性也得到改良，使用固定转矩特性的机构时，性能层面在某种程度上被迫妥协。

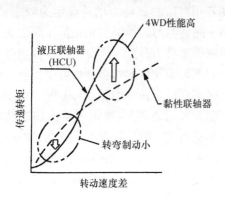

图 7-6　力矩传递离合器的特性概念图

（2）使用不等分配转矩中央差速器的 4WD 控制系统　图 7-7a 所示为在行星齿轮式不等分配中央差速器上设定偏重后轮的驱动力，用电子控制调整前后轮转动速度系统的概念图。4 轮全时产生驱动力，轮胎特性随加减速的变动比较小。基本控制方法与图 7-7a 相同，主要反馈前后轮轮胎滑移比差值。图 7-7b 所示为在低 μ 路上应用此控制的车辆轨迹。基于 RWD 的电子控制 4WD，从 4 轮偏移到车辆打滑，带有黏性联轴器（VCU）的中央差速器 4WD 车会表现出强不足转向特性，控制车辆则会表现出卓越的路线循迹性。

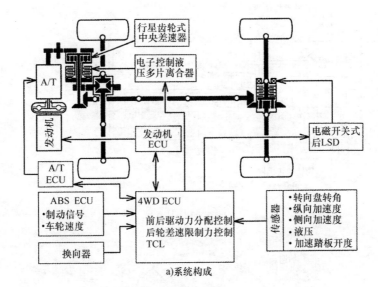

a)系统构成

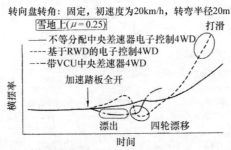

b)低 μ 路加速转弯时的车辆变化

图 7-7　带不等分配中央差速器的 4WD

7.2.4　制动力前后分配控制与车辆变化

1. 制动力前后分配与转弯制动性能

如图7-8a所示，对纵向加速度进行参数化，表示出图7-2中第3象限所示的纵向制动力分配与转弯能力的关系，更加简明易懂地表达出制动力前后分配的影响。图7-8a中横轴代表后轮制动同总制动力的比例，即后轮制动力分配比 R_r；纵轴代表转弯能力的最大侧向加速度 G_{ymax}，从图可知提升了制动过程中转弯极限的制动力分配比。

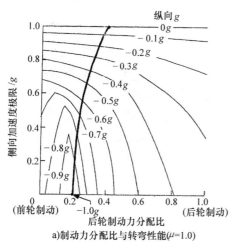

a)制动力分配比与转弯性能($\mu=1.0$)

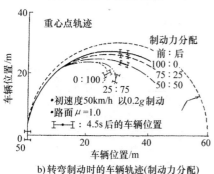

b)转弯制动时的车辆轨迹(制动力分配)

图 7-8　制动力分配和转弯性能

各纵向加速度曲线顶点位置的分配表示最高转弯极限，从图7-8a中可以看出，这些分配是相比前后轮同时抱死的理想制动力分配线还要更侧重前轮的分配。

在减速度在 0.5g 以内的区域，前轮制动（$R_r=0.0$）表现出最高转向极限特性。

借助前轮制动，缓制动时表现出的强过度转向特性也被改善为 NS 特性。

当减速度进一步增加时，前轮载荷增大，前轮承担全部制动力，前轮侧向力余量变少，不足转向特性会显著存在，此时，后轮的制动力分配增大，能够抑制不足转向，最终，在理想制动力曲线上，得到与路面 μ 相等的最大减速度，转动能力将丧失。

驱动力分配受制动液压分配的影响，但对制动力分配无制约关系，4WD车（除中央差速器外的4WD规格）的前后轮之间存在约束力，通过驱动系统，制动力从抱死轮转移至非抱死轮，不论制动力分配情况如何，极限制动时前后轮倾向于同时抱死，虽获得了高减速度却牺牲了稳定性。

图7-8b所示是保持转向盘转角固定不变持续减速时，研讨各种制动力分配并计算车辆轨迹的事例。

2. 制动力前后分配控制与制动特性

（1）利用压力调整阀的方法　为确保车轮抱死时的稳定性，制动力不会超越理想制动力分配曲线，分配上偏重前轮。一般情况下，为确保制动力效果，当超过规定减速度，机械式压力调整阀（PCV）工作，给后轮制动压力减压，整个区域内都会设定为前轮先于后轮抱死，以制止车辆打滑。图7-9a所示是PCV的特性事例。

此外，电控PCV也正处于实用阶段，它在ABS控制技术的基础上进一步扩展，能够探查车轮的微小滑移，同时还能够高精度地控制压力调整阀，以此实现理想的制动力分配。

（2）有效利用后轮制动力　基于以上思路，对后轮制动力采取极低设置。单纯从重视转弯性能而言，效果令人满意。若想控制后轮先于前轮抱死，在此范围内应尽量有效地利用后轮的制动力，以达到以下目的：

- 提升制动效果（减轻踏板踏力）。
- 减轻前轮制动的负担（抑制温度上升）。

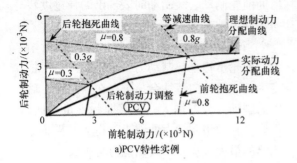

a)PCV特性实例

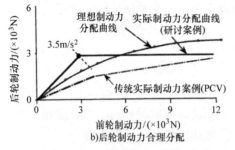

b)后轮制动力合理分配

图7-9 后轮制动力的有效利用

- 增大抗上浮效果（抑制纵摆）。

从图7-9a可知，应用PCV的制动力分配，后轮上会残存相当多的余量。当减速度在0.3m/s²以内，仅后轮制动也不会出现抱死，在已有分配比基础上可进一步偏重后轮。讨论后轮制动力分配比高于传统时的情况，可结合图7-9b比较讨论的分配比与传统分配及理想制动力分配。在减速度比较小的区域，提高后轮制动力的规格远远超越了理想制动力分配。

1）提升了制动效果。为了提升传统PCV工作区域内后轮的制动力比例，需要提高后轮的制动器尺寸，增强相同踏力下的减速度效果。图7-9a表明在减速度0.3m/s²以内，相同减速度下的前轮制动力得以大幅减轻，制动效果约提升了50%。

2）降低了前轮制动负担（抑制温度上升）。图7-10表明从100km/h进行10次左右的0.45g的制动器衰退试验时，前轮盘式制动器的温度。提升耐衰退性能，可大幅降低前轮制动器的温度。

3）增大了后部抗上浮量。一般后悬架

具备抑制制动时车身后部上浮的效果。悬架承担制动力时，力的作用使得车身下降，下降量与后轮制动力的大小成正比，因而增大制动力可抑制制动时的车身姿势（纵摆）变化。图7-11表明了制动时的纵摆运动变化，后部抗上浮效果随着后轮制动力的增大而增强，有效抑制了纵摆运动，制动时的姿态变化更加趋于稳定，而这在抗上浮效果突出的纵臂式悬架上尤为显著。

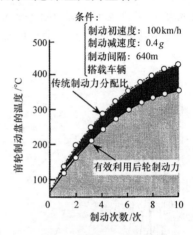

图7-10 对前轮制动器降温的作用

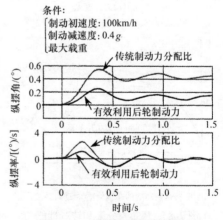

图7-11 纵摆运动抑制效果

7.3 驱动力与制动力的左右分配控制

前后分配控制是对处于极限附近的侧向力的间接控制。左右分配控制是利用左右轮之间驱动力与制动力差形成横摆力矩的直接控制，控制范围会随控制力增大而扩大，运动控制能力表现卓越。

7.3.1 左右分配与前后分配的比较

1. 转弯加速时的车辆变化

改变轮胎摩擦圆特性中驱动力和制动力的前后分配，对除轮胎极限范围以外的转弯特性影响都比较小。然而，改变左右分配直接关乎横摆力矩，对转弯特性影响较大。下面以加速时转弯性能为例，阐明这些机理。

图 7-12 中比较了改变前后分配与左右分配两种模式对转弯性能的影响。改变前后分配时，驱动力分配较大的轮胎侧向力减少，间接地产生了横摆力矩，此作用力在转弯极限以外的区间内变小。加减速对纵向载荷移动的影响是横摆力矩产生的主要原因，故车辆表现出的加速时不足转向、减速时过度转向的特性并不取决于前后分配比。

另外，改变左右分配比时，左右轮之间产生的驱动力差会直接引发横摆力矩，不仅对转弯极限区间，对车辆的转弯性能也有极

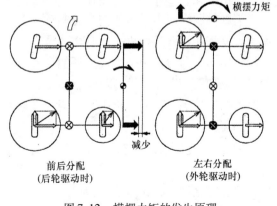

图 7-12 横摆力矩的发生原理

大的影响。而原本引起侧抗阻力与自动回正力矩左右轮差的抗横摆力矩作用于转弯运动的车辆上，并且左右分配上驱动力分配偏向外轮，彼此实现了抵消。以上各方面均印证了左右分配拥有着比前后分配更大的潜能。图 7-13a 所示是改变驱动力前后分配，加速转弯时的车辆轨迹。图 7-13b 所示是改变左右分配时的情况，可知左右分配对转弯性能影响极大。

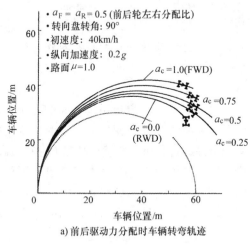

a) 前后驱动力分配时车辆转弯轨迹 b) 左右驱动力分配时车辆转弯轨迹

图 7-13 驱动力分配的影响

2. 转弯时横摆力矩的均衡

结合图 7-14a，简单讲解对后轮施加左右相等的驱动力 DF 与制动力 $-DF$ 时，转弯过程中的横摆力矩的平衡情况。图 7-14a 所示的左侧为普通车，右侧为 DF 附加在后

轮上的状态。附加 DF 时，来自左右轮驱动力与制动力差的横摆力矩 DFT_r 将引起：

① 前轮轮胎的侧向力负担减少（$C_f' < C_f$），后轮增加（$C_r' < C_r$）。

② 车辆姿态呈现出横摆倾向同时，前

轮转向角减少。

借助轮胎纵向力引起的左右轮驱动力与制动力差，能够在某种程度上自由地调整前后轮轮胎的侧向力负担平衡性，还能提升转弯极限。如图 7-14a 所示，前轮驱动车在加速时，当前轮到达侧向力极限，可附加横摆力矩以提升转弯极限。也就是说，如图 7-14b 所示，把过大的前轮侧向力分配给尚有余量的后轮，增大后轮侧向力，前后轮侧向力总和随之增大，转弯能力得以提升，并且减轻了前轮的侧向力负担，在轮胎非线性区域内，相对于转弯过程中渐增的转向，侧向加速度响应也得到充分保障，提升了转向的效果。

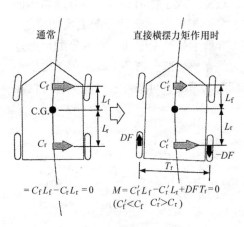

通常　　　　　　　直接横摆力矩作用时

$= C_f L_f - C_r L_r = 0$　　$M = C_f' L_f - C_r' L_r + DFT_r = 0$
$(C_f' < C_f \quad C_r' > C_r)$

a) 稳态旋转时力的平衡

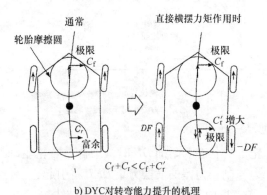

通常　　　　　　　直接横摆力矩作用时

$C_f + C_r < C_f' + C_r'$

b) DYC 对转弯能力提升的机理

图 7-14　DYC 的机理

3. 横摆力矩表现方法（详情参照第 2.3.3 节和 2.3.4 节）

人们针对如何研讨横摆力矩对包括极限区域在内的车辆运动的影响，提出了诸多方案。

其一是 β – method 法，在约束质心的侧向运动与横摆运动状态下，将前后轮侧偏角之差 $\beta_f - \beta_r = \delta$[※] 作为重要的评价参数，以此说明作用在车辆上的回正横摆力矩 M 与质心侧偏角 β 之间的关系。当倾斜度 $dM/d\beta$ 相对静态恒定系数位于后上方时，车辆为不足转向，位于右下方，则呈现过度转向特性。可见随着 β 增大渐近转弯极限，稳定性逐渐下降。

图 7-15a 所示是以减速度 1.96m/s^2 进行计算的结果，向前方的载荷转移导致侧抗力的纵向平衡遭到破坏，在均衡点 $M = 0$ 处，出现了 $dM/d\beta < 0$ 的区间，呈现出不稳定的过度转向。为了抵消减速的影响，通过左右后轮制动差，产生与纵向加速度及侧向加速度成正比的横摆力矩。图 7-15b 所示是 β – 横摆力矩方框图，表明车辆接近稳态旋转特性，稳定范围扩大。这类防止加减速引起特性变化的做法对提升转弯时稳定性至关重要，对控制左右轮驱动力与制动力差产生的横摆力矩的效果显著。

其二是利用侧滑角相位平面的方法，借助车身侧滑角及其与变化率相关的相位平面对稳定性进行分析。轮胎的摩擦力存在极限，当纵向力与侧向力之和变大则会出现不稳定的区域。重要的是确保驾驶人的操作不会致使车辆进入此区域。当因不恰当的操作而产生较大侧滑角时，减少侧滑角方向上的制动力，可使车辆重新回到稳定区域。利用此相位平面解析这类横摆力矩的方法行之有效。

7.3.2　驱动力左右分配控制时的车辆特性

1. 基于四轮独立驱动车辆的研究

在各轮可独立设定驱动力的试验车上，

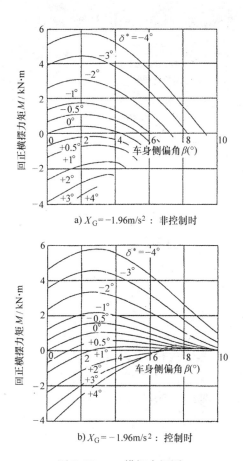

a) $X_G = -1.96\text{m/s}^2$：非控制时

b) $X_G = -1.96\text{m/s}^2$：控制时

图 7-15　β - 横摆力矩图

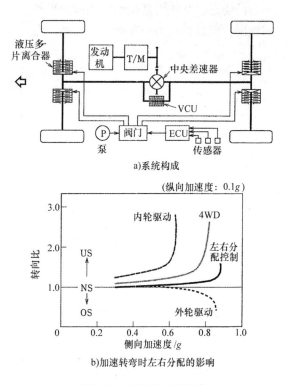

a) 系统构成

b) 加速转弯时左右分配的影响

图 7-16　四轮独立驱动车

验证左右分配效果，试验结果具体如下。

试验车的结构如图 7-16a 所示，4 轮配备液压控制式多片离合器，可独立控制传递到左右两侧的驱动力。通过控制这些约束力来设定前后驱动力分配比。前后分配是在中央差速器 50:50 的固定分配比基础上，通过黏性联轴器实施差速限制。

控制方法上主要是设定左右分配比，应用横摆率反馈控制，努力实现实际横摆率符合中性转向的目标横摆率。

（1）转弯的基本特性　图 7-16b 所示表明了加速环行时的转向特性。4WD 车从弱不足转向到接近极限时，会呈现强不足转向特性。采用左右分配控制的车辆，能够获得预期的接近中性转向的理想转向特性，转向极限也较高。另外，内轮驱动时，车辆从

转弯初期就呈现强不足转向，转向极限也较低。外轮驱动时，车辆转向极限较高，然而侧向加速度增大过程中，会从中性转向过渡到过度转向，最终达到打滑。

（2）转弯的响应性　图 7-17 所示表明了加速过程中变换车道时的特性。4WD 车在回打转向盘时，横摆率延迟。左右分配控制车辆在转向时，横摆率延迟较少。如图 7-17 右侧所示为采用左右分配控制车辆的转向盘转角与横摆率的利萨如图形，波形的膨胀量较小，横摆响应得到了提升。

（3）极限区域的控制性　图 7-18 所示为按照评价路线行驶的结果，其中包含极限时转向工况在内。相比图 7-17 所示的变换车道情况，更加显著地展示出了左右分配控制的特征。4WD 车在极限区域呈现强不足转向特性，转向时的车身姿态难于控制。相对于此，左右分配控制车辆利用左右轮之间的驱动力，在极限区域内也能够轻松地控制

车身的姿态，其原因是轮胎的侧向力虽然达到极限，但是纵向力仍有余量，可利用左右

轮的驱动力差来控制横摆方向。

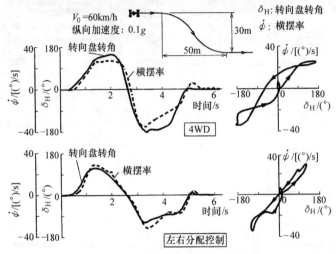

图 7-17　转向时的横摆率响应

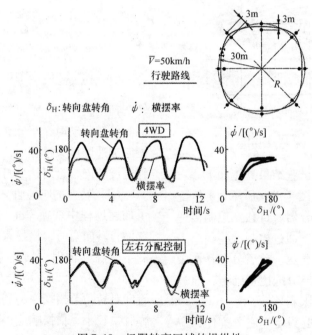

图 7-18　极限转弯区域的操纵性

2. 利用差速限制装置的左右分配控制

（1）LSD 的基本特性　所谓的 LSD（Limited Slip Differential）即配备差速限制机构的差速装置，最初主要用于抑制单轮空转，以提升坏路越野性。近年因发动机功率增大及传感技术等电子控制技术的迅速发展，利用左右轮动力差的旋转控制也被积极运用。

一般地，LSD 的差速限制转矩具有从快速转动向缓慢转动移动的特性。转动主要取决于内外轮的滑移速度差与驱动引起的内外轮滑移速度差之和。移动方向则取决于左右轮产生的相对速度差的方向。左右轮之间发生差速时，依照设定的差速限制转矩来控制

左右轮之间的转矩差。另外，左右轮之间未产生差速时（存在大的差速限制转矩，或是刚性连接时），即左右轮同步转动时，基于左右轮的滑移比差值，必然会产生转矩差。在这种情况下，改变差速限制，无法控制左右轮的转矩差。

图7-19a所示为转动过程中，因LSD的差速限制转矩，内轮驱动力大于外轮驱动力。在侧向加速度小、驱动力比较小的区域，外轮快速转动，LSD的差速限制转矩从外轮流动至内轮，内轮驱动力变大，发生抗横摆力矩。相反，如图7-19b所示，在侧向加速度大的区域施加大的驱动力，载荷较低的内轮先开始打滑，内轮会快速转动，外轮驱动力变大，发生横摆力矩。这样利用LSD的侧向驱动力分配控制，在各状态下的转矩流动方向唯一，只要控制差速限制转矩就能够掌控横摆或是抗横摆力矩的大小，对车辆运动能够进行控制。

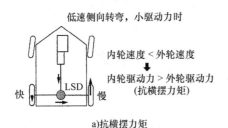

a)抗横摆力矩

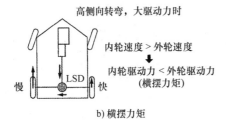

b)横摆力矩

图7-19　LSD产生的转矩

（2）横摆率反馈的应用　在后轮LSD控制上，应用边观察目标横摆率与实际横摆率偏差边控制车辆横摆运动的横摆率反馈控制，评价缓制动变换车道时的横摆率响应性

与收敛性，其结果如图7-20所示，从图可知：

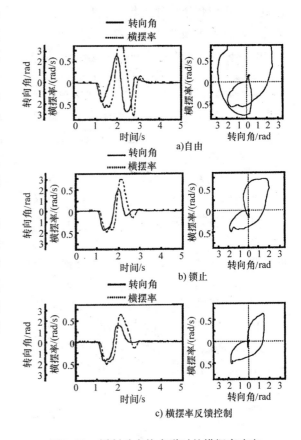

图7-20　缓制动变换车道时的横摆率响应

① 差速解除时，转向初期的横摆率的响应性好，但收敛性随后变差，回正转向盘时的横摆率响应性也差。

② 差速锁止时，横摆率的收敛性好，但差速限制转矩会产生横摆力矩导致不足转向，所以转向初期与回正时的横摆响应性差。

③ 应用横摆率反馈控制时，转向初期的横摆响应与差速解除时一致，随后收敛性与差速锁止时一致，进而回正时的横摆响应也提升。也就是说，在需要收敛呈不足转向的横摆力矩时，能够给予大的差速限制转矩，确保转向初期响应性，并提升了横摆率收敛性。

3. 直接横摆力矩控制

上述的驱动力左右分配控制系统，横摆力矩的大小依赖于加速度与减速度，横摆力矩的方向依赖于转弯状态，效果有限。DYC（Direct Yaw moment Control）是在维持纵向力总量的基础上，通过掌控左右轮纵向力差值，直接控制横摆力矩。无论加减速与转弯状态，只要轮胎上有纵向力发生余量，即可产生所需的横臂力矩，甚至还有望提升极限区域的转向稳定性。

（1）直接横摆力矩发生机构　图7-21所示为横摆力矩发生机构实例。通过移动转矩传递轴与齿轮，左轴转动就会控制位于右轴上的离合器壳体（译者注：图7-21中的四边形图形）加减速。加速时离合器一旦接合，则基于压紧力的转矩就会从左轮向右轮移动，如果减速时离合器接合，那么转矩则会向反方向移动。加速与减速所要求的总转矩保持不变，增加与减少左右轮的转矩，使之产生左右轮转矩差，直接操纵横摆力矩。

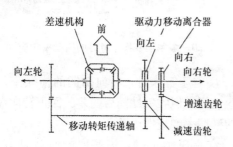

图7-21　直接横摆力矩发生机构事例

（2）各种控制方法的 DYC 效果　在DYC 与 4WS 上应用相同的控制方法，利用仿真分析各自的特征。控制方法如下所示：

① 横摆率模型适应控制（Control – R）。反馈横摆率的响应，使之与设定的标准横摆率一致。

② 横摆率模型随动控制（Control – RFB）。使用横摆率反馈补偿，也可实现与上述相同的目标。

③ 侧偏角零控制。车身质心的侧偏角常为0。

图7-22 所示是应用这些控制，以车速100km/h 时转向盘转角 90°，1 个周期输入1Hz 的正弦波转向时响应的计算结果比较，用于判断极限区域的 DYC 与 4WS 车辆固有瞬态响应特性。从图可解读出 DYC 在使横摆率与标准横摆率一致性方面的效果十分突出。4WS 通过轮胎的侧偏角，间接控制侧向力；而 DYC 在极限区域产生差异，直接控制侧向力。另外，在侧偏角零控制中，DYC 实现控制目标的能力比较逊色，主要是因为 DYC 需要过大的纵向力来实现零侧偏角，侧向力发生余量就要减少，稳定性就会下降。

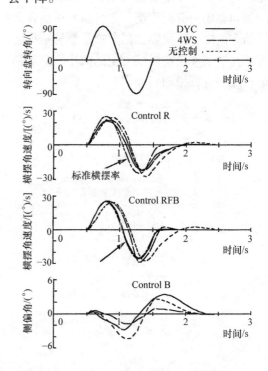

图7-22　DYC 和 4WS 的比较（正弦波输入）

图7-23 所示为纵向加速度转向输入引起的响应，对各控制方法在纵向加速度下的鲁棒特性的比较结果。转向开始时的行驶速度及转向输入与图7-22 的条件相同。以纵向加速度从 −0.45 至 0.3g、间隔 0.15g 的

条件进行计算。图7-23所示表明DYC相比4WS，在使横摆率与标准横摆率一致的控制方面，横摆率-侧偏角的利萨如图形不易受到纵向加速度的影响，鲁棒特性十分出色。而在侧偏角零控制中，纵向加速度引起的响应变化大，鲁棒性比较逊色。

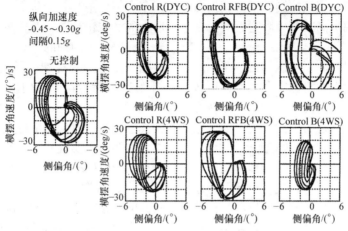

图7-23　DYC和4WS鲁棒性比较

7.3.3　制动力左右分配控制时的车辆特性

1. 制动力左右分配控制

可以在制动力上应用与驱动力分配控制相同的思路，首先，通过横摆率反馈控制，调整减速时侧向的制动力差，最终获得期望的横摆率（试验结果）。图7-24a所示为闭环下进行制动变换车道时，转向盘转角与横摆率的利萨如图形。此控制大幅改善了回正转向盘时横摆率的响应性，利萨如波形的膨胀小。

并且，如图7-24b所示，匀速环行的缓制动区域内的横摆率变化（制动1s后的变化量），极佳地抑制了车辆在2~4m/s²的侧向加速度下所骤增的与驾驶人意图相悖的横摆率。转弯制动时，载荷向前方转移，产生具有过度转向倾向的力矩，车辆自身因此会产生用于抵消此力矩的不足转向力矩，以排除此外部干扰。从这个角度考虑轮胎接地载荷比例控制的有效性也未尝不可。比较转弯制动时的横摆率变化与横摆率反馈控制后，可见横摆率反馈控制方面的标准横摆率偏差小，接地载荷比例控制表现出接近横摆率反馈控制的特性。

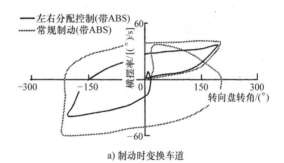

a) 制动时变换车道

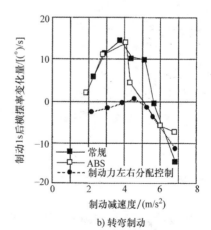

b) 转弯制动

图7-24　侧向制动力控制的效果

2. 主动制动力附加控制

在驱动与制动的极限范围内，ABS与驱动力控制系统会发挥作用。如果在转弯极限范围内也具备该稳定性机能，那么与车辆运动性有关的主动安全性也会进一步提升。下面，针对转弯极限，利用4轮主动制动、主动操纵4轮制动力的车辆运动控制展开研讨。主动控制系统可直接控制车辆的横摆力矩与减速度，大幅提高转弯极限附近的稳定性与路线循迹性。

转弯极限内对各轮附加制动力，车辆的旋转力矩发生变化，车身侧滑角骤增，自转运动趋向不稳定，这时附加大的向外旋转力矩会改善车辆稳定状态，由此可知向前外轮附加制动力即可。另外，前轮侧滑角增大，路线循迹困难时，边减速边适度地附加向内的力矩能够确保车辆循迹行驶，由此可考虑向前内轮、后内轮、后外轮施加制动。欲获得大的减速力，旋转力的骤变不可避免，侧向力下降程度也会变大，车辆趋于不稳定。故提升路线循迹性时，需要根据实际情况，

使制动力分散至各轮。

在以上讨论结果的基础上，通过4轮主动制动对极限旋转进行仿真。控制方法有根据车身侧滑角及其变化率在前外轮上附加制动力的稳定化控制以及根据前轮侧滑角在4轮上分散附加制动的路线循迹控制，通常会根据给出的控制目标，形成滑移率的函数。图7-25所示为正弦转向输入时的控制效果（计算结果）。无控制时，质心侧滑角骤增并发散；控制时，在前轮上附加制动力以控制发散倾向，实现质心侧滑角为0时的稳定行驶。图7-26a所示为实车上初速度80km/h的极限蛇行行驶时的车辆变化，图7-26b所示为初速度80km/h的J形转弯试验的车辆变化。主动制动力作用在各轮上后，附加适当的转弯力矩与减速度，可提升转弯极限区域内的稳定性与路线循迹性。

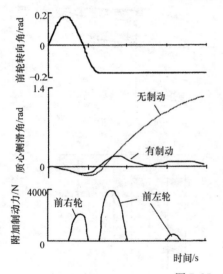

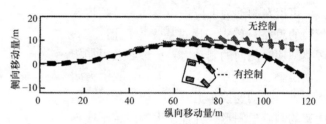

图7-25　正弦波转向输入时的控制效果

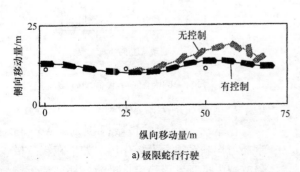

a) 极限蛇行行驶

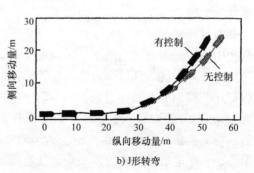

b) J形转弯

图7-26　附加侧向制动力的效果

7.3.4 扩展动态四边形

1. 扩展动态四边形的概要

将传统 2 轮模型倡导的动态四边形扩展为 4 轮模型（扩展动态四边形），用以宏观地观察这些横摆力矩对转弯极限的影响。可以对前轮侧倾刚度分配与左右轮的驱动力及制动力差、侧抗阻力差等侧向影响进行分析。

应用 4 轮模型可计算出扩展动态四边形，如图 7-27 所示。从旋转时纵向载荷转移量与加减速时纵向载荷转移量，计算出各轮的载荷。提到轮胎的摩擦圆特性时，其实它并非是真正的圆形，而是侧向力半径相对载荷呈非线性特性的摩擦椭圆，它所描述出的轮胎特性更加贴近事实。还可用侧向加速度在单位载荷时的非线性特性变化来描述阻力，并考察左右轮侧抗阻力差的影响。分别独立考虑 4 轮轮胎的非线性特性，能够精准预测出极限时的侧倾刚度分配与左右轮驱动力及制动力差引起的横摆力矩对旋转特性的影响。

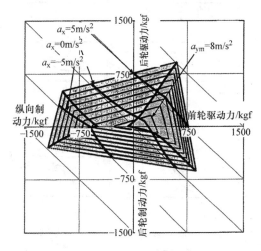

图 7-27 扩展动态四边形的计算结果

2. 2 轮模型与 4 轮模型的比较

扩展动态四边形通过轮胎非线性特性的影响与侧向载荷转移时旋转内轮载荷减少引发的滑移，大幅减少了呈现出高转弯极限的区域。

① 2 轮模型中，通过右下 45°的直线表示等纵向加速度曲线，4 轮扩展模型中，通过曲线表示不同侧向加速度下非线性变化阻力的影响。因此，稳速行驶状态下，不通过原点。

② 2 轮模型中，中性转向能够最大限度地发挥出前后轮的能力，与最高转弯极限的驱动力与制动力分配一致，但是 4 轮扩展模型中未必一致。

上述内容表明使用 4 轮模型得出的车辆变化更趋近于实车。当只关注整车参数与驱动方式等车辆运动基本特性时，使用 2 轮模型更易于理解，而涵盖多方因素的 4 轮模型则未必适用。4 轮模型适用于研讨下述采用驱动力与制动力控制机构时的运动特性。

3. DYC、LSD 上的应用

可使用扩展动态四边形研讨车辆横摆力矩控制系统。以前轮搭载 LSD、后轮搭载 DYC 的前轮驱动车为例对车辆特性进行分析计算。DYC 是以中性转向为控制目标的模型；LSD 模型是当低载荷车轮达到驱动极限时，过剩驱动力就会向高载荷车轮转移的模型。

取通过扩展动态四边形 x 轴的截面，考察基于前进加速度的转弯极限特性。计算结果如图 7-28a 所示。前轮、后轮分别产生的横摆力矩如图 7-28b 所示。由图 7-28 可以看出：

① 仅后轮有 DYC 时，在纵向加速度小的范围内，提升了极限能力。在基础车辆模型上，在前内轮空转，纵向加速度大的范围内，借助 DYC 可提升转弯极限，不过随着侧向载荷转移增大，加速了前内轮的空转，最终无法达到设定的速度，如此一来，在纵向加速度大的范围内，DYC 无法获得自身原有的效果。

② 仅前轮有 LSD 时，在基础车辆模型

x

上，当前内轮开始空转，LSD 开始工作，其侧向驱动力差所形成的横摆力矩使转弯极限得以提升。

③ 后轮 DYC 与前轮 LSD 组合在一起，转弯极限得以提升，在小于基础车辆模型的纵向加速度范围内，前内轮空转，LSD 工作，转弯性能将大幅提升。

应用扩展动态四边形，对轮胎力发生机构适当模型化，能够以颇为现实的观点，研讨包含各种控制机构在内的车辆运动学。

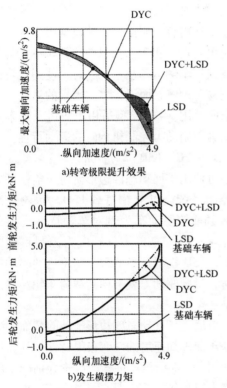

图 7-28 DYC 和 LSD 的效果范围

7.4 轮胎纵向力与侧向力的综合控制

下面对 4WS 轮胎侧向力控制及 4WD 和 ABS 轮胎纵向力控制的综合控制进行说明。侧向力控制轮胎线性区域（确保轮胎侧抗力的区域）极其有效，与纵向力控制组合后，能防止与纵向力控制干涉的同时，也更进一步扩大了效果区间。直接横摆力矩控制与 4WS 的组合，更是开拓出了前所未见的全新运动领域。

7.4.1 驱动力控制与 4WS 的综合控制

1. 4WD 与 4WS 的综合控制

电子控制 4WD 系统利用控制离合器，针对前后驱动力分配比为 3:7 的中央差速器的转弯约束力，进行差速限制。下面，研讨一下 4WD 系统与 4WS 系统的综合控制。4WD 系统控制原本是基于车轮滑移的反馈，除了必须处理轮胎的非线性区域外，还应考虑确保参数变动时的鲁棒稳定性。于是，开发了应用 H_∞ 与 μ 的综合控制系统。

应用 μ 综合控制，设计目标横摆率随动控制的反馈部分。在受转向系统支配的线性区域，以 4WS 为主体工作；在受驱动系统支配的极限领域，以离合器的接合率为主体，协调控制 4WS。图 7-29 所示为实际搭载这些控制系统的车辆在积雪压实路上加速及双车道变线时的试验结果。图 7-29a 所示

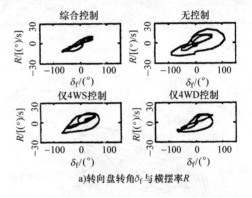

a)转向盘转角δ_f与横摆率R

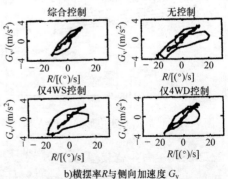

b)横摆率R与侧向加速度G_y

图 7-29　4WD 与 4WS 的综合控制效果
（积雪压实路面加速及变换车道）

为转向角 δ_f 与横摆率 R 的波形，图 7-29b 所示为横摆率 R 与侧向加速度 G_y 的利萨如波形。在综合控制中，很好地保持了 δ_f 与 R、R 与 G_y 的线性特性，显著表现出了两面性，即无控制下转向时，即使转向角增加，横摆率也不会增加的不足转向状态；加速时即使横摆增加，侧向加速度也不会增加的打滑状态。单纯转向（4WS）的情况下，在极限区域内，车辆响应的线性高，加速随即出现打滑趋势。单纯驱动（4WD）的情况下，与转向输入相对应的不足转向变强。

2. TCS 与 4WS 的综合控制

下面，分析后轮驱动车上，搭载驱动力

控制系统（TCS）与 4WS 以及主动悬架综合控制时的控制效果。从传感器的输出信息与系统的工作信号推导出行驶状态，使控制常数随之可变。制动目标本身可变，以应对情况变化、环境变化。4WS 控制常数可变的效果是当 ABS 与 TCS 工作时，设定的数值远大于由 4WS 一般转向响应特性决定的横摆率反馈系数，稳定性提升了。图 7-30 所示为车辆在低 μ 路面上加速变换车道时的控制效果。TCS 的效果最好，在与 4WS 组合后实现了更加稳定的车辆变化。

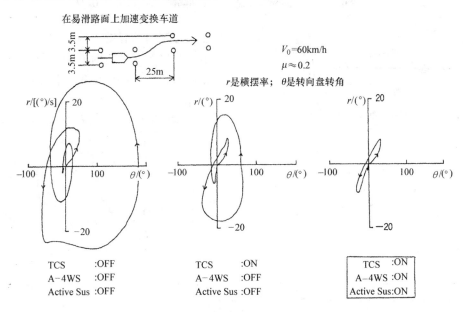

图 7-30　TCS 与 4WS 的综合控制效果（低 μ 路面：加速变换车道）

7.4.2　制动力控制与 4WS 的综合控制

1. ABS 与 4WS 的综合控制

图 7-31 所示为车辆在异 μ 路上的制动效果。4WS 的横摆率反馈系数调大之后，制动时稳定性提升了，更好地兼顾了制动性与稳定性。

2. 制动力左右分配与 4WS 的综合控制

下面，分析侧向制动力分配控制与

4WS 的综合控制效果。在图 7-32 中比较了制动变换车道的横摆率目标值与实际发生值。图 7-32a 所示为稳速时 4WS 的制动效果出色，图 7-32b 所示反映出了制动时 4WS 横摆率目标值与实际发生值的差距，图 7-32c 显现出了通过左右制动力分配控制的组合，制动时也可取得出色的控制效果。

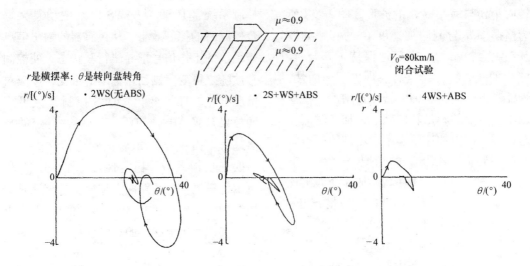

图 7-31　ABS 与 4WS 的综合控制效果（间隔制动时 $\mu = 0.9 : 0.2$）

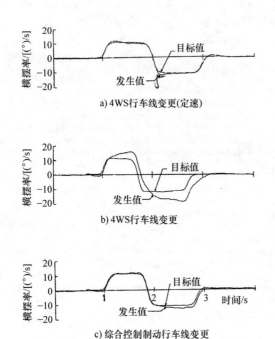

a) 4WS 行车线变更（定速）

b) 4WS 行车线变更

c) 综合控制制动行车线变更

图 7-32　制动力左右分配和 4WS 的综合控制效果

7.4.3　DYC 与 4WS 的综合控制

在极限区域内，DYC 在横摆响应性方面表现优异，4WS 在零侧偏角（侧向加速度响应）方面表现优异。下面，重点讨论协调控制两者的全新运动范畴。

1. 匀速环行时的基本特性

首先，考量匀速环行时 DYC 与 4WS 各

自独立控制与两者综合控制的特性。图 7-33 所示为车辆匀速环行时基于侧向加速度的前后轮侧滑角、质心侧滑角。各系统的控制目标具体如下：

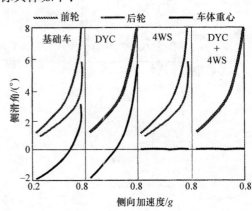

图 7-33　DYC 与 4WS 的综合控制效果
（稳态旋转时的侧滑角）

① DYC：利用左右后轮的驱动力制动力，探寻中性转向。

② 4WS：控制后轮转向角，力图做到质心侧滑角为 0。

③ 综合控制：满足上述两项制动目标。

从图 7-33 可知：

① DYC 的前后轮侧滑角相等（中性转向），转弯极限高，质心侧滑角增加。

② 4WS 的质心侧滑角可为 0，前后轮

侧滑角及转弯极限与无控制时相同。

③ 在 DYC 与 4WS 综合控制中，前后轮的侧滑角相等，转弯极限高，质心侧滑角也可保持为 0。

2. 瞬态区域的特性

图 7-34 所示为车辆变换车道时，与转向角相对应的横摆率以及侧向加速度响应的利萨如图形，属于瞬态区域的基本运动特性。在控制方法上，4WS 与前项中讲解的一致，而 DYC 是以横摆率的稳定值为目标的目标横摆率随动控制，从图可知：

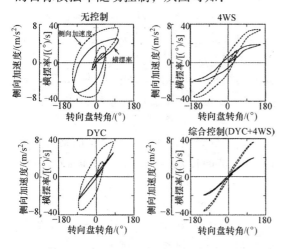

图 7-34 DYC 与 4WS 的综合控制效果
（变换车道时的特性利萨如图形）

① DYC：横摆率增益高，响应性出色，转向角也小，但是在侧向加速度响应提升上却稍显逊色。

② 4WS：基于横摆率的侧向加速度响应性有所提升，但是增益下降，转向角增大。

③ 综合控制：基于转向角的横摆率与侧向加速度响应性同时得到提升，增益下降也得以抑制。

要进一步明确这些特性，就需要深度剖析输入转向激励时，车辆响应的频率特性。图 7-35 所示为基于转向角的横摆率与侧向加速度的频率特性。综合控制中的横摆率波形几乎能够做到直线，速度响应性与衰减性大幅提升。

3. DYC 与前轮相位超前转向的效果范围

转向系统的前轮相位超前转向控制可替代 DYC，取得与利用 DCY 的横摆力矩控制相同的效果。从提高横摆率与侧向加速度的响应而言，前轮相位超前转向具备与 DYC 相同的机能。虽然在低侧向加速度区域（保证前轮侧抗刚度的区域）可获得与 DYC 相同的效果，但是在侧向加速度大的区域，特别是受前轮侧抗刚度急剧下降的影响，无法获得预期的效果。

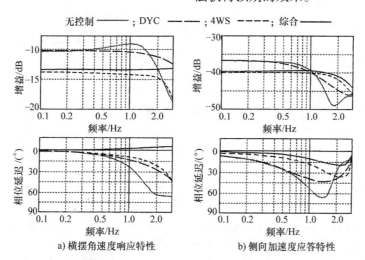

a) 横摆角速度响应特性   b) 侧向加速度应答特性

图 7-35 DYC 与 4WS 的综合控制效果（脉冲输入时的频率特性）

在图 7-36 中，对从约束车辆质心并模拟旋转的状态，到进行前轮转向、后轮转向、DYC 操作后的横摆力矩变化做出了比较。随着侧向加速度从小的区域过渡到大的区域，前轮转向、后轮转向对横摆力矩的影响逐渐减少，而 DYC 直到高侧向加速度区域，都能够产生基本一定的横摆力矩。

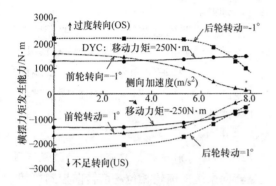

图 7-36　横摆力矩发生能力的比较

7.5　驱动力与制动力的展望

传统的驱动力与制动力控制主要是以控制轮胎纵向力、回避轮胎的过剩滑移与抱死为核心，依次确保轮胎力，实现易于驾驶与主动安全。然而，这些控制在轮胎的侧向力特性下降的转弯极限区域内，却无法积极地支援驾驶人。

最近开发了通过直接横摆力矩控制与附加主动制动力等，能自由掌控左右的驱动力与制动力，稳定车辆在包含转弯极限在内广泛区域的变化，实现符合驾驶人意图的车辆运动等方法，这在很大程度上得益于传感器与执行器等机电一体化的惊人发展。随着促进 ASV（Advanced Safety Vehicle）与自动驾驶技术的开发，它所蕴藏的加速进化的潜力令人备受期待。

从运动性能的观点客观地审视现有技术，在不考虑使用轮胎力以外的力的范围内，目前基本都能做到随意控制各轮轮胎的平面力。而这些在不远的将来是否会广泛普及，主要取决于其性价比，性能精良但却繁冗的系统是无法留存下来的，只有精简且效果明显或是效果覆盖广的系统才是真正需要的。

基于此观点，从主动安全层面来看，采用 ABS 扩展技术的 4 轮制动力控制最有前景。DYC 作为驱动系统上应用的先进控制技术，今后的发展也值得期待，不过当前却面临成本与减重的课题。今后针对它们与 4WS 的综合控制系统会展开深度研究，将来或有望作为成熟系统而普及。

期待今后针对此方面展开更加积极的研究，精湛地运用这些控制力，转化成对人类真正有益的工具，打造出符合人类特性与环保的系统。

〔礒田桂司〕

参 考 文 献

[1] 礒田桂司ほか：驱动力制御の技术动向，自动车技术，Vol. 45, No.1 (1991)
[2] 礒田桂司ほか：驱动力制御と运动性能について，自动车技术，Vol. 43, No.4 (1989)
[3] 自动车技术ハンドブック，1巻（基礎・理論編），p.215-217 (1990)
[4] M. Kato, K. Isoda and H. Yuasa：Study on Vehicle Dynamics in Marginal Condition Using Dynamic Square Method, IPC-8, No.216 (1995)
[5] R. Mitamura：Mobility of Vehicle as a Living Creature, Proc. of AVEC'94, p. 1-8, No.001 (1994)
[6] 自动车技术ハンドブック，1巻（基礎，理論編），p.218-219 (1990)
[7] 汤浅寛夫ほか：駆動方式・ステアリング特性が車両限界性能へ及ぼす影響，自动车技术，Vol.42, No.3 (1988)
[8] 礒田桂司ほか：駆動力制御の現状と将来，自动车技术，Vol.44, No.1 (1990)
[9] 日産スカイライン R32B 型系 4WD 車の紹介：サービス周報，629 号（R32-2）(1989)
[10] 三菱ミニカ新型車解説書，No.1034030，(1989)
[11] 澤瀬薫ほか：駆動力统合制御 4WD の开发，自动车技术，Vol.46, No.10 (1992)

[12] T. Morita and T. Matsukawa：Study on Effective Use of Rear Braking Force, Proc. of AVEC'94, No.9438727 (1994)

[13] 本山廉夫ほか：駆動力配分制御と車両運動性能，自動車技術会論文集，Vol.24, No.2 (1993)

[14] 芝端康二ほか：ヨーモーメント制御による車両運動性能の向上について，自動車技術，Vol.47, No.12 (1993)

[15] 山本真規：予防安全のための車両運動性能について，自動車技術，Vol.47, No.12 (1993)

[16] 内藤原平ほか：左右駆動力配分制御システムによる車両運動性能の向上，自動車技術，Vol.46, No.12 (1992)

[17] 大久保直人ほか：直接ヨーモーメント制御による車両運動性能向上の基礎的研究，自動車技術会秋季学術講演会前刷集，9436297 (1994)

[18] M. Abe, N. Ohkubo and Y. Kano：Comparison of 4WS and Direct Yaw Moment Control (DYC) for Improvement of Vehicle Handling Performance, Proc. of AVEC'94. No.9438196 (1994)

[19] 井上秀明ほか：制動力配分制御による車両運動性能の向上，自動車技術会春季学術講演会前刷集 921035 (1992)

[20] H. Inagaki, K. Akagawa and M. Sato：Yaw Rate Feedback Braking Force Distribution control with Control by-wire Brake System, Proc. of AVEC'92, No.923078 (1992)

[21] 山本真規ほか：限界付近での車両安定性向上のためのアクティブ制動力制御，自動車技術会春季学術講演会前刷集 9535693 (1995)

[22] 平野豊ほか：μシンセシスによる操舵・駆動系統合制御システム，自動車技術会秋季学術講演会前刷集 9305571 (1993)

[23] 井上秀雄ほか：シャシ統合制御の実用化と運動性能の向上，自動車技術，Vol.46, No.3 (1992)

[24] 安野芳樹ほか：4WS と制動力の統合制御のよる運動性能の向上，自動車技術，Vol.46, No.3 (1992)

第8章 人 – 车系统的运动

8.1 前言

汽车原本可以在地面上自由移动，不过受道路等条件的制约，需要依托人的驾驶才能按照目的进行运动。驾驶车辆时，人往往需要综合性地判断周边的环境、目的、自身车辆的特性等。评价运动性能时，应当以人 – 汽车 – 环境作为一个整体，全方位地考量。基于此，评价方法具体分为以下3类：

① 主观性评价。

② 客观性评价。

③ 源自精神性反应的评价。

① 是驾驶人的感觉评价。针对试验参与人员，选取应评价项目并且对各评价项目分5~10个阶段进行评价。如果参与试验人员未受过特殊训练，往往再现性低，且受试验的执行顺序影响较大。

② 是利用评价指标（平方误差的积分值等），评价汽车在规定动作下的响应。往往驾驶人的操作容易掩盖汽车特性的微小差异，因此，该方法并不适于评价汽车的常规行驶状态等应用领域，只适于评价规避危险等接近极限特性的运动变化，人的反应时间、判断等容易出现问题的领域。MacRuer等人提出了交叉模型理念，它通过人类对自我特性的重塑（后文详细论述），实现让人 – 机械系统的开环传递函数在某一频率区间表现出相同特性。为此，常规行驶时，从频率特性能够评价出人 – 车系统的运动与人承受的负担等。

③ 是人在驾驶过程中的反应（心率、脑波、心电图、眼球运动、呼吸数等），可结合②展开评价。从人体反应能够评价出驾驶时人的负担程度。但是，该手法很难从时间上再现同一个人的感受，年龄与性别等个体差异等问题也不可忽视。尽管曾经研讨过各种评价方法，但是尚无定论。

综上所述，这3类方法都是基于人主观驾驶的实车评价，并无法掌握产品设计阶段车辆是否适用于使用者，特别是新结构是否合理等。为此，创建出采用数学形式表现人驾驶动作的各类控制动作模型，统称为驾驶人模型。

应从两方面着手详解人 – 车系统的运动，一是驾驶人在实车上评价，二是利用驾驶人模型在计算机上评价。由于篇幅有限，本章主要针对后者进行讲解。

8.2 人的控制动作

在驾驶过程中，人接收的信息有驾驶目的、各种环境信息及汽车响应，而人的输出（对汽车的控制输入）有转向力（或转向角）、加速踏板开度、制动踏力、变速杆位置等。举例来讲，侧向力主要关系到操纵性、安全性，就应针对转向系统控制展开分析。图8-1所示的驾驶动作大致可分为识别环境、决定目标路线、根据目标路线操纵自身车辆使之随动这3个过程。

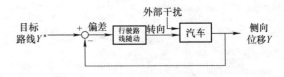

图8-1　人 – 汽车 – 环境系统模型

在整个过程中，无论人的活动是独立的还是连续的，都一定会有一系列的信息处理。研究人 – 汽车 – 环境的整体运动时，可根据目的，研究相应的控制动作项目，而不是整个运动过程。譬如，分析事故与危险规避等时，重点在于是否准确认识环境并决定正确行驶路线，最后按照目标路线行驶等每个过程。而分析汽车性能时，重点则在于对指定路线的随动性，故只需要对随动过程模块化。

首先，集中讨论一下路线随动过程。图8-2所示是基于规定的行驶路线，车辆随动情况的方框图，它是最基本的反馈系统。分析图中车辆相关的侧向控制系统时，需要分析输入的目标路线与输出的车辆侧向位移。代表人的方框是以目标路线与自身车辆侧向位移偏差为输入，转向力（或转向角）为输出。代表汽车的方框是以转向输入时的侧向位移为输出。每个方框中都含有将这些输入转变成相应输出的函数（传递函数）。

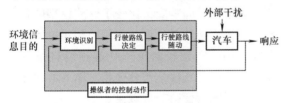

图8-2　目标路线随动模型

汽车运动受到物理法则的限制，通过微分方程能够描述出这种函数关系，然而人对信息的处理却完全无法基于这样的物理法则来描述。人的驾驶动作往往具有一定规律性，可大体上掌握这一规律性，在某种程度上函数化。过去多次尝试过把人当作未知数，应用控制工程方法来推导人的控制动作（下文均简称为控制动作）。该方法具体由以下4项构成：

① 基于当前侧向偏差的控制动作（比例动作）。

② 基于贴近目标路线行驶速度的控制动作（微分动作）。

③ 修正侧风等外部干扰引起的稳定性偏差。

④ 人的反应延迟（滞后时间）。

前3项起到广泛应用于工业上的PID控

制器的作用，若用传递函数 $H(s)$ 表述，则有表达式：

$$H(s) = K_p\left(1 + T_D s + \frac{1}{T_I s}\right) \quad (8-1)$$

式中，K_p 是转向增益，T_D 是微分时间，T_I 是积分时间，s 是拉普拉斯算子。

第4项滞后时间在 s 区域（被转换成拉普拉斯的区域）内，可用 $e^{-\tau s}$ 表示。整理得出最基本的控制动作表达式：

$$H(s) = K_p\left(1 + T_D s + \frac{1}{T_I s}\right)e^{-\tau s} \quad (8-2)$$

式中，τ 表示滞后时间。

本章前言中曾阐述过，在常规行驶时，不同车辆的特性差异容易被控制动作所掩盖。这从某个人驾驶小型汽车或普通车，在同一弯道行驶时的行驶轨迹基本相同当中比较容易理解，这就是所谓的适应性。人往往会顺应上文提及的 K_D、T_D、T_I 和 τ 值，甚至是函数的形式改变对车辆的控制动作。

MacRuer 等人详细调查了这种适应性，将其规范整理成为交叉模型。谈到图8-2所示的人－机械系统时，无论机械系统的传递函数形式如何，在人可控的范围内，在开环传递函数（此处是人的传递函数 $H(s)$ 与机械传递函数 $G(s)$ 相乘 $H(s)G(s)$）的增益为1（0dB）左右的频率区间内，模型都会自我改写传递函数，使得图8-3中斜线减少了 -20dB/dec。简而言之，在此频率范围内，开环传递函数应该符合式（8-3）：

$$H(s)G(s) = \frac{\omega_c}{s}e^{-\tau s} \quad (8-3)$$

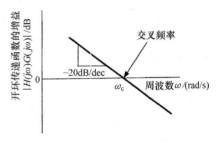

图8-3　交叉模型

式中，ω_c是交叉频率（增益曲线与0dB交叉的频率）。此模型适用于评价使用增益余量、相位余量的人－机械系统。

8.3　人的操纵动作模型

上一节解析了人的控制动作，其中比例动作、微分动作、积分动作及滞后时间都是基本的控制动作。曾经出现过各种有关此类控制动作的传递函数，而除此类传递函数模型外，常见的其他领域的模型有近藤提出的预瞄控制模型及同属于该流派的模型。此定义关系到系统的构建方法，相当于是传递函数的一种表现形式。近年来出现的模糊模型与神经网络模型等均使用了专家系统，无论它们是否能够表现输入输出时的转换函数，但是因为可将各种输入转换成输出，因而从广义上被视作是传递函数模型。此外，近年来还涌现出多种驾驶人模型，多样的分类方法也是层出不穷。

在此，以狭义的在线性传递函数表现上附加滞后时间的模型为传递函数模型，以利用预瞄控制模型、专家系统描述模型等为另外的模型，加以说明。

8.3.1　人的传递函数模型

上述传递函数主要是利用人的基本控制动作，起到在工业上广泛应用的PID控制器的作用。在此基础上，式（8-2）增加了滞后时间，属于极具代表性的传递函数。图8-4所示为将这个传递函数加入图8-2所示的方框图中，借助汽车最简单的线性2轮模型进行计算后的结果，并且以人的输出作为实转角分析了变换车道时的具体情况，凭借各参数的数值能够充分表现出人的常规控制动作。

当目标路线呈连续变化时，应用此模型可得到理想结果；然而当目标路线呈阶跃性

变化时，控制动作会异于常态，偏差的微分值随着输入的阶跃性变化会变得无限大。在构建驾驶人模型时，不应忽视此类输入。通常，微分动作会对目标路线与汽车侧向位移偏差起作用，但是编配方框图时，可控制微分动作使它只对汽车的侧向位移起作用。这种仅使微分动作对汽车固有响应与外部干扰响应起作用的控制就是所谓的微分先行PID控制，可用图8-5a所示的方框图来表示。由此无急剧变动（转向角变动）且有不连续性。为了利用比例动作实现目标路线的阶跃状的数值变动，并且更接近于人的实际转向控制，通过直接让比例动作不起作用，能够解决与上述微分动作相同的目标路线变动的问题，这就是所谓的比例先行PID控制。可用图8-5b所示的方框图来表示。图8-6所示为根据时间响应，比较了这些模型的差异。通过直接使微分项、比例项相对输入值不起作用，实现转向角从0起连续性地变动。因为仅是直接让积分项相对输入值起作用，所以响应变得非常缓慢。

此外还有其他各类传递函数，极具代表性的事例详见表8-1。

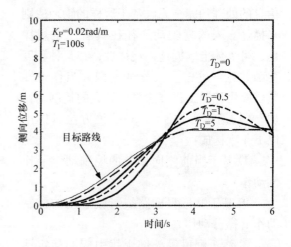

图8-4　利用PID模型的变换车道响应

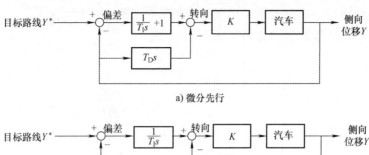

a) 微分先行

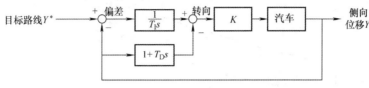

b)比例先行

图 8-5 PID 控制模型

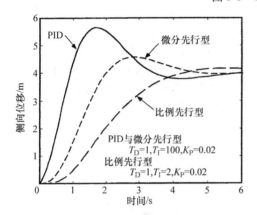

图 8-6 不同反馈形式的响应变化

表 8-1 控制动作传递函数的各种形式

1	$K\dfrac{(1+Ts)}{s}\mathrm{e}^{-\tau s}$	Tustin 等
2	$K\dfrac{(T_1 s+1)\mathrm{e}^{-\tau s}}{(T_2 s+1)(T_3 s+1)}$	宫岛 等
3	$K\left(T_1 s+1+\dfrac{1}{T_2 s}\right)\mathrm{e}^{-\tau s}$	井口 等
4	$K\dfrac{(A_n s^n+\cdots+A_0)}{s^l(B_m s^m+\cdots+A_0)}\mathrm{e}^{-\tau s}$	Jackson 等

8.3.2 预瞄控制模型

人的传递函数模型是将涉及人的项目当作未知数，决定输入输出（上述情况下，输入是相对期望路线的侧向偏差，输出是转向角），利用等效传递函数进行模型化。预瞄控制模型则是事先构筑人的控制算法并构建与之相符的模型。如图 8-7 所示，人是从前方视野读取出距车辆数米远的目标行驶方向，预测出汽车前进时在此位置上的侧向位移，根据此侧向位移与目标路线的偏差来进行转向操纵。此模型是由近藤提出，其后历经多次改良，是迄今为止应用最广的驾驶人模型。下面，针对预瞄控制模型展开详细介绍。

图 8-7 所示的是从汽车当前的状态量推断预测出车辆未来的位置，这也是此模型的关键所在。利用泰勒展开定理，推断从时间 t 时起到 Δt 秒之后的车辆状态数值。考虑到变换车道等运动，图中的坐标系是以 X 轴表示道路，以 Y 轴表示车辆侧向位移位置，因而 Δt 秒后的侧向位移可表达成下面的公式：

$$Y(t+\Delta t) = Y(t) + \dot{Y}(t)\Delta t + \frac{1}{2}\ddot{Y}(t)\Delta t^2$$
$$+\frac{1}{3!}\dddot{Y}(t) + \Delta t^3 + \cdots \qquad (8-4)$$

根据此式，应用当前的侧向位移、侧向速度、侧向加速度、侧向加速度的时间导数等，能够预测出未来的情况。实际上，无论

149

是预测未来还是构建模型，都无须应用所有 用预测动作而发生变化。
这些项目，因为其特征根据具体到第几项采

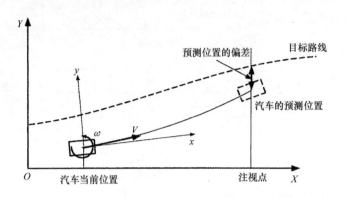

图 8-7　利用预瞄控制模型预测汽车未来的位置

式（8-4）右边第 1 项是当前的侧向位
移，第 2 项是 1 阶微分项，此项之后是预测
项。这种达到第 2 项的预测未来模型称作是
一阶预测模型。同样，应用到第 3 项的模型
称为二阶预测模型，同理有三阶预测模型、
四阶预测模型……，力学系统一般会用到 2
阶的加速度项，因而一阶或是二阶预测模型
较为常用。

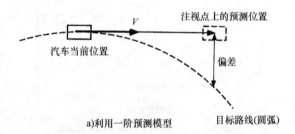

a)利用一阶预测模型

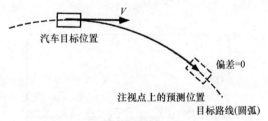

b)利用二阶预测模型

图 8-8　利用模型预测弯道位

　　下面，探讨一下这些模型的弯道随动
性。如图 8-8a 所示，在一阶预测模型中，
在弯道上，即使当前位置与目标路线一致，
在前方 L 米的预测位置（下文称为注视点，
L 称为注视距离）上会残存偏差，产生相应
的转向角，车辆由此会以固定转向角通过弯
道。如图 8-8b 所示，在二阶预测模型中，
沿着该弯道进行预测，在图中注视点上的偏
差为 0。与此偏差成正比地进行转向，这一
时点上转向角为 0，车辆沿着弯道进行振动
响应。在二阶预测模型中，通常使用如下积
分公式来决定转向角：

$$\delta = K\int \varepsilon \mathrm{d}t \qquad (8\text{-}5)$$

式中，δ 表示的是转向角，K 是转向增益，
ε 是偏差。

　　图 8-9 所示的是一阶预测模型与二阶预

测模型的方框图，预瞄时间 T 是注视点距
离与车速相除之商。下面，应用与图 8-2 人
的方框图等效的形式，表现这些模型，分析
可能的等效传递函数表达形式。

　　首先以二阶预测模型为对象进行分析。
该模型的输入是目标路线注视点上的侧向位
移。若目标路线连续并且可实现高阶微分，
则通过泰勒级数能够推断出前方注视点 L 米
处的目标路线。利用 2 阶微分项，能够推断
出汽车的行驶轨迹，并同样可以推断出目标
路线。具体展开图如图 8-10a 所示。目标路

线相关传递函数与汽车侧向位移相关传递函数是通用的，归纳整理后可用图8-10b来表示。此处力求简单而不考虑滞后时间这一要素。从图中可以解读出人近似于 PID 控制器，以及微分项、积分项相关系数之间的关系。

采取相同方法分析一阶预测模型时，从8.10c 中可解读出人的控制动作近似于 PD

控制器。当车辆遇到外部干扰（侧风、路面的倾斜坡度等），该模型的系统会生成稳态偏差。如果采用与二阶预测模型相同的积分型［式（8-5）］来决定转向角，就会等效于 PID 控制器，因没有预测动作（微分动作）而无法表现出人的控制动作。从这层含意来看，为避免此类问题发生，预瞄控制模型应当涵盖二次预测项。

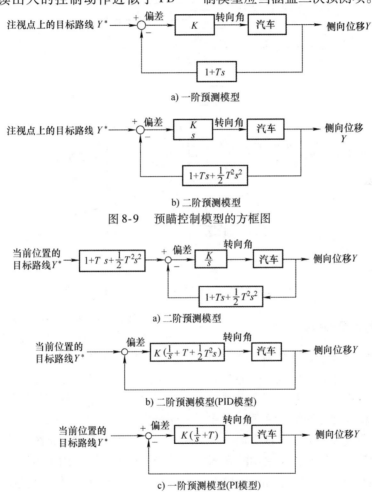

a) 一阶预测模型

b) 二阶预测模型

图 8-9 预瞄控制模型的方框图

a) 二阶预测模型

b) 二阶预测模型(PID模型)

c) 一阶预测模型(PI模型)

图 8-10 预瞄控制模型的等效方框图

以上主要是利用坐标系通过侧向位移来分析预瞄控制模型。

在变换车道等线性化区域内，一阶预测与二阶预测模型有如下表达式：

$$\delta_1 = K\{Y_i - [Y + V(\beta + \theta)T]\}$$

$$\delta_2 = K\Big\{Y_i\big[Y + V(\beta + \theta)T +$$

$$\frac{1}{2}(\omega + \dot{\beta})VT^2\big]\Big\} \tag{8-6}$$

式中，δ_1 表示的是一阶预测模型的实转角，δ_2 是二阶预测模型的实转角，K 是转向增益，Y_i 是在注视点上的目标路线，Y 是汽车的质心侧偏角，β 是重心点侧偏角，θ 是姿态角，ω 是横摆率，V 是车速。在图 8-11

中用方框图表现了这些参数。

上文中的近藤模型称为一阶预测模型，它省略了式（8-6）中的侧偏角（根据汽车朝向预测未来），基于这层含意，也可称为伪一阶预测模型。吉本模型则是常用的二阶预测模型，它导入了二阶预测项，但在决定转向角时，并未用作是连续值，同样，它省略了侧偏角速度，也可称为伪二阶预测模型。

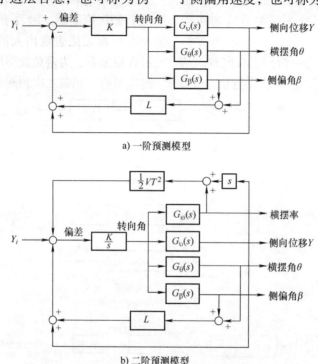

图 8-11　从动态坐标系解读预瞄控制模型的方框图

8.3.3　应用专家系统的模型

近年来，专家系统常采用模糊与神经网络的表现手法。在构建人操纵汽车时的控制动作模型上，也应用了专家系统。在驾驶人模型中，应用模糊与神经网络表现手法旨在有效利用它们的非线性特性，实现更加贴近驾驶人的转向特性。改变模糊手法中的隶属函数或是神经网络手法中神经元的加权系数，能够推导出驾驶人的实际响应情况。下面将重点讲解这些手法在驾驶人模型中的具体应用情况。

1. 驾驶人模糊模型

模糊理论由美国加利福尼亚大学伯克利分校著名教授查德（L. A. Zadeh）首先提出，该理论应用在控制上就成为模糊控制，其中由推理及称为隶属函数的模糊集合构成了水平精湛驾驶人的驾驶技能。推理采用"if（前件部）then（后件部）"的形式，在驾驶人模型中，配置了前件部应当处理的输入信息以及后件部输出的转向角等。系统能够同时处理多个前件部与后件部，因此能够同时描述多个输入与输出。

为达到有效利用系统的非线性目的，驾驶人模糊模型多适用于传统线性模型的系数部分。特别是在预瞄控制模型中，线性模型是以偏差与系数的乘积作为转向角，在此位置上使用模糊模型，把输出转向角与输入偏差的期间段非线性化，导出贴近驾驶人实际控制的特性。对此，通常会利用改变配置在前件部、后件部的隶属函数的形状来进行学习。图 8-12 所示的是在前件部、后件部上，使用相同 3 要素的隶属函数模糊模型时，输入输出之间的关系。

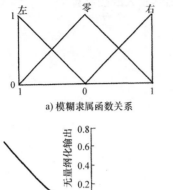

a) 模糊隶属函数关系

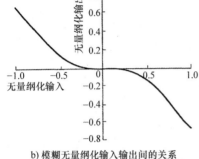

b) 模糊无量纲化输入输出间的关系

图 8-12 模糊控制中输入输出间的关系

利用这样的模糊控制，能够构建出贴合驾驶人实际控制的非线性动作特性模型。在驾驶人模型中，应用模糊控制的目的是构建用于研讨人－车系统中车辆特性的控制器。系统所进行的推理取决于事前已经规定好的控制算法。同其他驾驶人模型一样，它也会先规定出控制动作的概要，再推导出系统内符合该控制算法的参数。

2. 驾驶人神经网络模型

神经网络原本是指脑神经细胞网络，近年来，利用计算机构建神经网络的模块化并应用在工学上的方法逐渐普及，工学上通常称之为神经网络（或是人工神经网络）。通常说的神经网络其实表现的是可见于小脑与视神经上，处理超并列单向流动信息的网络，属于静特性模型。相对于此，近年来回归型模型逐渐被应用，它属于具有反馈的动特性模型，旨在研究类似原本在大脑内等进行的相间与相内结合。针对此模型，尚未确立学习法则，目前仍无法应用在工学上。

首先，简单讲解一下此神经网络的结构，如图 8-13a 所示，通常会对每个神经细胞（神经元）都进行模块化。每个神经元

的输入在与加权系数相乘后，被导入神经元内部，这些线性被结合在一起后，通过表现非线性特性的输出函数（一般是 Sigmoid 函数（S 型函数）），再传递至下一个神经元。图 8-13b 所示为该神经元的层级布置，输入层布置的是用于信息处理的全部输入，输出层只布置期望输出的项目。各神经元使用欲构建模型的学习数据（此处是驾驶人的试验结果）来调整自身的加权系数。应用最速下降法，从输出层依次向输入层方向进行学习（改变加权系数），基于这样的学习过程，此方法被称为误差逆传播算法。

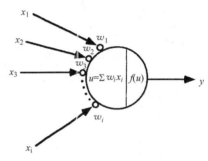

a) 神经元模型

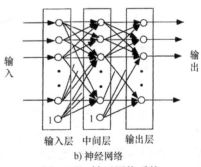

b) 神经网络

图 8-13 神经网络系统

在驾驶人模型上应用神经网络的优点之一是系统事前无须构筑控制算法，能够随机选择众多信息作为需要处理的输入信息，并创造出输出信息，通过学习来构建系统。输入信息完整无缺时（网罗驾驶人实际驾驶中运用的主要信息），系统自行构成驾驶人控制动作的可能性极大。图 8-14 所示是以分析人对环境认识为目的所构建的神经网络模型为对象，比较了此模型的输出与时间关

系，可知输出结果甚至是在细节上都与试验结果非常相像。因此，通过解析此模型就能够分析出驾驶人的控制算法。

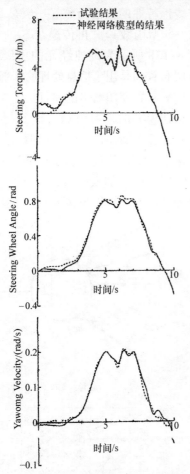

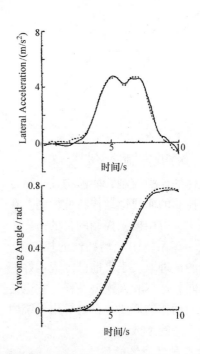

图 8-14　利用神经网络模型的分析结果

　　下面，使用近藤模型得出的解析结果对控制动作进行分析。首先，让驾驶人神经网络模型学习近藤模型的变换车道结果，以此来构建模型，图 8-15a 表明所构建的模型基本能够满足需求。其次，使用灵敏度分析手法，研讨此驾驶人神经网络模型中，每个输入对输出的影响程度。近藤模型中，控制算法所设定的输入是姿势角 θ 与侧向位移 y 以及前方 L 米的预期行驶路线的侧向位移 y_c 的比率为 $L:1:-1$。图 8-15b 表明在以 2s（每秒注视 20m），即注视距离 40m 的条件下，利用神经网络分析控制动作的结果，则上述比率为 $40:1:-1$。由此，它不仅能够构建出贴近驾驶人控制动作的模型，还能够

分析出具体控制动作。

8.3.4　其他控制动作模型

　　此外，人的控制动作模型还有许多种类，如程序控制模型、通过反馈汽车全部状态量来决定转向角的模型（最佳控制模型）、用于体现人非线性动作的危险感模型等。接下来，针对其中几个模型进行简单讲解。

　　1. 程序控制模型（前馈模型）

　　如果驾驶人能熟练掌握驾驶技巧，那么就能够以前方的路线形状等为信息来决定转向角等，并且基于汽车状态的反馈信息进行

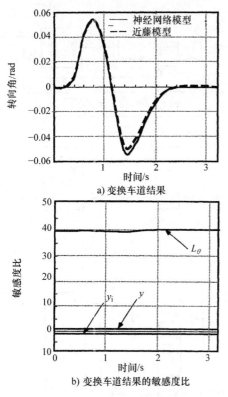

a) 变换车道结果

b) 变换车道结果的敏感度比

图 8-15 控制动作分析

无修正的转向控制动作。可将此转向控制动作作为前馈并形成模块化，因为此动作是在考量汽车基本性动态变化后所进行的，所以构建的模型几乎不存在延迟。有研究表明，该模型曲线上的控制效果优于反馈控制。然而，仅凭借此动作却难以全面地表现出人的控制动作。即便是在规定的路线上行驶，受通过速度的差异、车型变化等影响，就要求随之改变增益等参数。然而，积累所有这些

参数并不现实，特别是在车辆开发阶段，该程序控制模型的适用范围是有限的。

2. 前馈＋反馈控制模型

在上述的前馈控制上增加反馈控制，其适用范围会大幅扩展。反馈控制能够补偿前馈控制引起的汽车相比期望行驶路线的偏差。

在躲避突现的障碍物时，人会先采取躲避动作，其后再做出恢复原有路线的动作。出于对这类动作的关注，有人提出了前馈控制与反馈控制的转换模型。在该模型中，在躲避障碍物的前半程，通过前馈模型控制躲避动作，其后，切换至反馈模型，以恢复期望的行驶路线。这种控制动作表现取得了极佳的效果。

3. 复合任务表现模型

目前所展示的模型都只是与人的路线随动任务有关的模型，其实人同时还会进行汽车的安全性控制，这时通常会反馈横摆率以稳定控制姿态。如果假设人只进行侧向控制，那么车辆的输入就是转向角。而在复合任务表现模型中，转向角是由 3 个要素构成的系统（基于前馈的转向角、侧向位移引起的与期望路线的偏差所导致的转向角和基于汽车姿态的稳定性控制的转向角）。图 8-16 所示为此模型的程序方框图。此外，在飞机上的驾驶人模型中，研讨了对多个指令响应的表现模型，图 8-17 所示为其具体事例。

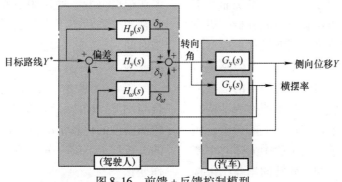

图 8-16 前馈＋反馈控制模型

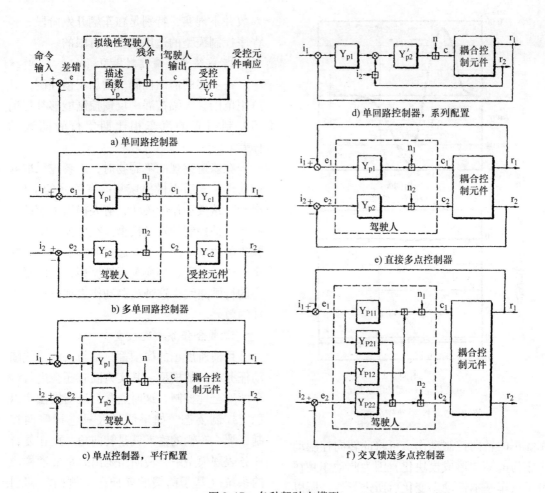

图 8-17 各种驾驶人模型

4. 涵盖决定路线的模型

目前的模型都是事前决定将要行驶的路线。然而在正常的行驶中，道路存在约束性，驾驶人会时刻决定行驶在道路的哪个位置。该决定过程对于分析人–车系统非常重要，因此针对障碍物躲避与事故分析等更应展开充分研讨。危险感模型就是这类模型之一，它将人在行驶中所感受到的危险感进行分类再组合到一起，构建出道路上的潜在危险空间，人常会以危险感极小值作为期望行驶路线。反馈量并不是注视点上的偏差，而是此位置上的危险感。由试验中人体心率变化与道路横向位置上的等效转向增益结果构

成危险感的指数函数，通过反馈量，形成非线性转向模型。为此，响应特性因道路幅宽差异与行驶所处的道路位置而变化，能够表现出更贴近驾驶人实际的转向特性。模型中的注视点可变，使用眼点相机测量注视点，在常规行驶状态下大致是前方 2s 左右（预瞄时间），转弯等视野不好的状态下预瞄时间改为 1s 左右。

图 8-18 所示的是各危险感要素及其组合与图 8-19 中 45°弯道上试验结果及二阶预测模型的比较情况，可知使用此模型得出的分析结果能够充分表现出驾驶人的实际动作变化。

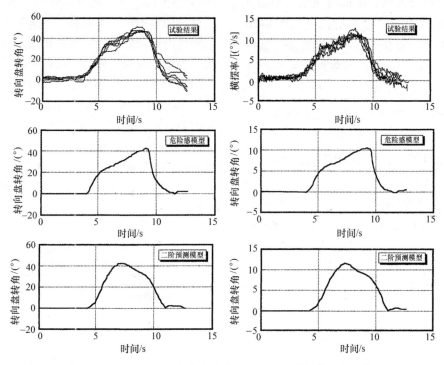

图 8-18　试验结果与危险感模型以及二阶预测模型的比较

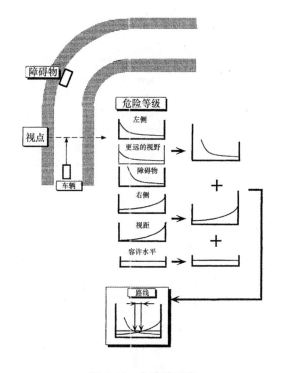

图 8-19　危险感要素

8.4　人与汽车的稳定性

到目前为止，已探讨了各种人的控制动作模型，分析了人－车系统的稳定性，形成了与人相关的模块化并使人与受控车辆相互协调。在本节将主要研究人对汽车的控制为整个系统的稳定性带来的影响。

以驾驶人模型为对象，应用一阶预测模型与二阶预测模型，针对人的转向操作在注视位置上的偏差，给出如下公式：

一阶预测模型：$Ke^{-\tau s}$

二阶预测模型：$\dfrac{K}{s}e^{-\tau s}$　　　（8-7）

应用 s 平面，评价稳定性，展开滞后时间，通过以下公式进行分析：

$$e^{-\tau s} \approx \frac{1}{1 + \tau s}　　（8-8）$$

探讨稳定性时，人体模型参数主要是预

157

瞄时间 T、转向增益 K 和滞后时间 τ，汽车的主要因素则是速度。下面将主要针对这 4 项参数变化时的稳定性进行研究。图 8-20 所示为这些参数变化时，一阶模型的根轨迹结果。图 8-21 所示为二阶预测模型的根轨迹结果。图中横轴（特性根的实部）上的 0 表示稳定极限，参照此数值，当右侧存在根时表示不稳定，左侧存在根时表示稳定。同样是在稳定区域内，实轴的值越接近 0，意味着稳定程度越低。

1. 速度的影响（图 8-20a 和图 8-21a）

首先，研究汽车速度的影响。以预瞄时

间 2s，转向增益 0.025rad/m，滞后时间 0s，1m/s 为单位，从 1m/s 到 50m/s 为条件进行计算，结果用符号 × 表示。一阶预测与二阶预测模型中速度的影响大致相同，而在极低速范围会产生较大差异。在此条件下，在速度约 25m/s 时变得不稳定，二阶模型中在约 5m/s 以内时不稳定区域存在根。一阶预测模型中 1m/s 时基本保持稳定状态，速度再减小时即向不稳定变化。由此可知人所控制的汽车在低速区域和高速区域的不稳定状态。

2. 预瞄时间的影响（图 8-20b 和图 8-21b）

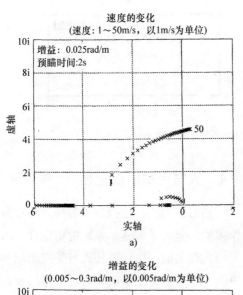

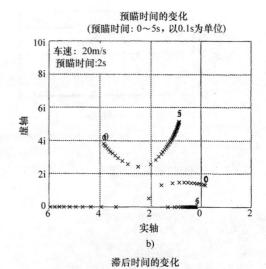

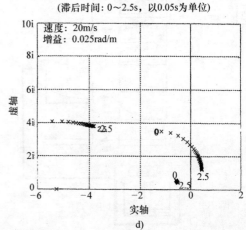

图 8-20　一阶预测模型

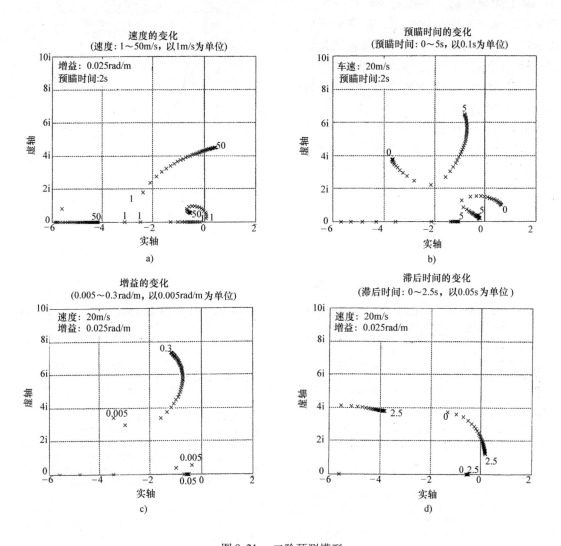

图 8-21　二阶预测模型

其次，研究预瞄时间的影响。计算条件是速度 20m/s，转向增益 0.025rad/m，滞后时间 0s，预瞄时间从 0s 变至 5s。在两模型中，预瞄时间的影响大致相同，预瞄时间短则不稳定，同样大幅增加预瞄时间，稳定性也会下降。

3. 增益的影响（图 8-20c 和图 8-21c）

再次，研究转向增益的影响。计算条件是速度 20m/s，预瞄时间 2s，转向增益从 0.005rad/m 变至 0.3rad/m。从此条件下的计算结果可知，两个模型中均存在稳定性向不稳定性区域变化的根。

4. 滞后时间的影响（图 8-20d 和图 8-21d）

最后，研究滞后时间的影响。计算条件是速度 20m/s，预瞄时间 2s，转向增益 0.025rad/m，滞后时间从 0s 变至 2.5s。两个模型随滞后时间增加稳定性均表现为下降，可知在此计算条件下，一阶预测模型在 0.3s，二阶预测模型在 0.5s 时进入不稳定状态。综上所述，这些参数对一阶模型与二阶模型的影响基本一致。

从上述分析结果不难发现，在人－车系统中，面对各种参数变化，存在稳定极限速度。从根的轨迹来看，极限速度是在两个根中的某一个达到稳定极限时产生的。图8-22所示为改变预瞄时间时稳定极限速度的变化情况。在此计算条件下，最大稳定极限速度出现在预瞄时间约为0.5s的位置上。此结果还会随滞后时间与转向增益而变化。

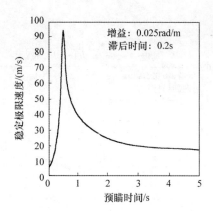

图8-22　稳定极限速度

［景山一郎］

参 考 文 献

[1] 近藤政市：自動車の操舵と運動間に存在する基礎的関係について，自動車技術会論文集，No.5 (1958)
[2] 井口雅一：運転者の運動特性からみた自動車の走行安定性，日本機械学会誌，Vol.62, 491 (1959)
[3] 井口雅一ほか：模擬自動車による運転者の制御動作の基礎的研究，自動車技術会論文集，No.7 (1960)
[4] D. T. McRuer et al.：Pilot-Vehicle Control System Analysis, Guidance and Control-II (1964)
[5] J. I. Elkind：A Survey of the Development of Models for the Human Controller, Guidance and Control-II (1964)
[6] 大野俊一：曲線路における操舵，自動車技術，Vol.20, No.5 (1966)
[7] 山川新二：人間-自動車系の力学，自動車技術会講習会教材 (1966)
[8] 吉本堅一：予測を含む操舵モデルによる人間自動車系のシミュレーション，日本機械学会誌，Vol.71, No.596 (1968)
[9] 井口雅一：人間-機械系，共立出版 (1970)
[10] 吉本堅一：人間-自動車系のシミュレーション，自動車技術，Vol.25, No.10 (1971)
[11] D. T. McRuer et al.：Mathematical Models of Human Pilot Behavior, AGARDograph, No.188 (1974)
[12] 安部正人ほか：人間-機械系の評価に関する研究，東京大学生産技術研究所報告 (1975)
[13] D. T. McRuer et al.：Effects of Automobile Steering Characteristics on Driver/Vehicle Performance for Regulation Tasks, SAE Paper 760778 (1976)
[14] E. Donges：A Two-Level Model of Driver Steering Behavior, Human Factors, Vol.20, No.6 (1978)
[15] 吉本堅一：自動車運転者の操縦動作のモデリング，人間工学，Vol.18, No.6 (1982)
[16] 市川惇信：人間-機械系における意志決定の一つのモデル，人間工学，Vol.18, No.6 (1982)
[17] 江間徹郎：むだ時間系の手動操縦特性について，人間工学，Vol.19, No.6 (1983)
[18] T. Katayama et al.：A Fuzzy Control Model for Motorcycle Riders, JSAE Review, Vol.9, No.2 (1988)
[19] R. W. Allen et al.：Analysis and Computer Simulation of Driver/Vehicle Interaction, SAE Paper 871086 (1987)
[20] K. Hiramatsu et al.：A Proposal of Programmed Steering Model for Obstacle Avoidance, JSAE Review, Vol.9, No.2 (1988)
[21] S. Horiuchi et al.：Identification of Driver-Vehicle Multiloop Properties for Handling Quality Evaluation, 17th IAVSD Symposium (1989)
[22] 景山一郎ほか：ニューラルネットワークを用いた人間・自動車系のモデル化について，日本機械学会論文集，Vol.59, No.563 (1993)
[23] 景山一郎：前方視野の危険感を用いたドライバーモデルについて，自動車技術会論文集，Vol.24, No.2 (1993)
[24] 原田　宏：システムの応答性を考慮したアクティブ後輪操舵制御則，自動車技術会論文集，Vol.26, No.1 (1995)